ERES INCREÍBLE,
CHARLIE BROWN

Books by Charles M. Schulz available in Spanish

ADELANTE, CHARLIE BROWN
SNOOPY, VUELVE A CASA
HAY QUE AYUDARTE, CHARLIE BROWN
SIEMPRE A FLOTE, CHARLIE BROWN
TE VAS A DESNUCAR, CHARLIE BROWN
ERES INCREÍBLE, CHARLIE BROWN

Books by Charles M. Schulz available in French

VAS-Y, CHARLIE BROWN
REVIENS, SNOOPY
ÇA NE VA PAS, CHARLIE BROWN
L'INCREVABLE CHARLIE BROWN
TE N'EN REVIENDRAS PAS, CHARLIE BROWN
TU ES DANS LE VENT, CHARLIE BROWN

ERES INCREÍBLE, CHARLIE BROWN

A Spanish Translation of
You're Something Else, Charlie Brown

por Charles M. Schulz

HOLT, RINEHART AND WINSTON
New York • Chicago • San Francisco

Published simultaneously in Canada by Holt, Rinehart and
Winston of Canada, Ltd.

ISBN: 0-03-086660-X

Printed in the United States of America

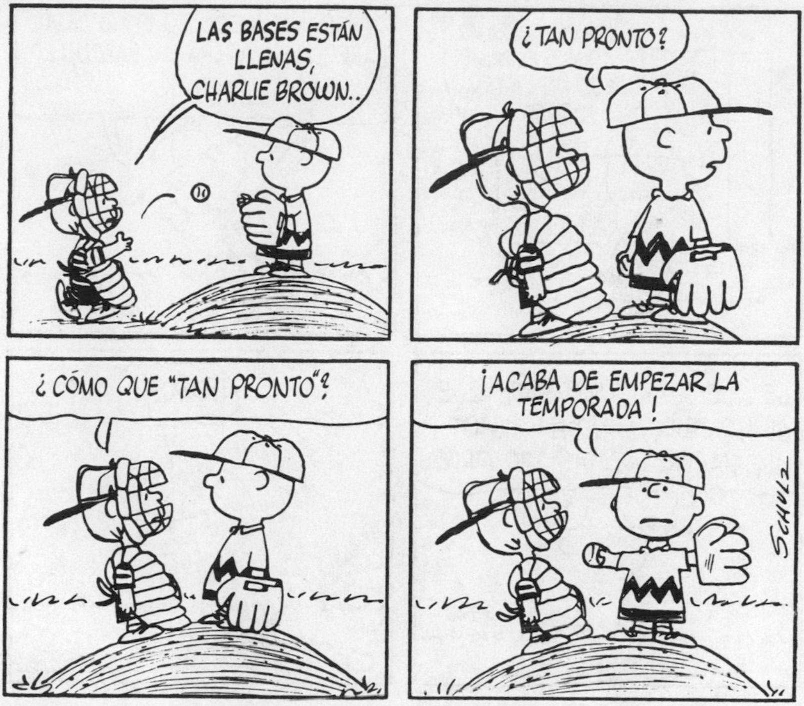
LAS BASES ESTÁN LLENAS, CHARLIE BROWN...
¿TAN PRONTO?
¿CÓMO QUE "TAN PRONTO"?
¡ACABA DE EMPEZAR LA TEMPORADA!
SCHULZ

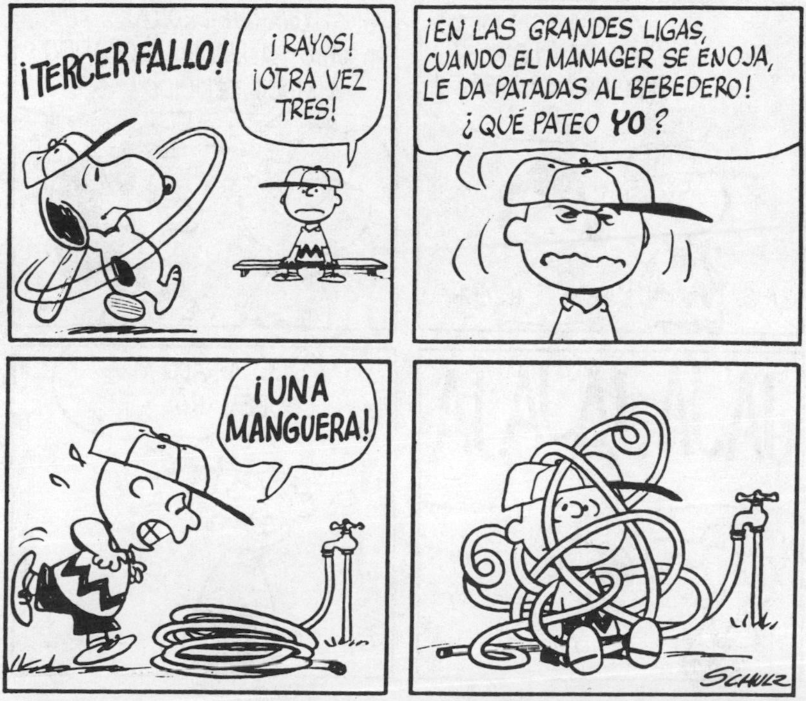
¡TERCER FALLO!
¡RAYOS! ¡OTRA VEZ TRES!
¡EN LAS GRANDES LIGAS, CUANDO EL MANAGER SE ENOJA, LE DA PATADAS AL BEBEDERO! ¿QUÉ PATEO YO?
¡UNA MANGUERA!
SCHULZ

¡VAYA! ¡OTRA VEZ PERDIMOS EL PRIMER JUEGO DE LA TEMPORADA!

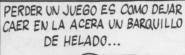

PERDER UN JUEGO ES COMO DEJAR CAER EN LA ACERA UN BARQUILLO DE HELADO...

SE QUEDA AHÍ, UNO SABE QUE SE HA CAÍDO, Y NO HAY NADA QUE HACER... DEMASIADO TARDE....

¡RAYOS!

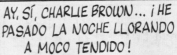

¿TE AFECTÓ TANTO COMO A MÍ PERDER EL PRIMER JUEGO, LUCY?

AY, SÍ, CHARLIE BROWN... ¡HE PASADO LA NOCHE LLORANDO A MOCO TENDIDO!

JAJAJAJAJA

¿QUÉ JURADO ME CONDENARÍA?

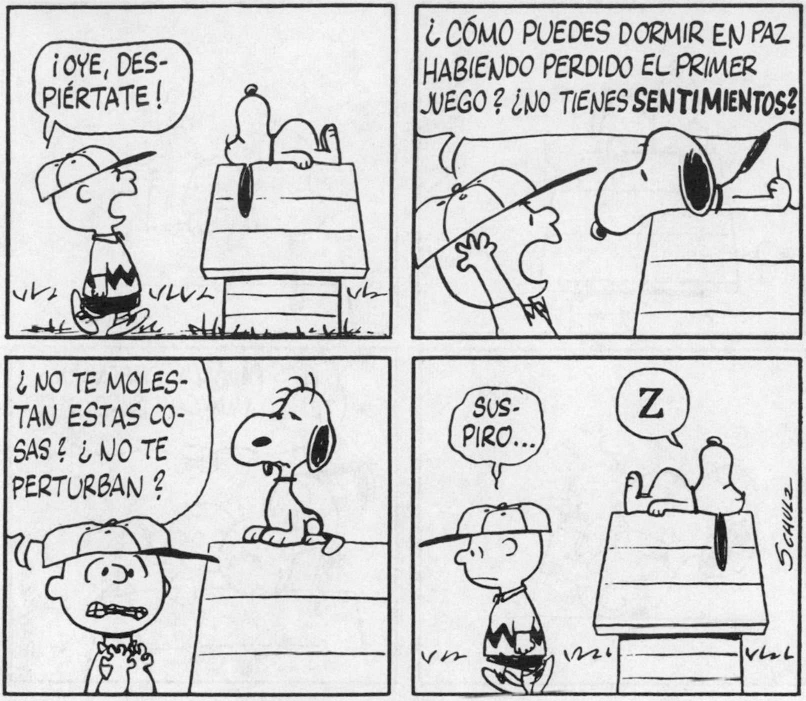
¡OYE, DES-PIÉRTATE!
¿CÓMO PUEDES DORMIR EN PAZ HABIENDO PERDIDO EL PRIMER JUEGO? ¿NO TIENES **SENTIMIENTOS**?
¿NO TE MOLES-TAN ESTAS CO-SAS? ¿NO TE PERTURBAN?
SUS-PIRO...
Z
SCHULZ

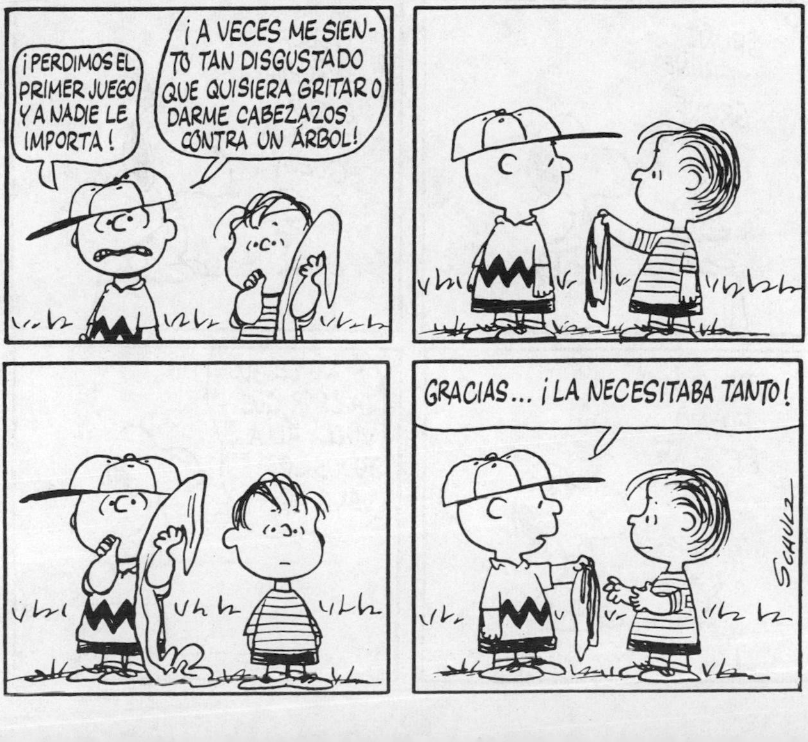
¡PERDIMOS EL PRIMER JUEGO Y A NADIE LE IMPORTA!
¡A VECES ME SIEN-TO TAN DISGUSTADO QUE QUISIERA GRITAR O DARME CABEZAZOS CONTRA UN ÁRBOL!
GRACIAS... ¡LA NECESITABA TANTO!
SCHULZ

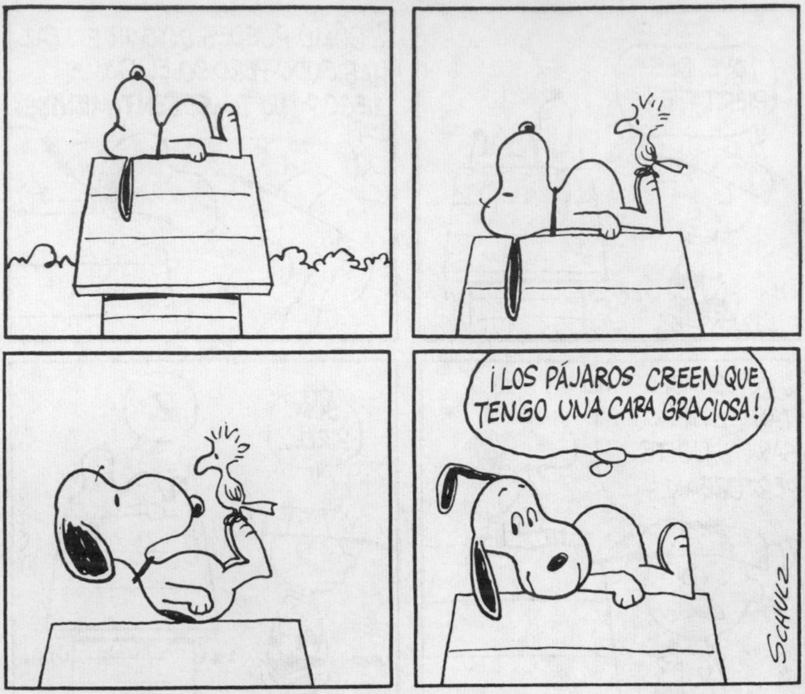
¡LOS PÁJAROS CREEN QUE TENGO UNA CARA GRACIOSA!
SCHULZ

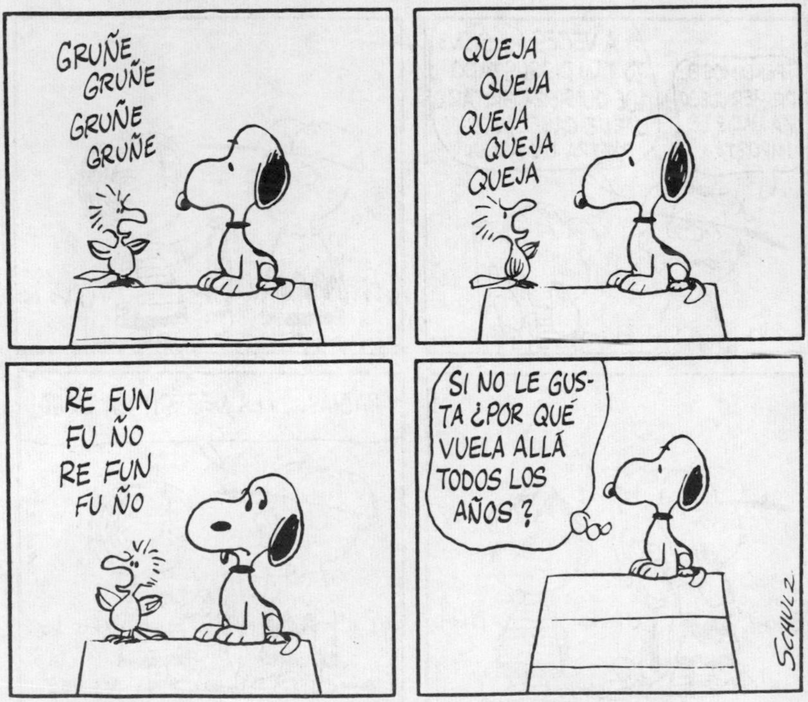
GRUÑE GRUÑE GRUÑE GRUÑE
QUEJA QUEJA QUEJA QUEJA QUEJA
RE FUN FU ÑO RE FUN FU ÑO
SI NO LE GUS-TA ¿POR QUÉ VUELA ALLÁ TODOS LOS AÑOS?
SCHULZ

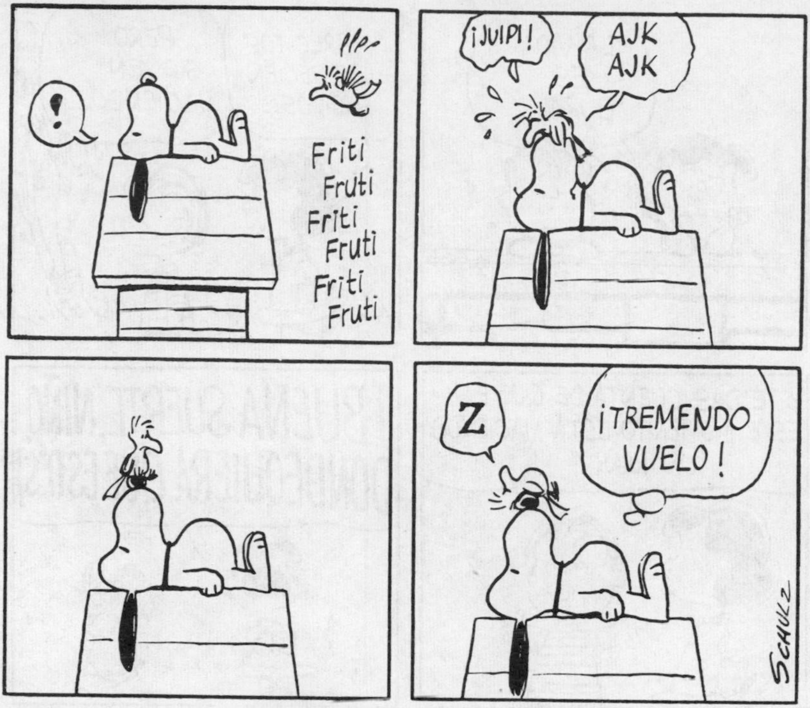
!
Friti
Fruti
Friti
Fruti
Friti
Fruti
¡JUIPI!
AJK
AJK
Z
¡TREMENDO
VUELO!
SCHULZ

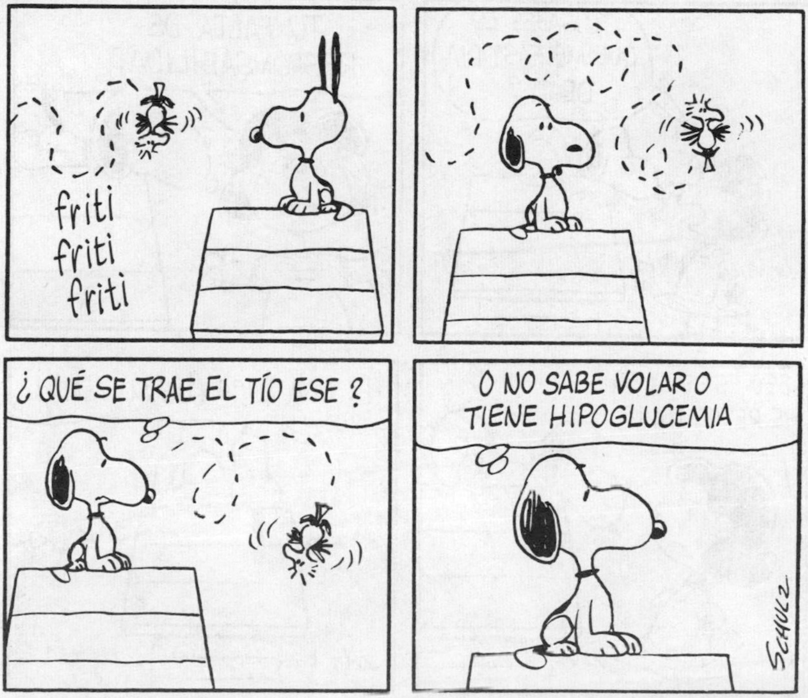
friti
friti
friti
¿QUÉ SE TRAE EL TÍO ESE ?
O NO SABE VOLAR O
TIENE HIPOGLUCEMIA
SCHULZ

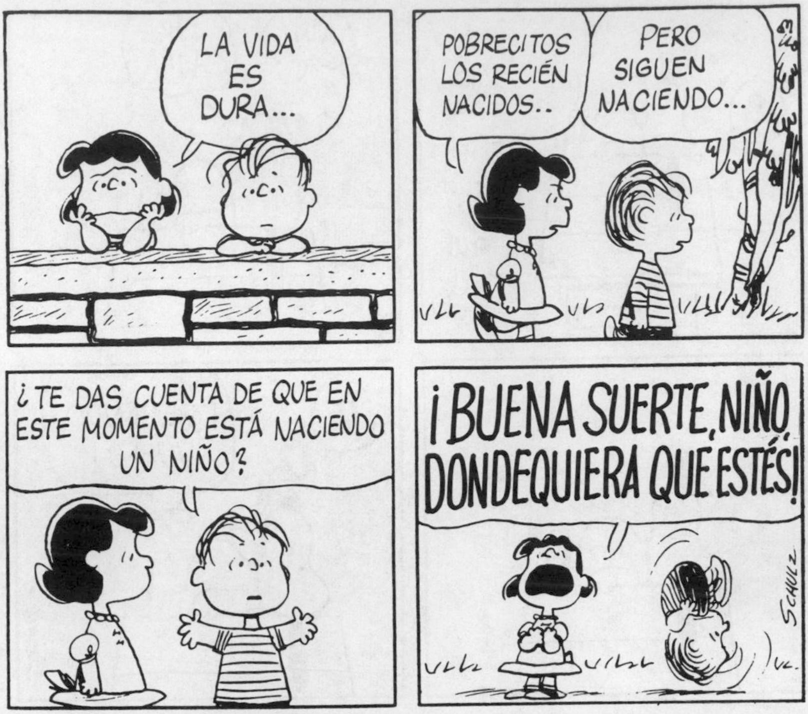
LA VIDA ES DURA...
POBRECITOS LOS RECIÉN NACIDOS..
PERO SIGUEN NACIENDO...
¿TE DAS CUENTA DE QUE EN ESTE MOMENTO ESTÁ NACIENDO UN NIÑO?
¡BUENA SUERTE, NIÑO DONDEQUIERA QUE ESTÉS!
SCHULZ

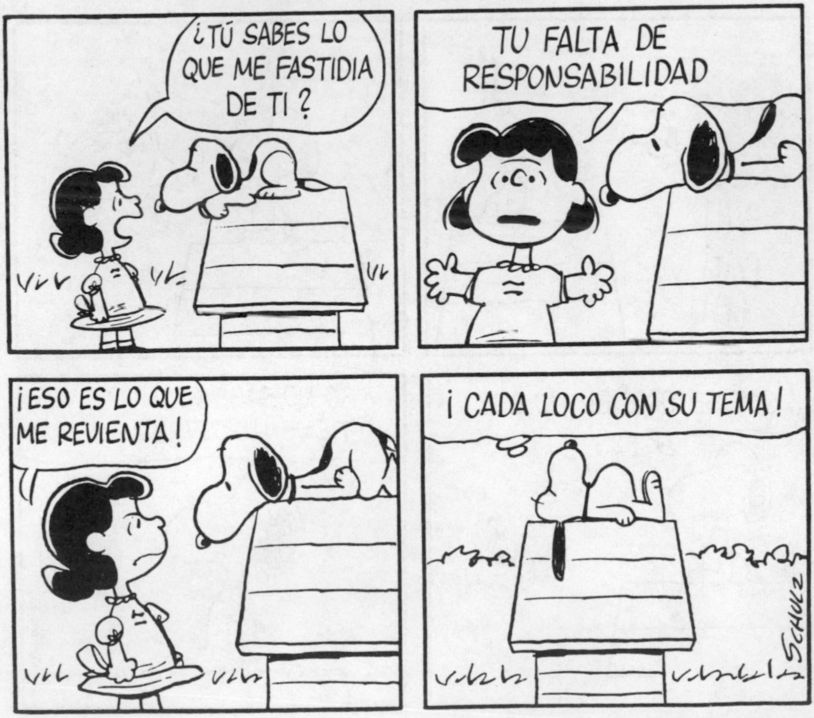
¿TÚ SABES LO QUE ME FASTIDIA DE TI?
TU FALTA DE RESPONSABILIDAD
¡ESO ES LO QUE ME REVIENTA!
¡CADA LOCO CON SU TEMA!
SCHULZ

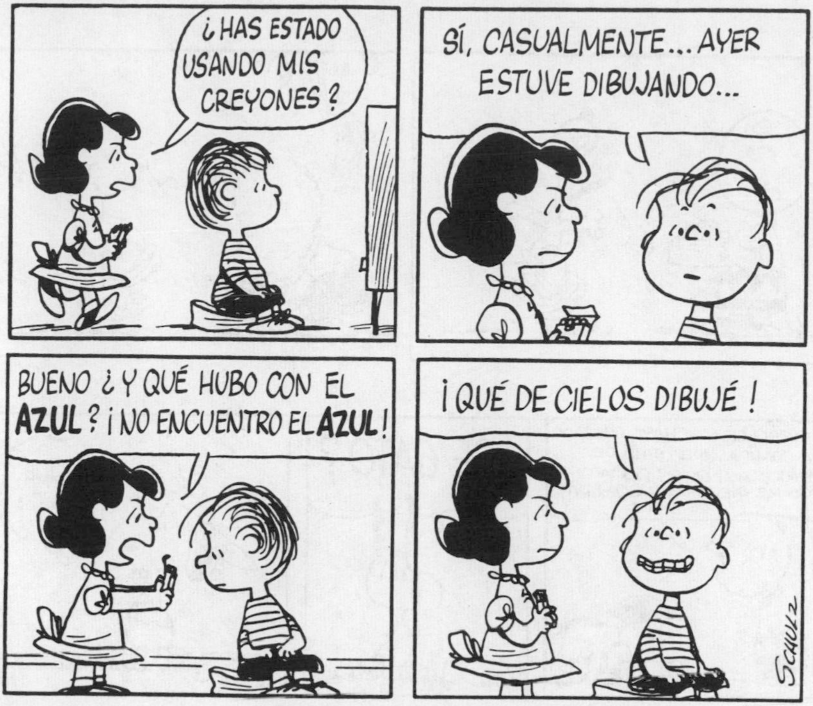
¿HAS ESTADO USANDO MIS CREYONES?
SÍ, CASUALMENTE... AYER ESTUVE DIBUJANDO...
BUENO ¿Y QUÉ HUBO CON EL **AZUL**? ¡NO ENCUENTRO EL **AZUL**!
¡QUÉ DE CIELOS DIBUJÉ!
SCHULZ

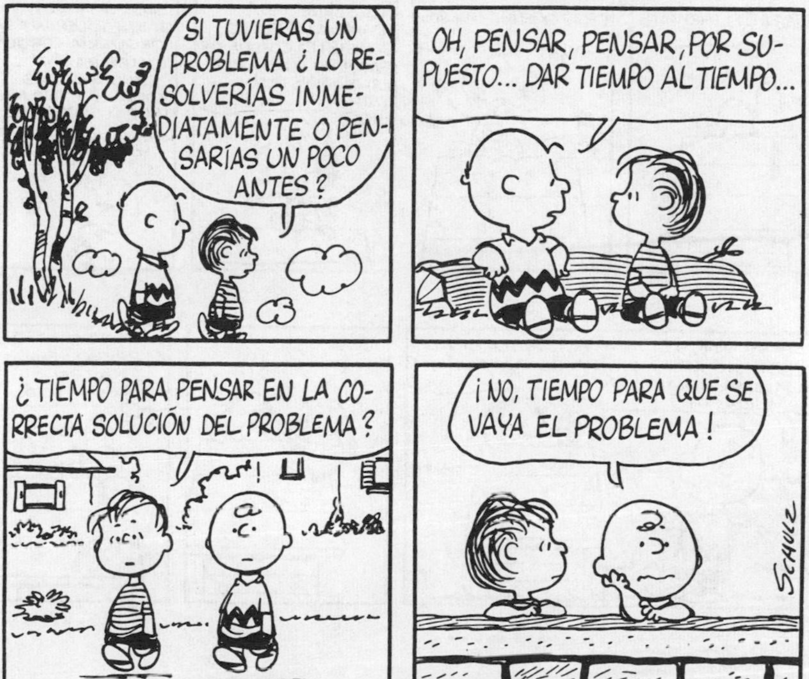
SI TUVIERAS UN PROBLEMA ¿LO RESOLVERÍAS INMEDIATAMENTE O PENSARÍAS UN POCO ANTES?
OH, PENSAR, PENSAR, POR SUPUESTO... DAR TIEMPO AL TIEMPO...
¿TIEMPO PARA PENSAR EN LA CORRECTA SOLUCIÓN DEL PROBLEMA?
¡NO, TIEMPO PARA QUE SE VAYA EL PROBLEMA!
SCHULZ

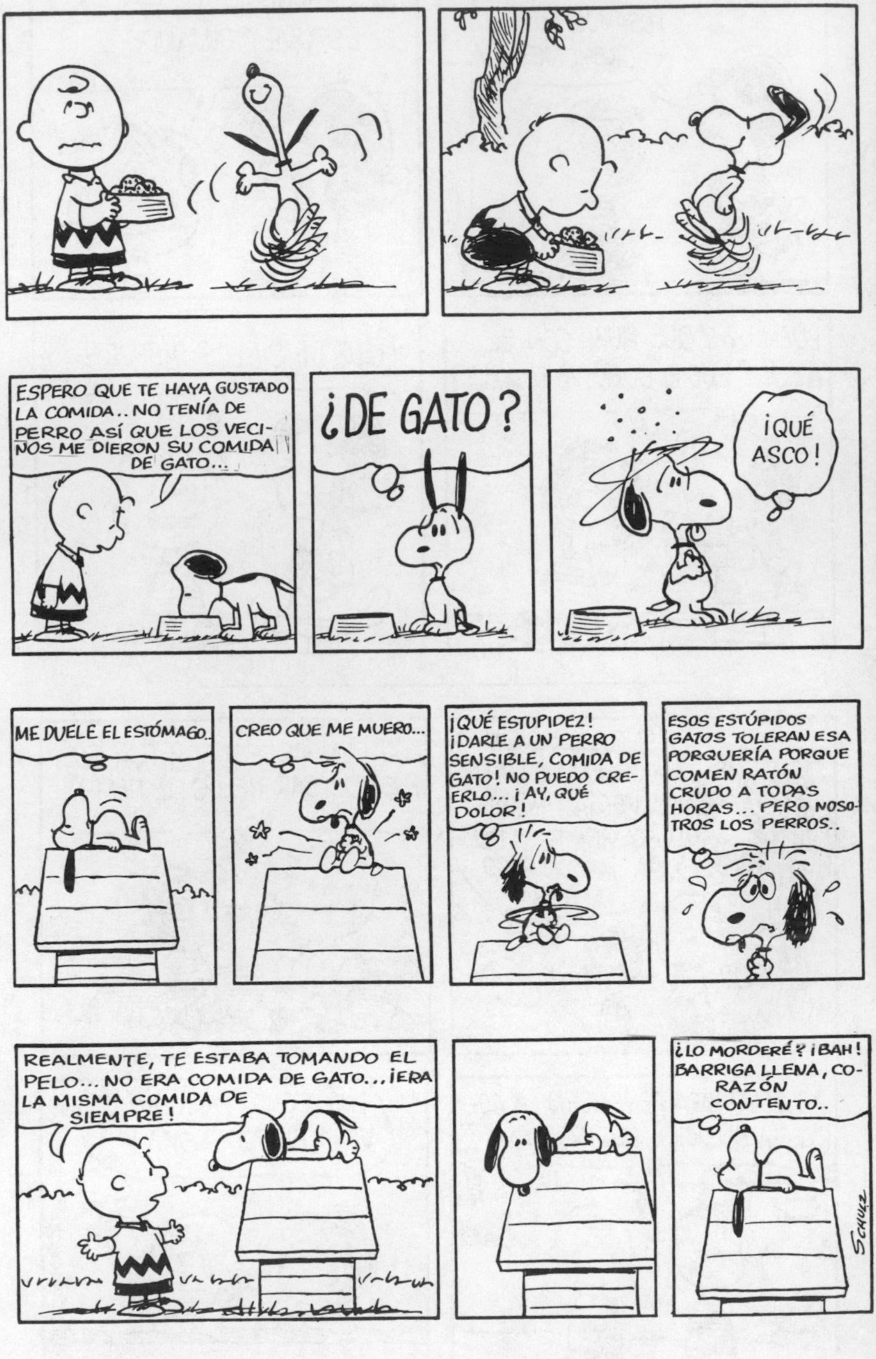
ESPERO QUE TE HAYA GUSTADO LA COMIDA.. NO TENÍA DE PERRO ASÍ QUE LOS VECI-NOS ME DIERON SU COMIDA DE GATO...
¿DE GATO?
¡QUÉ ASCO!
ME DUELE EL ESTÓMAGO..
CREO QUE ME MUERO...
¡QUÉ ESTUPIDEZ! ¡DARLE A UN PERRO SENSIBLE, COMIDA DE GATO! NO PUEDO CRE-ERLO... ¡AY, QUÉ DOLOR!
ESOS ESTÚPIDOS GATOS TOLERAN ESA PORQUERÍA PORQUE COMEN RATÓN CRUDO A TODAS HORAS... PERO NOSO-TROS LOS PERROS..
REALMENTE, TE ESTABA TOMANDO EL PELO... NO ERA COMIDA DE GATO... ¡ERA LA MISMA COMIDA DE SIEMPRE!
¿LO MORDERÉ? ¡BAH! BARRIGA LLENA, CO-RAZÓN CONTENTO..
SCHULZ

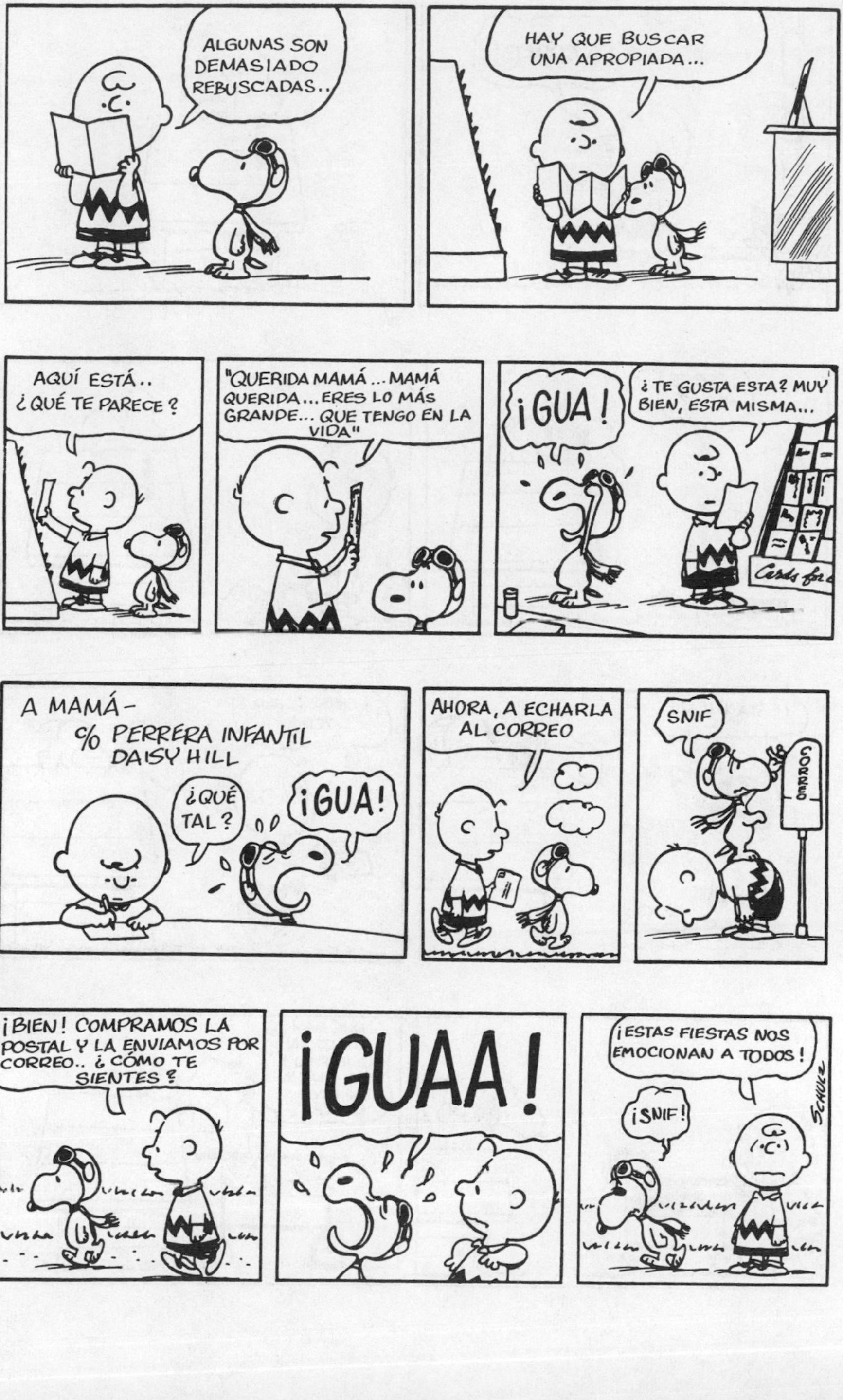
ALGUNAS SON DEMASIADO REBUSCADAS..
HAY QUE BUSCAR UNA APROPIADA...
AQUÍ ESTÁ.. ¿QUÉ TE PARECE?
"QUERIDA MAMÁ... MAMÁ QUERIDA... ERES LO MÁS GRANDE... QUE TENGO EN LA VIDA"
¡GUA!
¿TE GUSTA ESTA? MUY BIEN, ESTA MISMA...
A MAMÁ-
% PERRERA INFANTIL DAISY HILL
¿QUÉ TAL?
¡GUA!
AHORA, A ECHARLA AL CORREO
SNIF
CORREO
¡BIEN! COMPRAMOS LA POSTAL Y LA ENVIAMOS POR CORREO.. ¿CÓMO TE SIENTES?
¡GUAA!
¡ESTAS FIESTAS NOS EMOCIONAN A TODOS!
¡SNIF!
SCHULZ

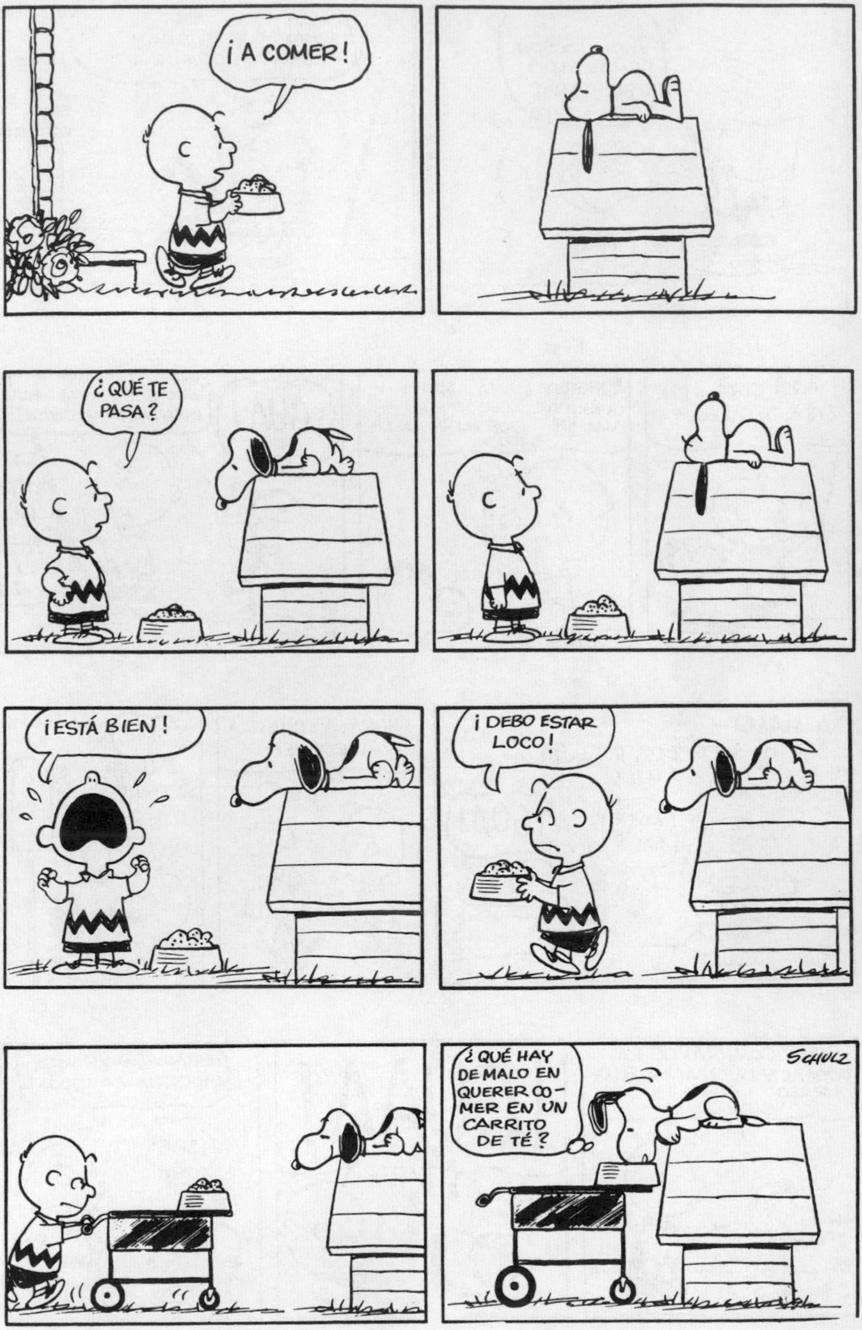
¡A COMER!
¿QUÉ TE PASA?
¡ESTÁ BIEN!
¡DEBO ESTAR LOCO!
SCHULZ
¿QUÉ HAY DE MALO EN QUERER COMER EN UN CARRITO DE TÉ?

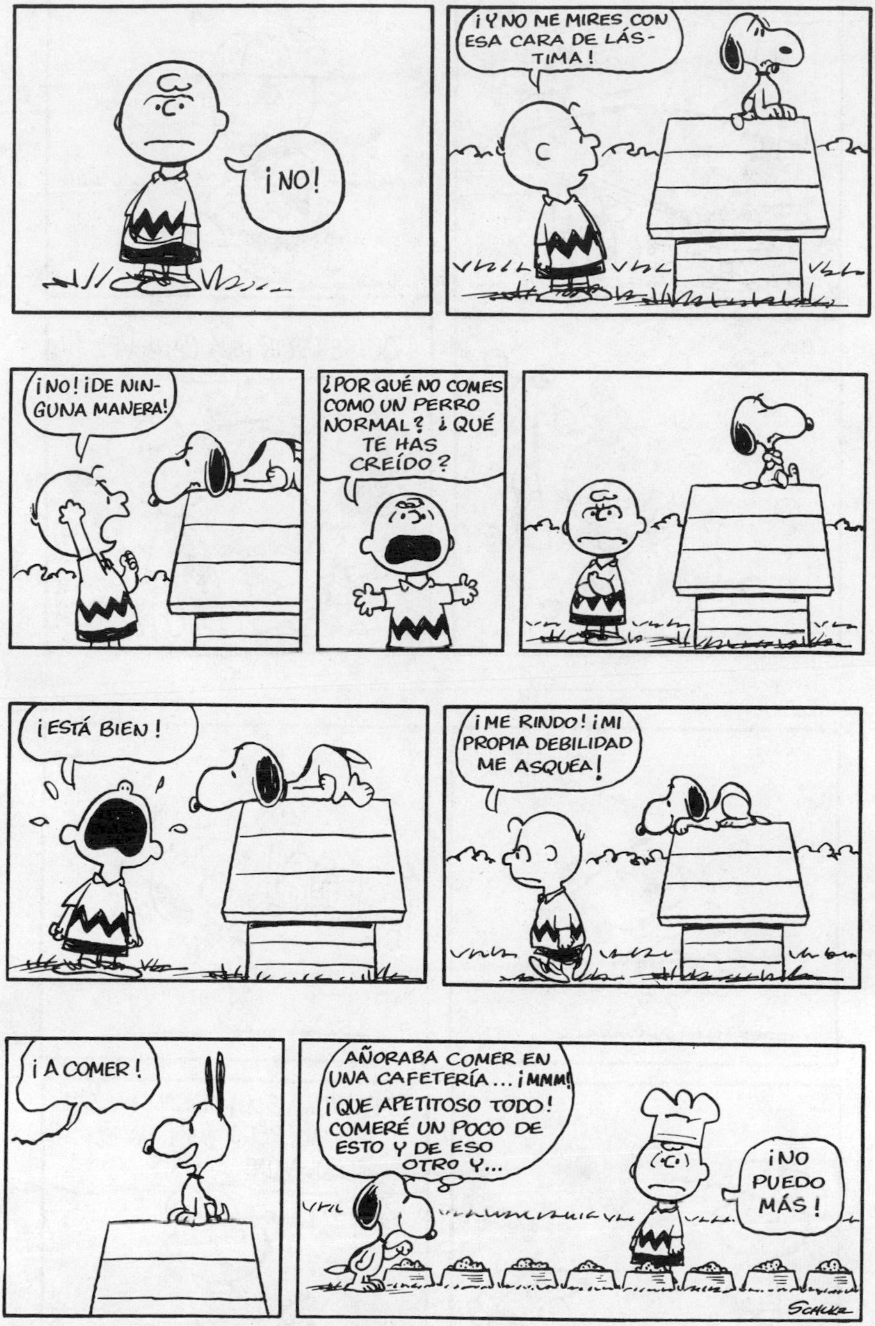
¡NO!
¡Y NO ME MIRES CON ESA CARA DE LÁSTIMA!
¡NO! ¡DE NINGUNA MANERA!
¿POR QUÉ NO COMES COMO UN PERRO NORMAL? ¿QUÉ TE HAS CREÍDO?
¡ESTÁ BIEN!
¡ME RINDO! ¡MI PROPIA DEBILIDAD ME ASQUEA!
¡A COMER!
AÑORABA COMER EN UNA CAFETERÍA... ¡MMM! ¡QUE APETITOSO TODO! COMERÉ UN POCO DE ESTO Y DE ESO OTRO Y...
¡NO PUEDO MÁS!
SCHULZ

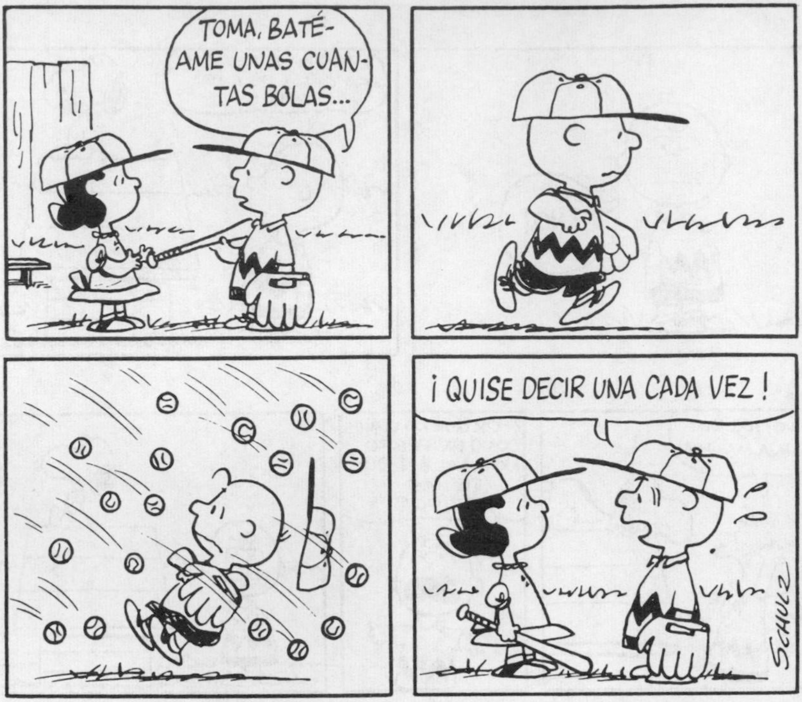
TOMA, BATÉAME UNAS CUANTAS BOLAS...
¡QUISE DECIR UNA CADA VEZ!
SCHULZ

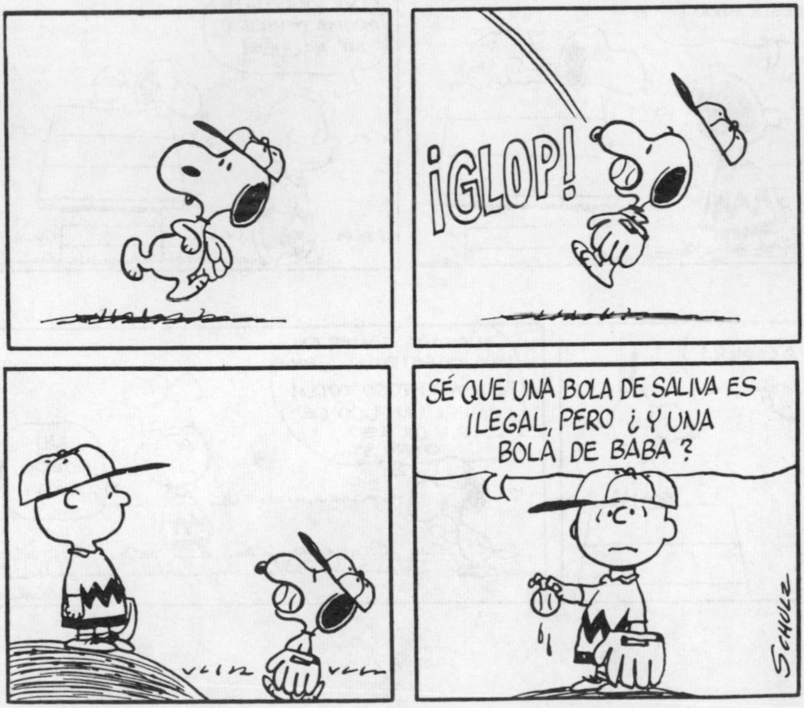
¡GLOP!
SÉ QUE UNA BOLA DE SALIVA ES ILEGAL, PERO ¿Y UNA BOLA DE BABA?
SCHULZ

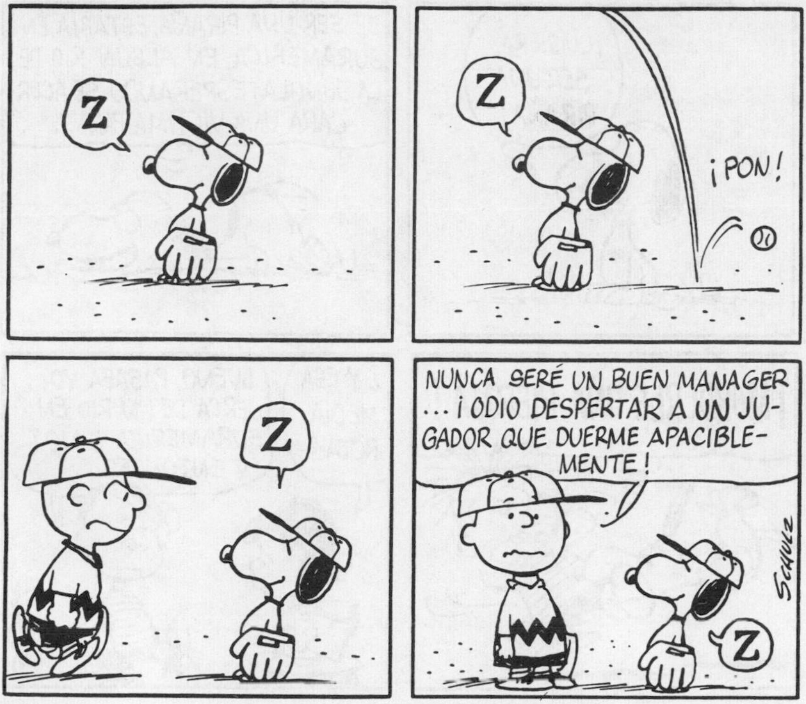
Z
Z
¡PON!
Z
NUNCA SERÉ UN BUEN MANAGER ... ¡ODIO DESPERTAR A UN JUGADOR QUE DUERME APACIBLEMENTE!
Z
SCHULZ

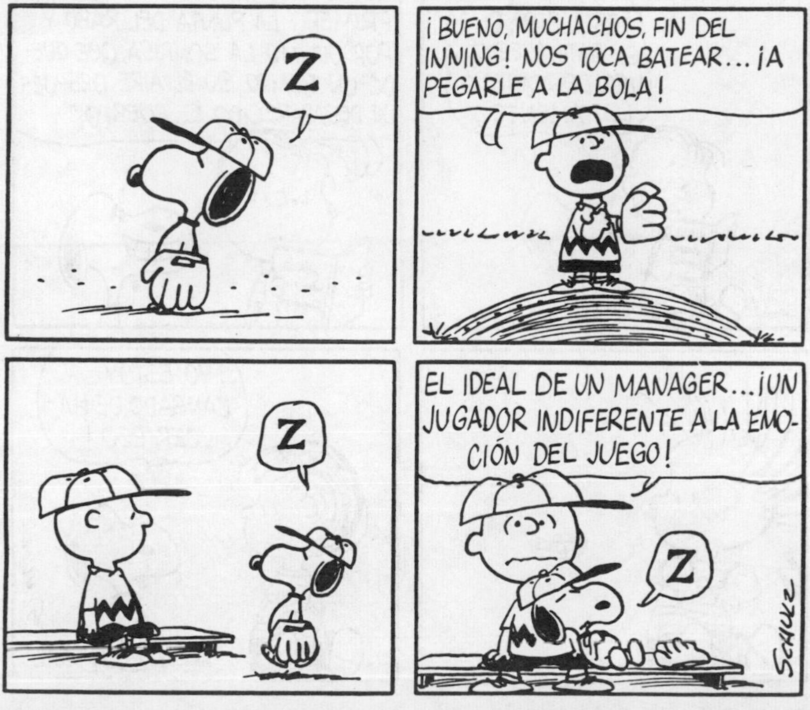
Z
¡BUENO, MUCHACHOS, FIN DEL INNING! NOS TOCA BATEAR... ¡A PEGARLE A LA BOLA!
Z
EL IDEAL DE UN MANAGER...¡UN JUGADOR INDIFERENTE A LA EMOCIÓN DEL JUEGO!
Z
SCHULZ

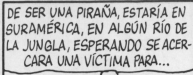

¡QUISIERA SER UNA PIRAÑA!
DE SER UNA PIRAÑA, ESTARÍA EN SURAMÉRICA, EN ALGÚN RÍO DE LA JUNGLA, ESPERANDO SE ACERCARA UNA VÍCTIMA PARA...
¡MORDERLE UNA PIERNA!
¿Y ESA MEDIA ROTA?
BUENO, PASABA YO CERCA DE UN RÍO EN SURAMÉRICA ¿NO? Y ENTONCES...
SCHULZ

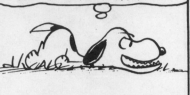

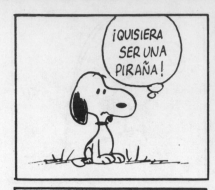

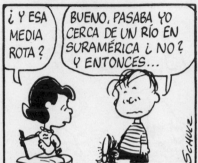

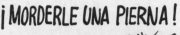

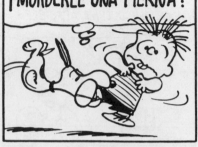

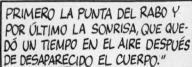

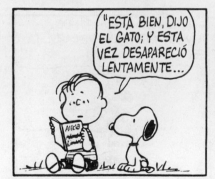

"ESTÁ BIEN, DIJO EL GATO; Y ESTA VEZ DESAPARECIÓ LENTAMENTE...
Alicia
PRIMERO LA PUNTA DEL RABO Y POR ÚLTIMO LA SONRISA, QUE QUEDÓ UN TIEMPO EN EL AIRE DESPUÉS DE DESAPARECIDO EL CUERPO."
Alicia
¡YO ESTOY CANSADO DE HACER ESO!
SCHULZ

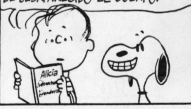

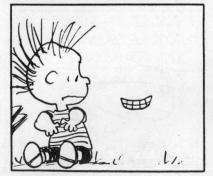

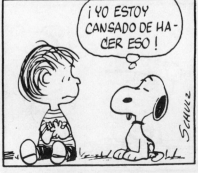

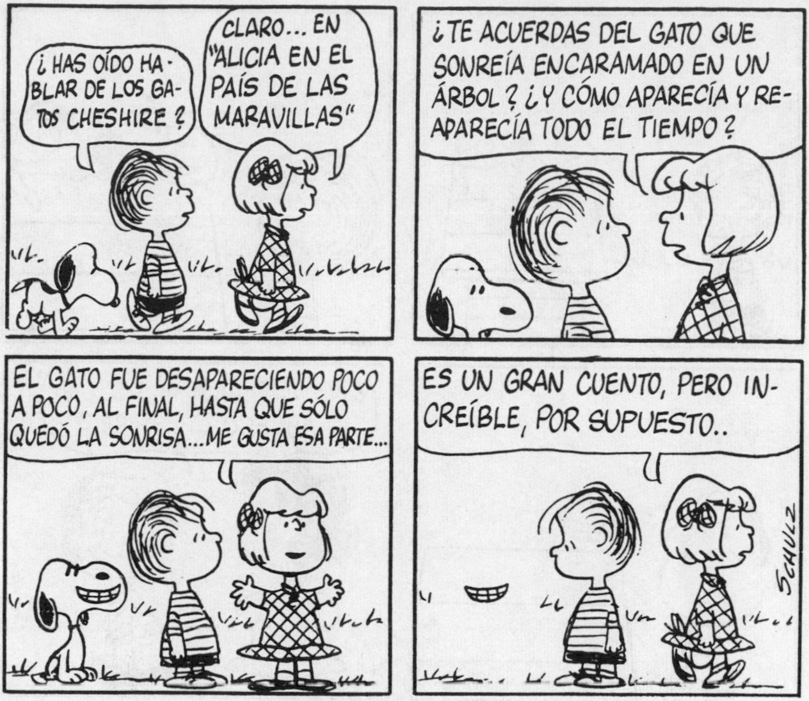
¿HAS OÍDO HABLAR DE LOS GATOS CHESHIRE?
CLARO... EN "ALICIA EN EL PAÍS DE LAS MARAVILLAS"
¿TE ACUERDAS DEL GATO QUE SONREÍA ENCARAMADO EN UN ÁRBOL? ¿Y CÓMO APARECÍA Y REAPARECÍA TODO EL TIEMPO?
EL GATO FUE DESAPARECIENDO POCO A POCO, AL FINAL, HASTA QUE SÓLO QUEDÓ LA SONRISA...ME GUSTA ESA PARTE...
ES UN GRAN CUENTO, PERO INCREÍBLE, POR SUPUESTO..
SCHULZ

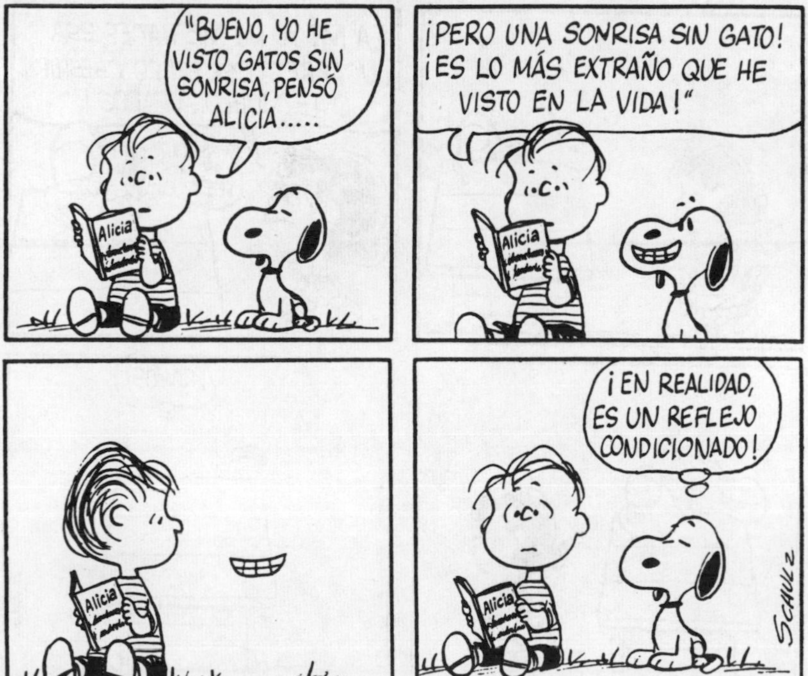
"BUENO, YO HE VISTO GATOS SIN SONRISA, PENSÓ ALICIA.....
Alicia
¡PERO UNA SONRISA SIN GATO! ¡ES LO MÁS EXTRAÑO QUE HE VISTO EN LA VIDA!"
Alicia
Alicia
¡EN REALIDAD, ES UN REFLEJO CONDICIONADO!
Alicia
SCHULZ

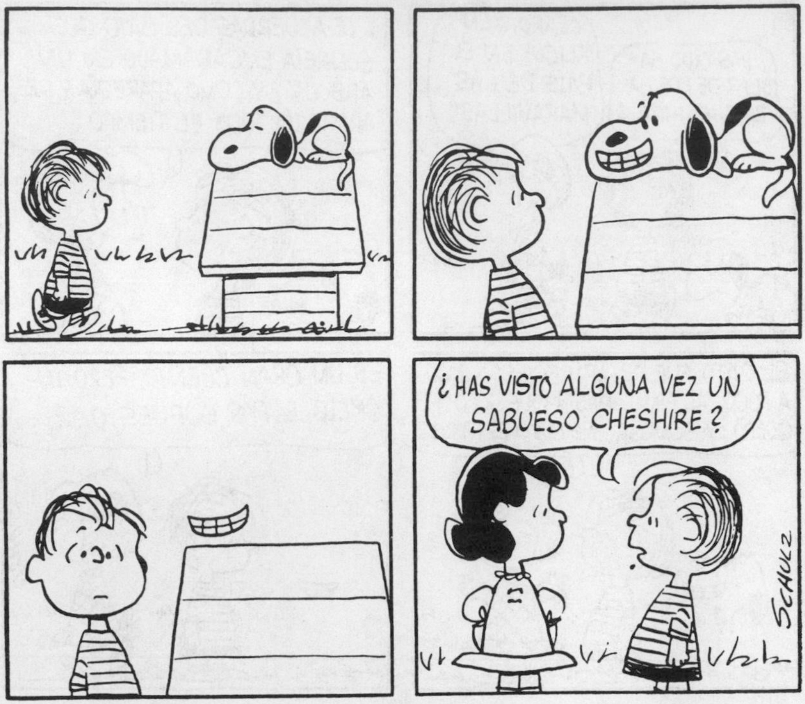
¿HAS VISTO ALGUNA VEZ UN SABUESO CHESHIRE?
SCHULZ

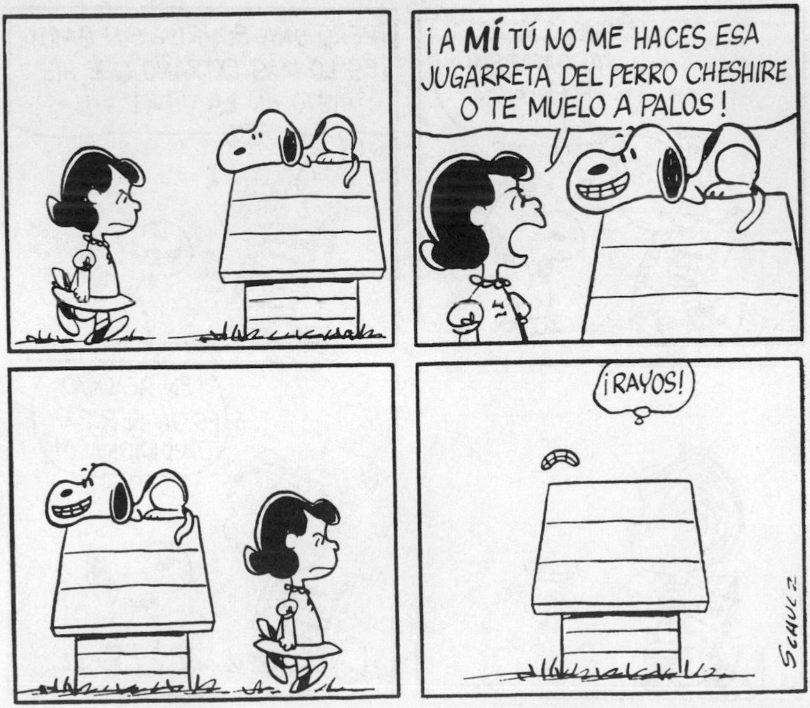
¡A MÍ TÚ NO ME HACES ESA JUGARRETA DEL PERRO CHESHIRE O TE MUELO A PALOS!
¡RAYOS!
SCHULZ

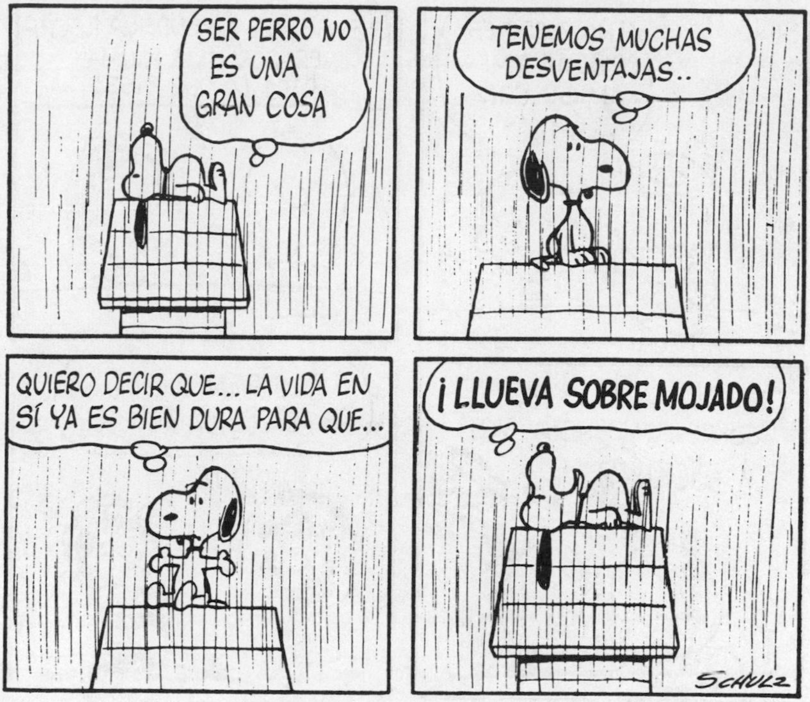
SER PERRO NO ES UNA GRAN COSA
TENEMOS MUCHAS DESVENTAJAS..
QUIERO DECIR QUE... LA VIDA EN SÍ YA ES BIEN DURA PARA QUE...
¡LLUEVA SOBRE MOJADO!
SCHULZ

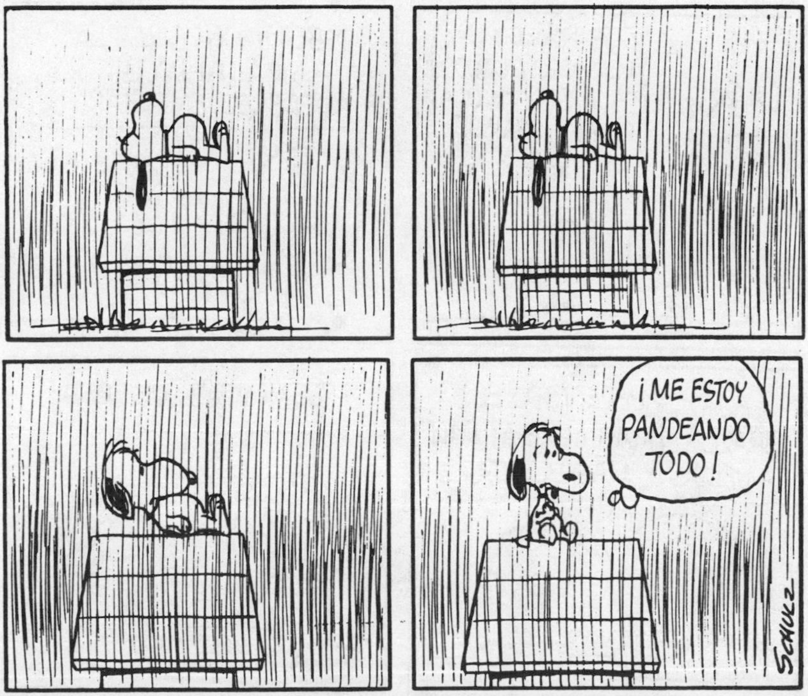
¡ME ESTOY PANDEANDO TODO!
SCHULZ

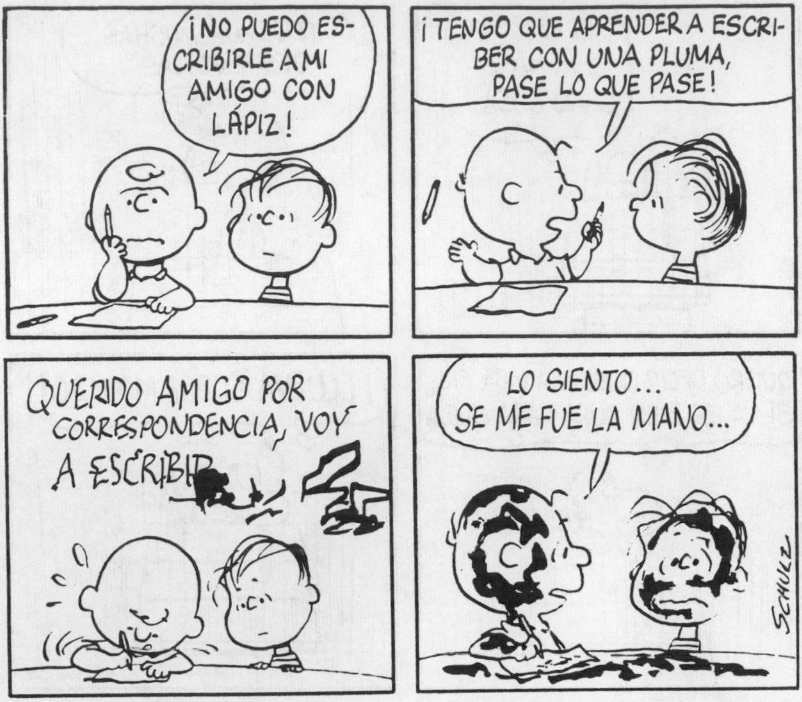
¡NO PUEDO ESCRIBIRLE A MI AMIGO CON LÁPIZ!
¡TENGO QUE APRENDER A ESCRIBER CON UNA PLUMA, PASE LO QUE PASE!
QUERIDO AMIGO POR CORRESPONDENCIA, VOY A ESCRIBIR
LO SIENTO... SE ME FUE LA MANO...
SCHULZ

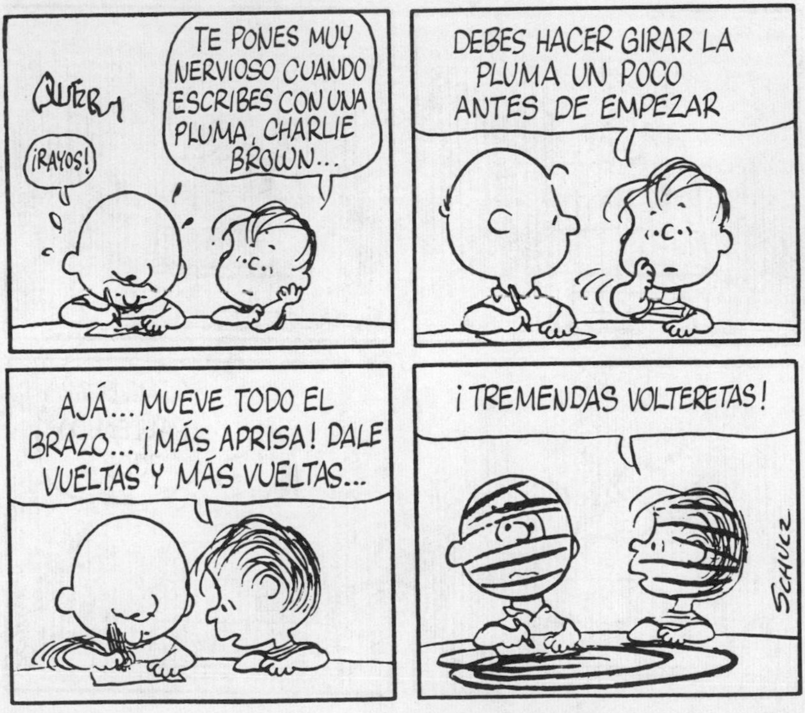
QUERI
¡RAYOS!
TE PONES MUY NERVIOSO CUANDO ESCRIBES CON UNA PLUMA, CHARLIE BROWN...
DEBES HACER GIRAR LA PLUMA UN POCO ANTES DE EMPEZAR
AJÁ... MUEVE TODO EL BRAZO... ¡MÁS APRISA! DALE VUELTAS Y MÁS VUELTAS...
¡TREMENDAS VOLTERETAS!
SCHULZ

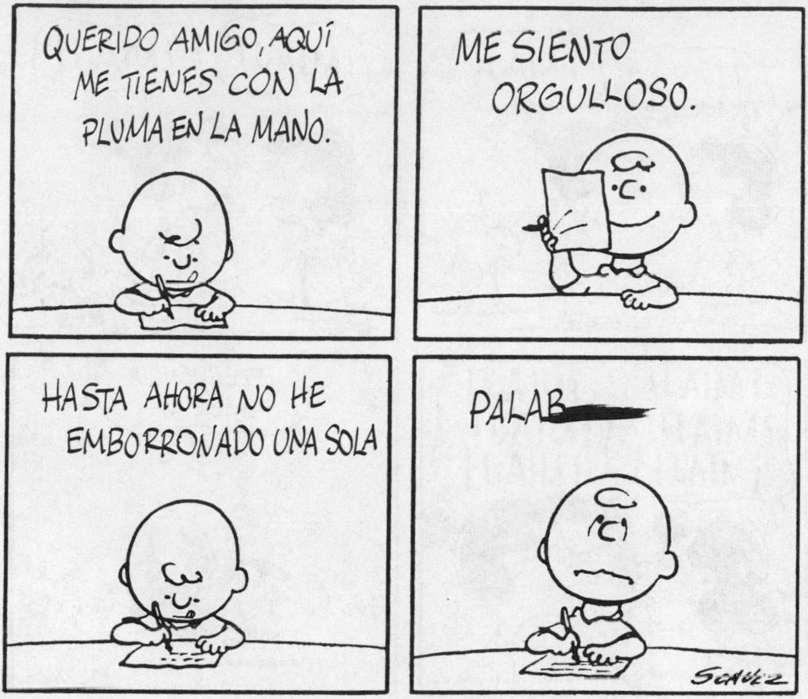
QUERIDO AMIGO, AQUÍ ME TIENES CON LA PLUMA EN LA MANO.
ME SIENTO ORGULLOSO.
HASTA AHORA NO HE EMBORRONADO UNA SOLA
PALAB
SCHULZ

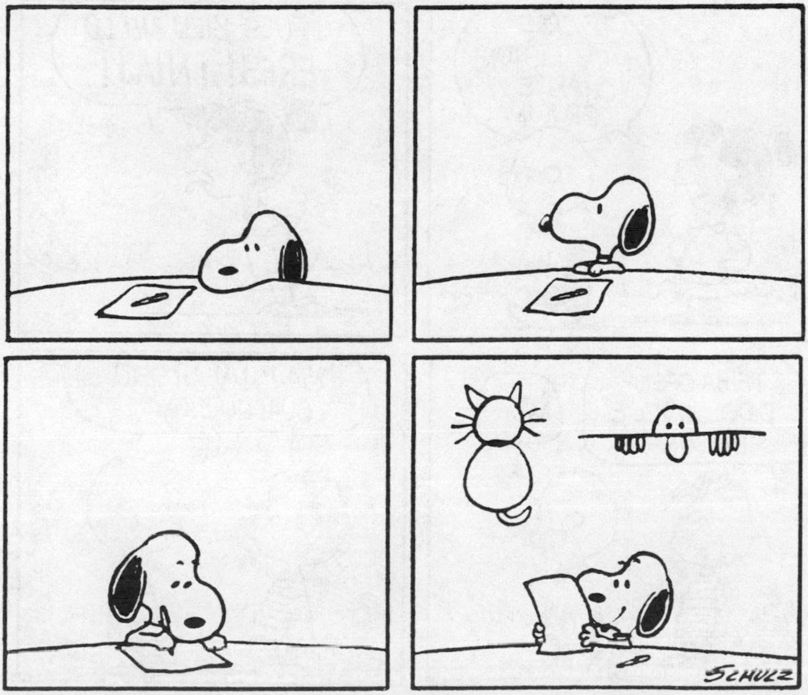
SCHULZ

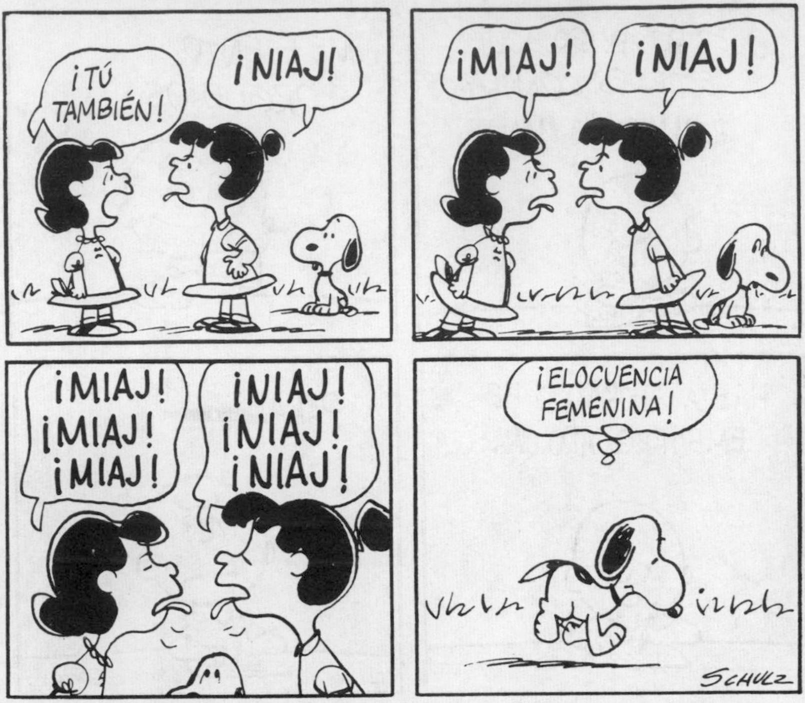
¡TÚ TAMBIÉN!
¡NIAJ!
¡MIAJ!
¡NIAJ!
¡MIAJ! ¡MIAJ! ¡MIAJ!
¡NIAJ! ¡NIAJ! ¡NIAJ!
¡ELOCUENCIA FEMENINA!
SCHULZ

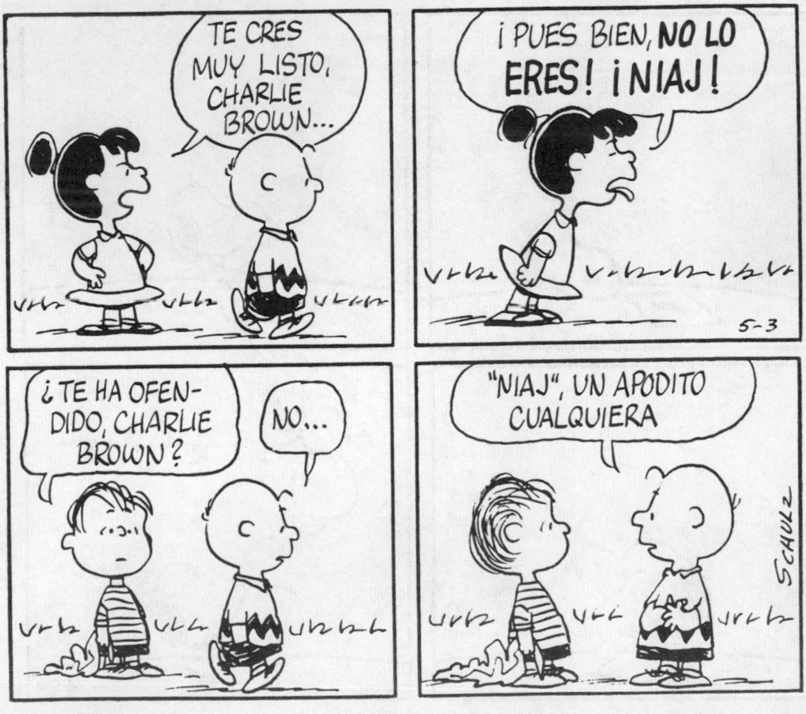
TE CRES MUY LISTO, CHARLIE BROWN...
¡PUES BIEN, **NO LO ERES!** ¡NIAJ!
5-3
¿TE HA OFENDIDO, CHARLIE BROWN?
NO...
"NIAJ", UN APODITO CUALQUIERA
SCHULZ

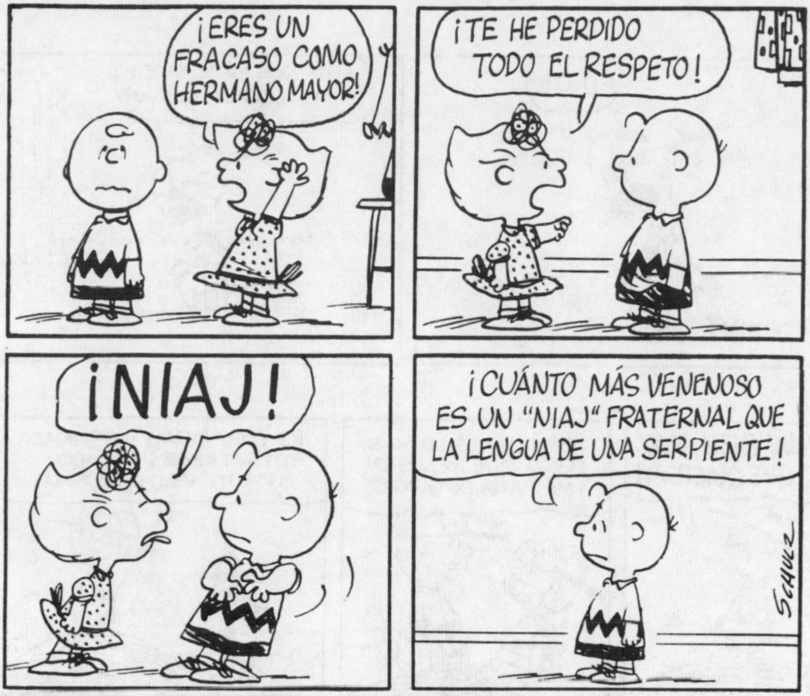
¡ERES UN FRACASO COMO HERMANO MAYOR!
¡TE HE PERDIDO TODO EL RESPETO!
¡NIAJ!
¡CUÁNTO MÁS VENENOSO ES UN "NIAJ" FRATERNAL QUE LA LENGUA DE UNA SERPIENTE!
SCHULZ

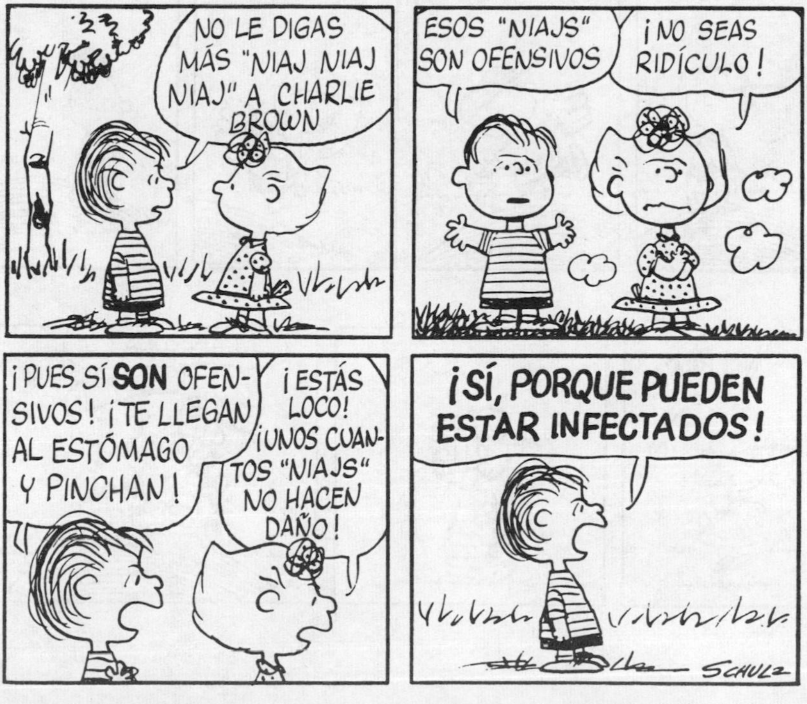
NO LE DIGAS MÁS "NIAJ NIAJ NIAJ" A CHARLIE BROWN
ESOS "NIAJS" SON OFENSIVOS
¡NO SEAS RIDÍCULO!
¡PUES SÍ SON OFENSIVOS! ¡TE LLEGAN AL ESTÓMAGO Y PINCHAN!
¡ESTÁS LOCO! ¡UNOS CUANTOS "NIAJS" NO HACEN DAÑO!
¡SÍ, PORQUE PUEDEN ESTAR INFECTADOS!
SCHULZ

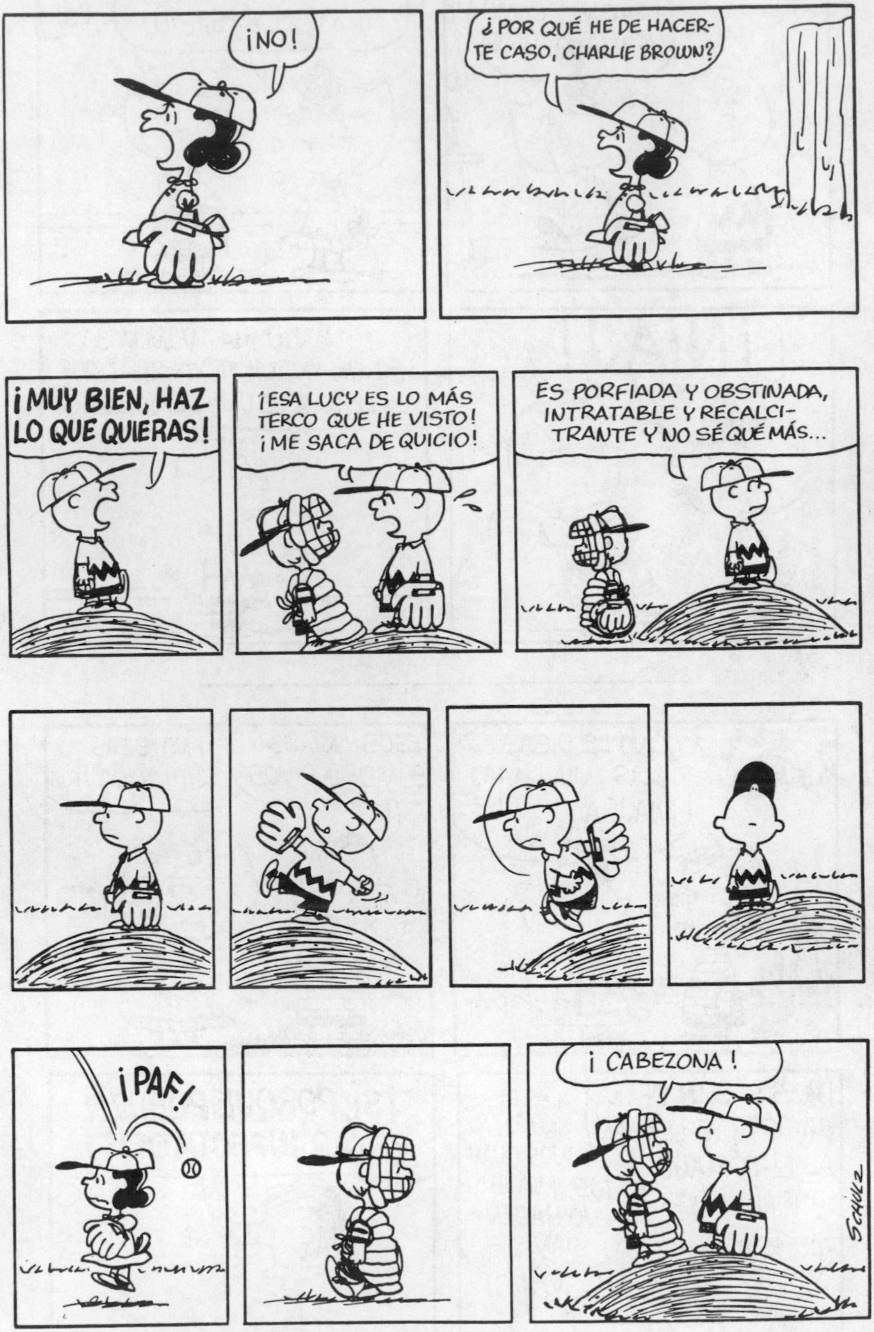
¡NO!
¿POR QUÉ HE DE HACERTE CASO, CHARLIE BROWN?
¡MUY BIEN, HAZ LO QUE QUIERAS!
¡ESA LUCY ES LO MÁS TERCO QUE HE VISTO! ¡ME SACA DE QUICIO!
ES PORFIADA Y OBSTINADA, INTRATABLE Y RECALCITRANTE Y NO SÉ QUÉ MÁS...
¡PAF!
¡CABEZONA!
SCHULZ

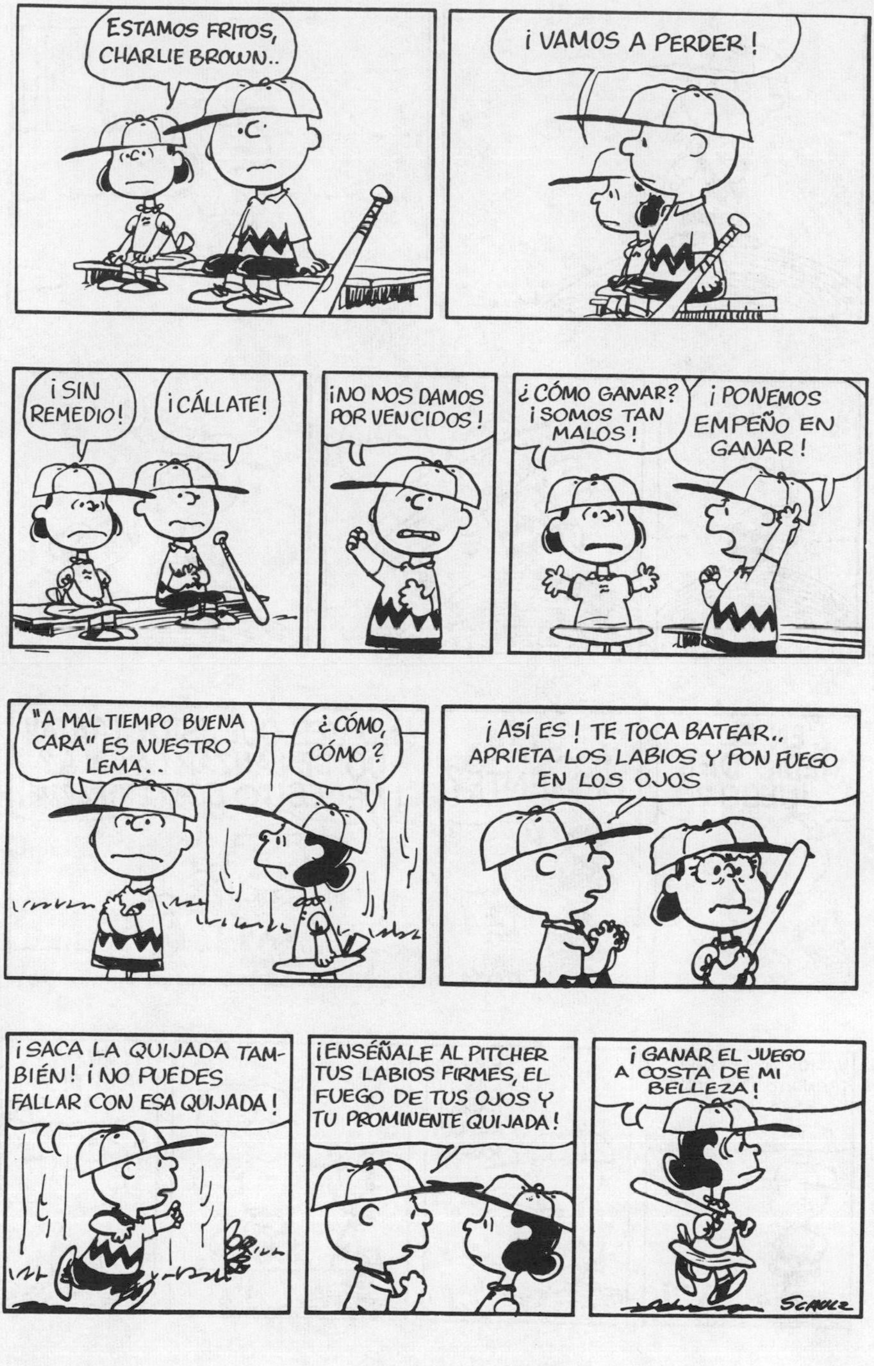
ESTAMOS FRITOS, CHARLIE BROWN..
¡VAMOS A PERDER!
¡SIN REMEDIO!
¡CÁLLATE!
¡NO NOS DAMOS POR VENCIDOS!
¿CÓMO GANAR? ¡SOMOS TAN MALOS!
¡PONEMOS EMPEÑO EN GANAR!
"A MAL TIEMPO BUENA CARA" ES NUESTRO LEMA..
¿CÓMO, CÓMO?
¡ASÍ ES! TE TOCA BATEAR.. APRIETA LOS LABIOS Y PON FUEGO EN LOS OJOS
¡SACA LA QUIJADA TAMBIÉN! ¡NO PUEDES FALLAR CON ESA QUIJADA!
¡ENSÉÑALE AL PITCHER TUS LABIOS FIRMES, EL FUEGO DE TUS OJOS Y TU PROMINENTE QUIJADA!
¡GANAR EL JUEGO A COSTA DE MI BELLEZA!
SCHULZ

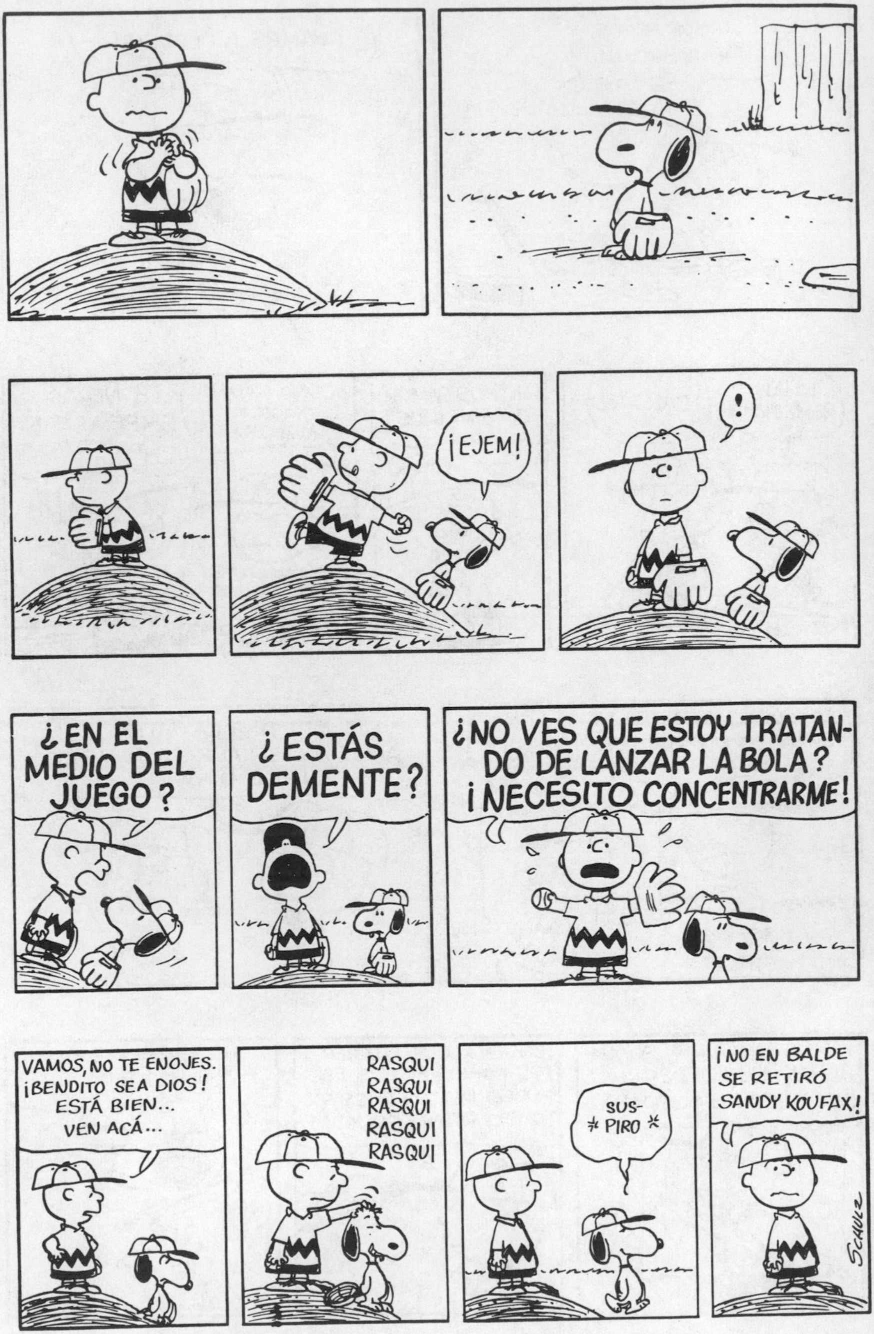
¡EJEM!
!
¿EN EL MEDIO DEL JUEGO?
¿ESTÁS DEMENTE?
¿NO VES QUE ESTOY TRATANDO DE LANZAR LA BOLA? ¡NECESITO CONCENTRARME!
VAMOS, NO TE ENOJES. ¡BENDITO SEA DIOS! ESTÁ BIEN... VEN ACÁ...
RASQUI RASQUI RASQUI RASQUI RASQUI
SUS- *PIRO*
¡NO EN BALDE SE RETIRÓ SANDY KOUFAX!
SCHULZ

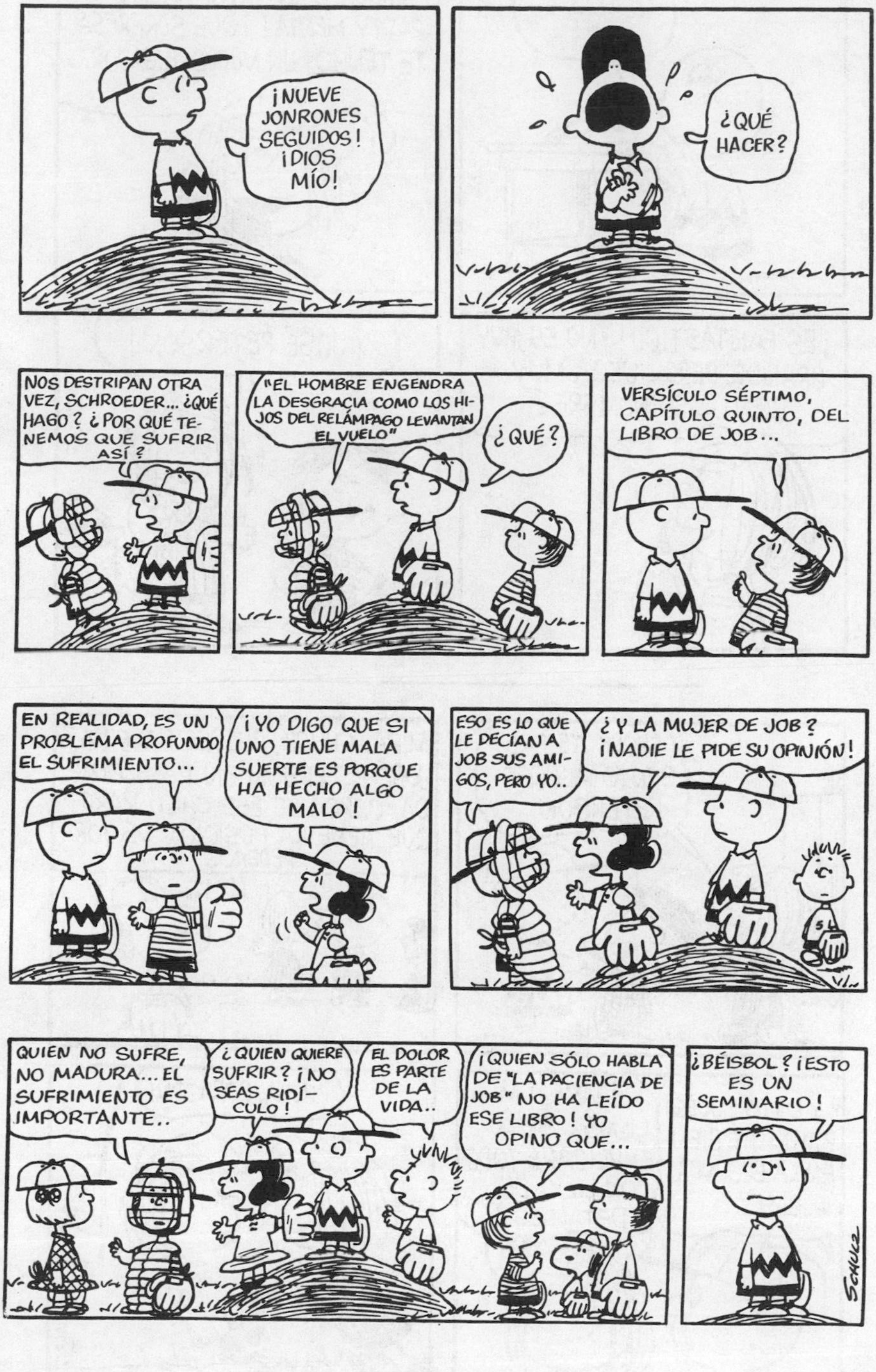
¡NUEVE JONRONES SEGUIDOS! ¡DIOS MÍO!
¿QUÉ HACER?
NOS DESTRIPAN OTRA VEZ, SCHROEDER... ¿QUÉ HAGO? ¿POR QUÉ TENEMOS QUE SUFRIR ASÍ?
"EL HOMBRE ENGENDRA LA DESGRACIA COMO LOS HIJOS DEL RELÁMPAGO LEVANTAN EL VUELO"
¿QUÉ?
VERSÍCULO SÉPTIMO, CAPÍTULO QUINTO, DEL LIBRO DE JOB...
EN REALIDAD, ES UN PROBLEMA PROFUNDO EL SUFRIMIENTO...
¡YO DIGO QUE SI UNO TIENE MALA SUERTE ES PORQUE HA HECHO ALGO MALO!
ESO ES LO QUE LE DECÍAN A JOB SUS AMIGOS, PERO YO..
¿Y LA MUJER DE JOB? ¡NADIE LE PIDE SU OPINIÓN!
QUIEN NO SUFRE, NO MADURA... EL SUFRIMIENTO ES IMPORTANTE..
¿QUIEN QUIERE SUFRIR? ¡NO SEAS RIDÍCULO!
EL DOLOR ES PARTE DE LA VIDA..
¡QUIEN SÓLO HABLA DE "LA PACIENCIA DE JOB" NO HA LEÍDO ESE LIBRO! YO OPINO QUE...
¿BÉISBOL? ¡ESTO ES UN SEMINARIO!
SCHULZ

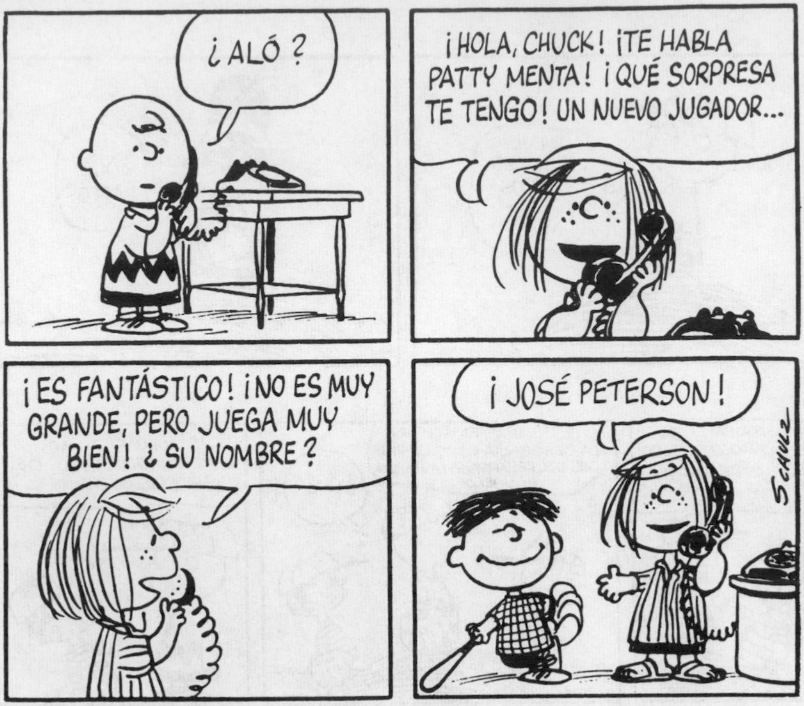
¿ALÓ?
¡HOLA, CHUCK! ¡TE HABLA PATTY MENTA! ¡QUÉ SORPRESA TE TENGO! UN NUEVO JUGADOR...
¡ES FANTÁSTICO! ¡NO ES MUY GRANDE, PERO JUEGA MUY BIEN! ¿SU NOMBRE?
¡JOSÉ PETERSON!
SCHULZ

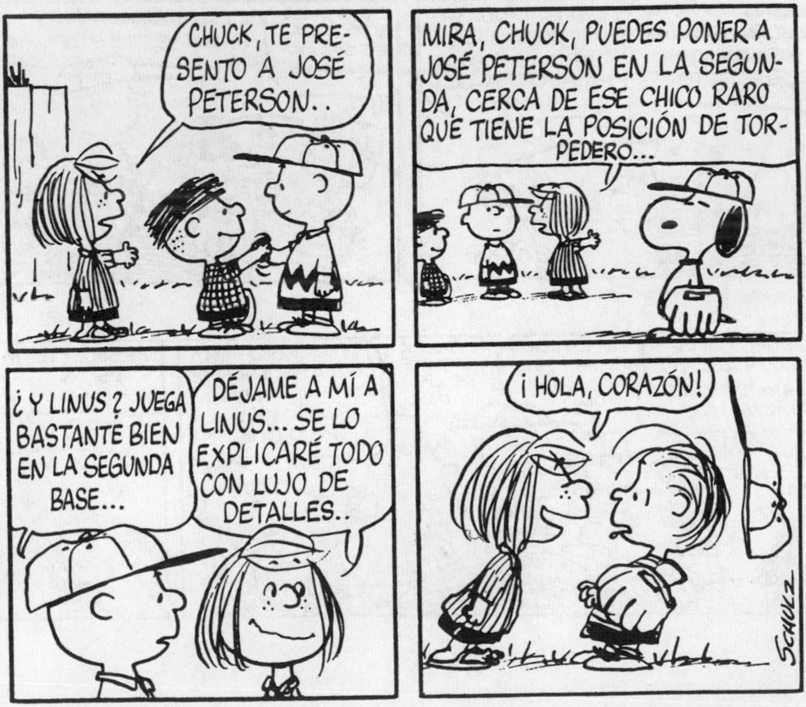
CHUCK, TE PRESENTO A JOSÉ PETERSON..
MIRA, CHUCK, PUEDES PONER A JOSÉ PETERSON EN LA SEGUNDA, CERCA DE ESE CHICO RARO QUE TIENE LA POSICIÓN DE TORPEDERO...
¿Y LINUS? JUEGA BASTANTE BIEN EN LA SEGUNDA BASE...
DÉJAME A MÍ A LINUS... SE LO EXPLICARÉ TODO CON LUJO DE DETALLES..
¡HOLA, CORAZÓN!
SCHULZ

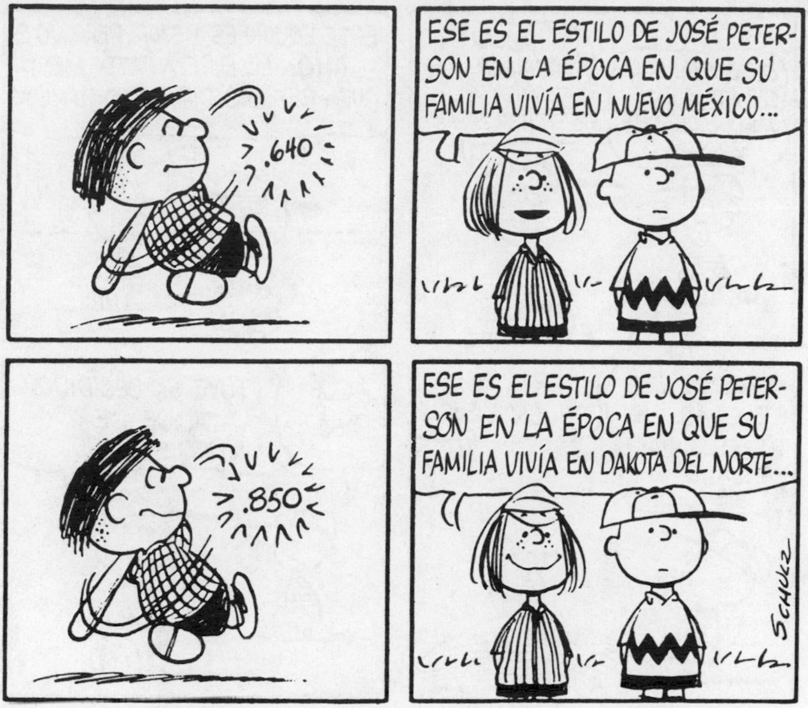
.640
ESE ES EL ESTILO DE JOSÉ PETERSON EN LA ÉPOCA EN QUE SU FAMILIA VIVÍA EN NUEVO MÉXICO...
.850
ESE ES EL ESTILO DE JOSÉ PETERSON EN LA ÉPOCA EN QUE SU FAMILIA VIVÍA EN DAKOTA DEL NORTE...
SCHULZ

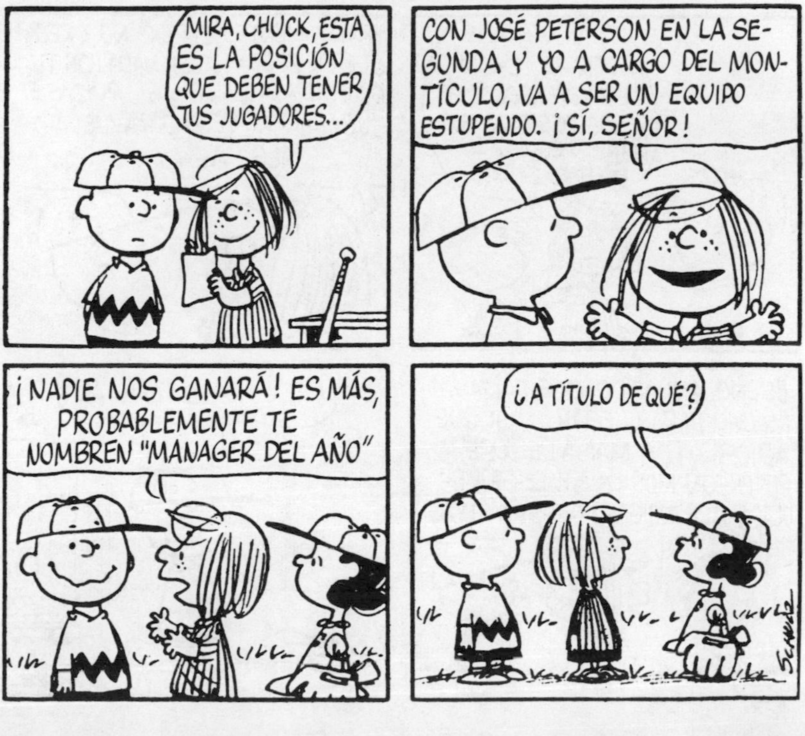
MIRA, CHUCK, ESTA ES LA POSICIÓN QUE DEBEN TENER TUS JUGADORES...
CON JOSÉ PETERSON EN LA SEGUNDA Y YO A CARGO DEL MONTÍCULO, VA A SER UN EQUIPO ESTUPENDO. ¡SÍ, SEÑOR!
¡NADIE NOS GANARÁ! ES MÁS, PROBABLEMENTE TE NOMBREN "MANAGER DEL AÑO"
¿A TÍTULO DE QUÉ?
SCHULZ

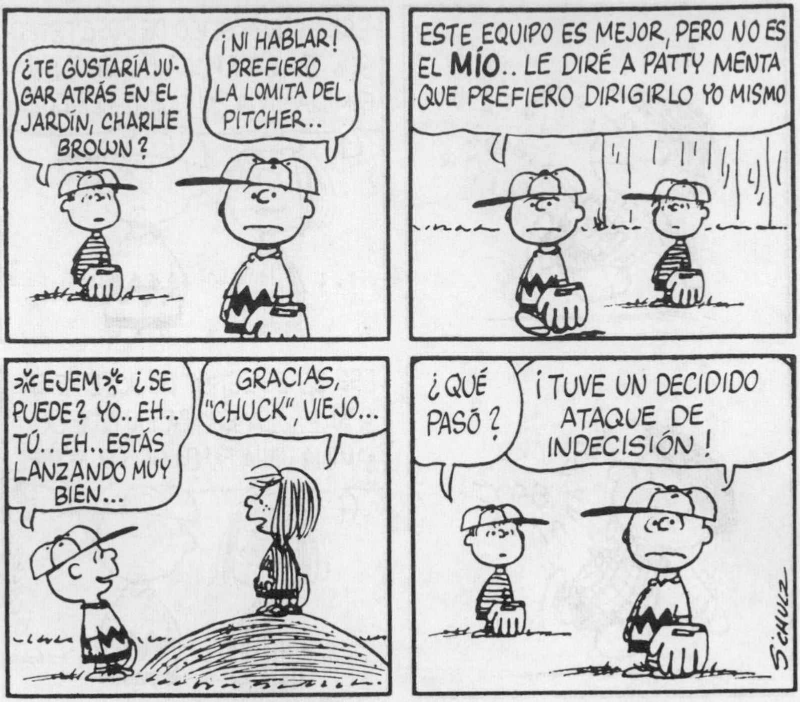
¿TE GUSTARÍA JUGAR ATRÁS EN EL JARDÍN, CHARLIE BROWN?
¡NI HABLAR! PREFIERO LA LOMITA DEL PITCHER..
ESTE EQUIPO ES MEJOR, PERO NO ES EL MÍO.. LE DIRÉ A PATTY MENTA QUE PREFIERO DIRIGIRLO YO MISMO
EJEM ¿SE PUEDE? YO.. EH.. TÚ.. EH.. ESTÁS LANZANDO MUY BIEN...
GRACIAS, "CHUCK", VIEJO...
¿QUÉ PASÓ?
¡TUVE UN DECIDIDO ATAQUE DE INDECISIÓN!
SCHULZ

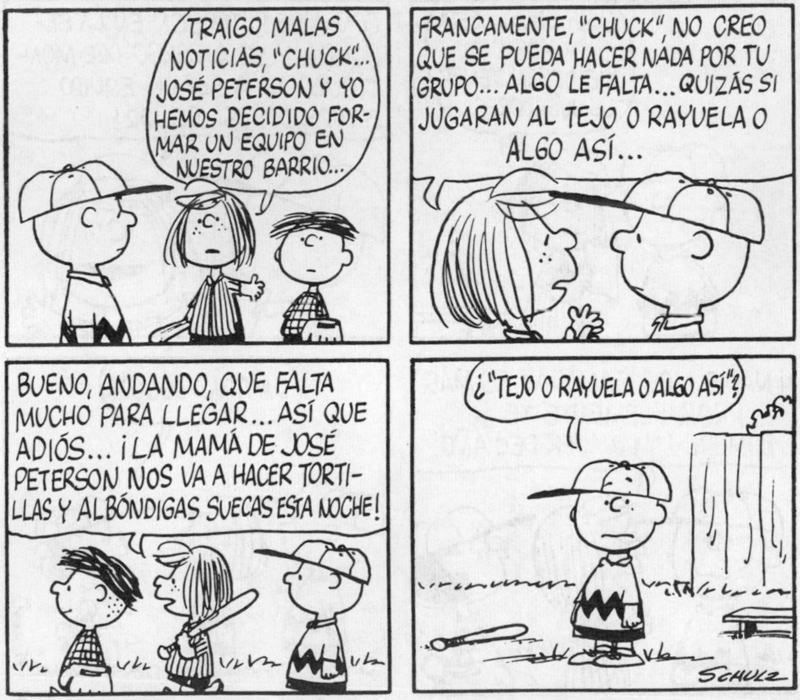
TRAIGO MALAS NOTICIAS, "CHUCK"... JOSÉ PETERSON Y YO HEMOS DECIDIDO FORMAR UN EQUIPO EN NUESTRO BARRIO...
FRANCAMENTE, "CHUCK", NO CREO QUE SE PUEDA HACER NADA POR TU GRUPO... ALGO LE FALTA... QUIZÁS SI JUGARAN AL TEJO O RAYUELA O ALGO ASÍ...
BUENO, ANDANDO, QUE FALTA MUCHO PARA LLEGAR... ASÍ QUE ADIÓS... ¡LA MAMÁ DE JOSÉ PETERSON NOS VA A HACER TORTILLAS Y ALBÓNDIGAS SUECAS ESTA NOCHE!
¿"TEJO O RAYUELA O ALGO ASÍ"?
SCHULZ

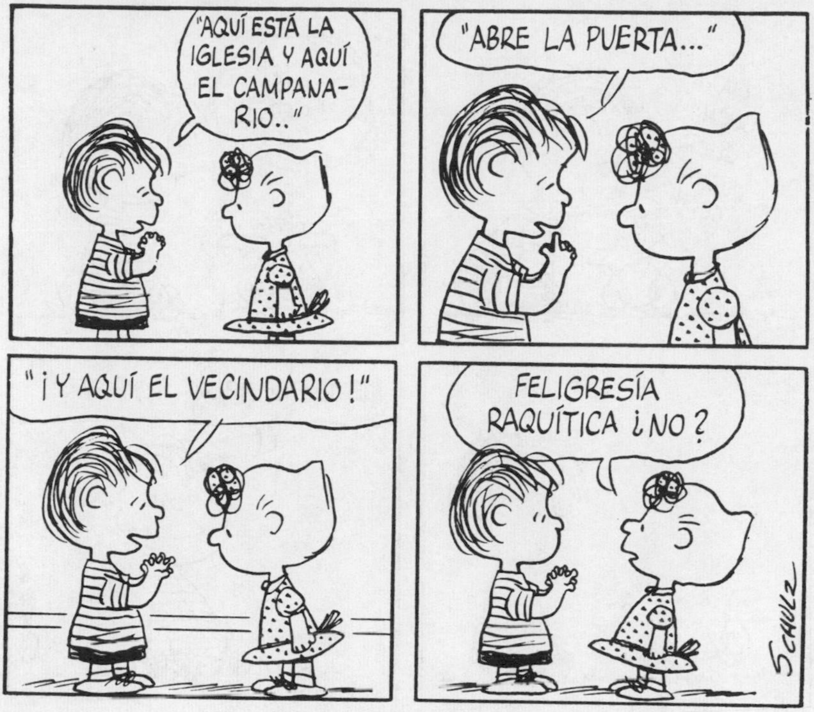
"AQUÍ ESTÁ LA IGLESIA Y AQUÍ EL CAMPANARIO.."
"ABRE LA PUERTA..."
"¡Y AQUÍ EL VECINDARIO!"
FELIGRESÍA RAQUÍTICA ¿NO?
SCHULZ

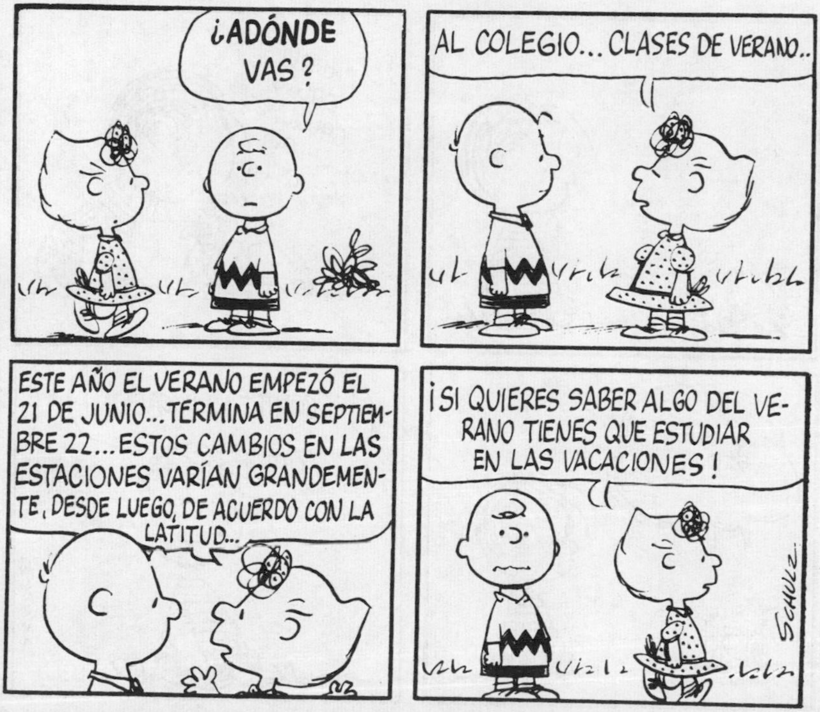
¿ADÓNDE VAS?
AL COLEGIO... CLASES DE VERANO..
ESTE AÑO EL VERANO EMPEZÓ EL 21 DE JUNIO... TERMINA EN SEPTIEMBRE 22... ESTOS CAMBIOS EN LAS ESTACIONES VARÍAN GRANDEMENTE, DESDE LUEGO, DE ACUERDO CON LA LATITUD...
¡SI QUIERES SABER ALGO DEL VERANO TIENES QUE ESTUDIAR EN LAS VACACIONES!
SCHULZ

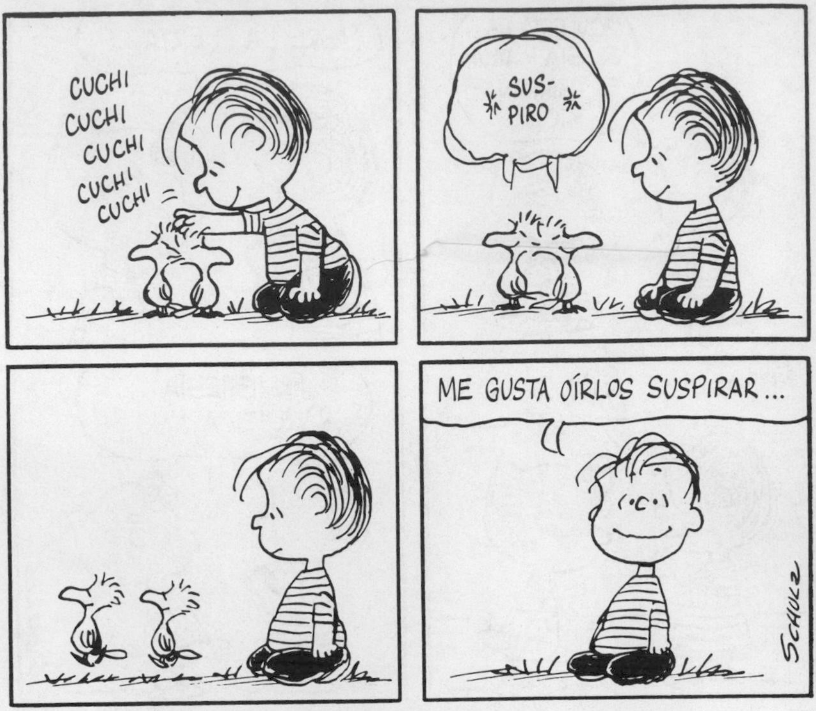
CUCHI
CUCHI
CUCHI
CUCHI
CUCHI
SUS-
PIRO
ME GUSTA OÍRLOS SUSPIRAR...
SCHULZ

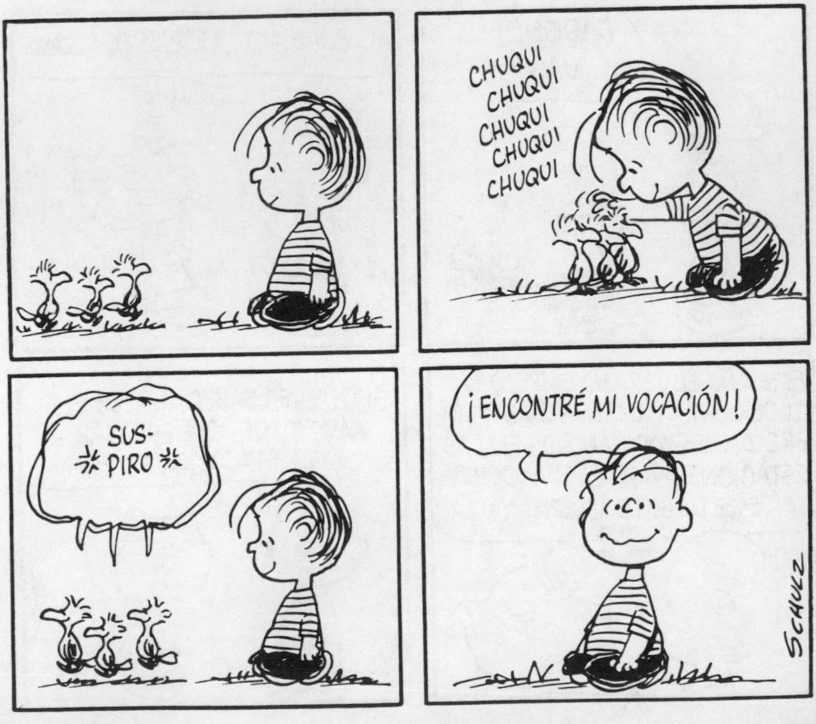
CHUQUI
CHUQUI
CHUQUI
CHUQUI
CHUQUI
SUS-
PIRO
¡ENCONTRÉ MI VOCACIÓN!
SCHULZ

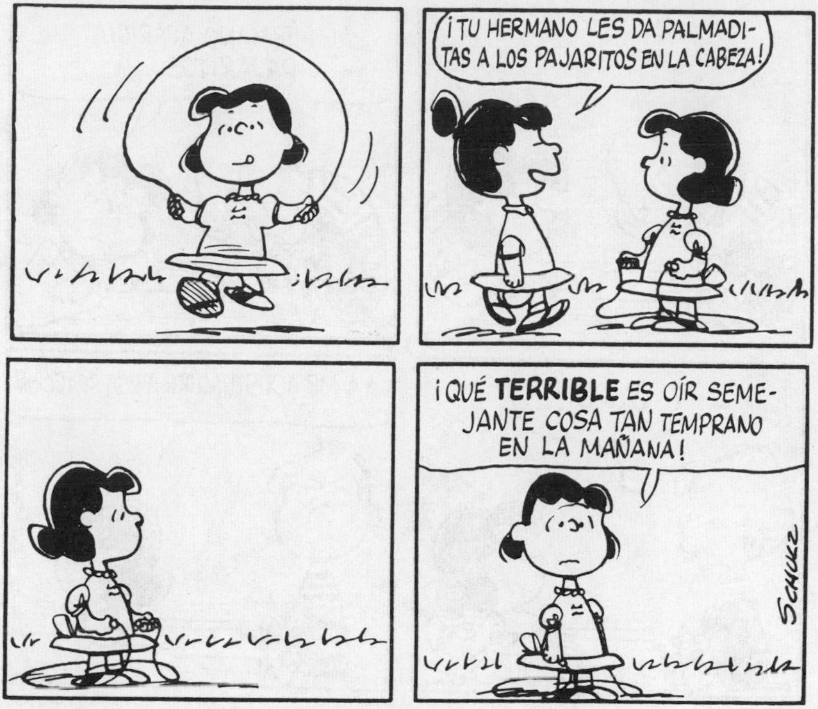
¡TU HERMANO LES DA PALMADITAS A LOS PAJARITOS EN LA CABEZA!
¡QUÉ **TERRIBLE** ES OÍR SEMEJANTE COSA TAN TEMPRANO EN LA MAÑANA!
SCHULZ

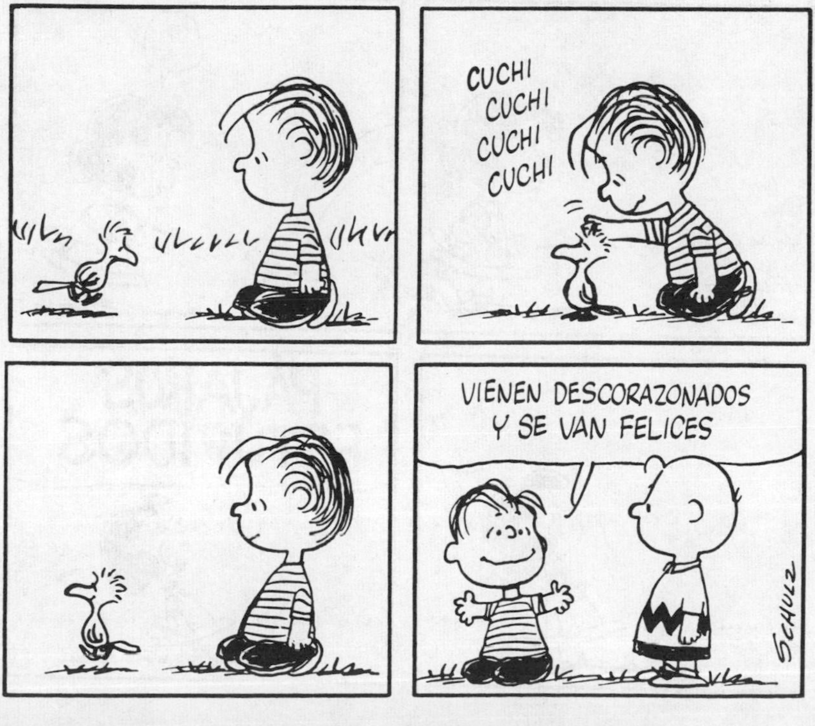
CUCHI
CUCHI
CUCHI
CUCHI
VIENEN DESCORAZONADOS Y SE VAN FELICES
SCHULZ

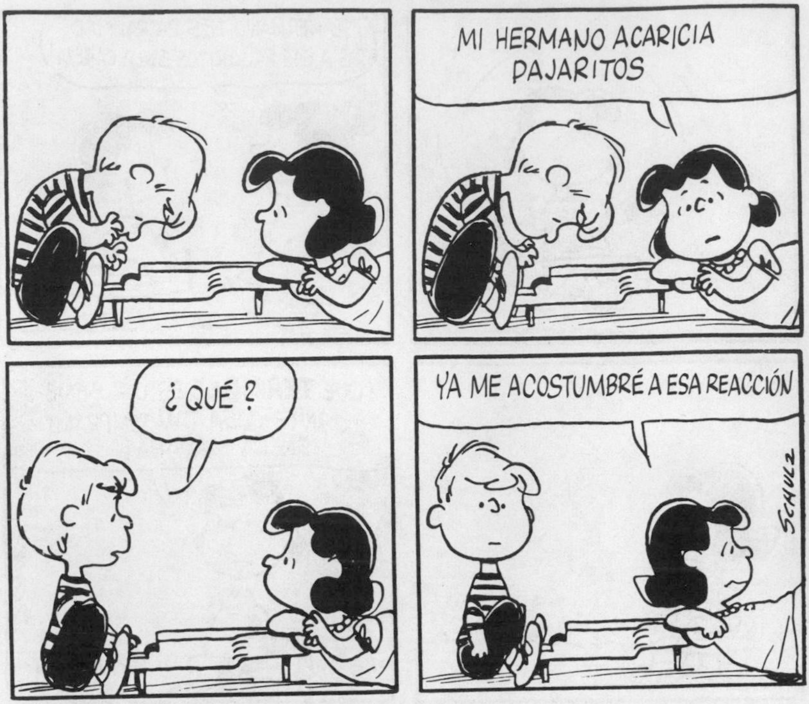
MI HERMANO ACARICIA PAJARITOS
¿ QUÉ ?
YA ME ACOSTUMBRÉ A ESA REACCIÓN
SCHULZ

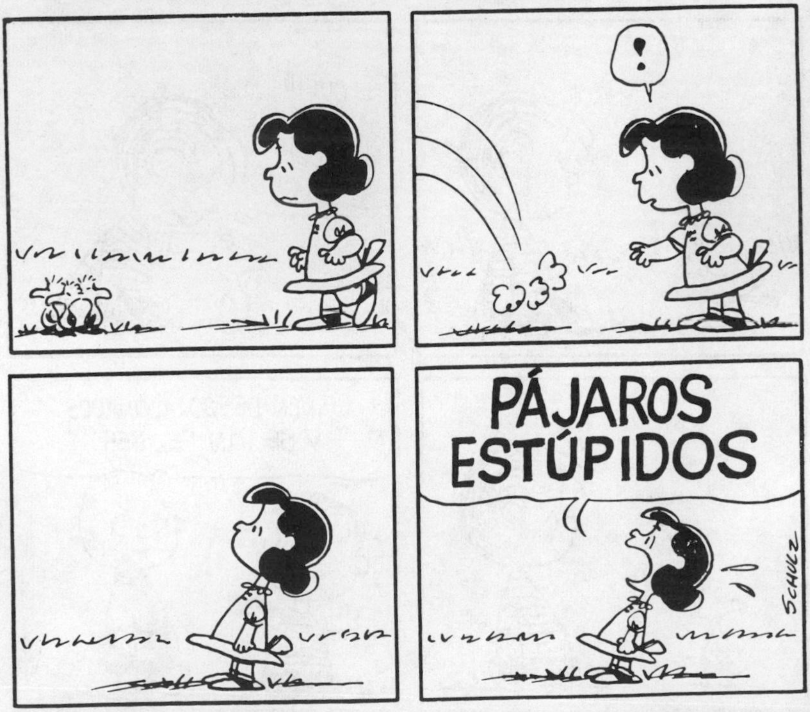
!
PÁJAROS ESTÚPIDOS
SCHULZ

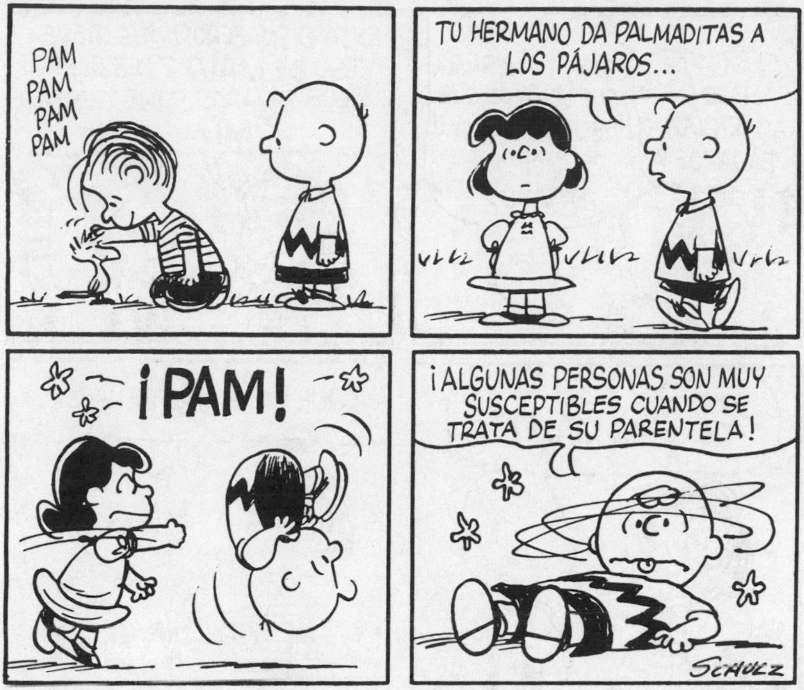
PAM
PAM
PAM
PAM
TU HERMANO DA PALMADITAS A LOS PÁJAROS...
¡PAM!
¡ALGUNAS PERSONAS SON MUY SUSCEPTIBLES CUANDO SE TRATA DE SU PARENTELA!
SCHULZ

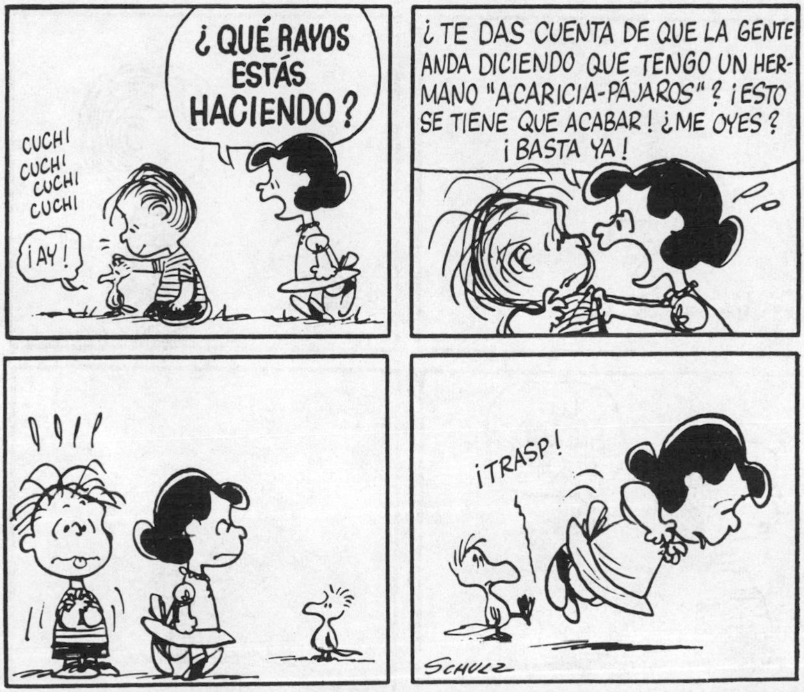
CUCHI
CUCHI
CUCHI
CUCHI
¡AY!
¿QUÉ RAYOS ESTÁS HACIENDO?
¿TE DAS CUENTA DE QUE LA GENTE ANDA DICIENDO QUE TENGO UN HERMANO "ACARICIA-PÁJAROS"? ¡ESTO SE TIENE QUE ACABAR! ¿ME OYES? ¡BASTA YA!
¡TRASP!
SCHULZ

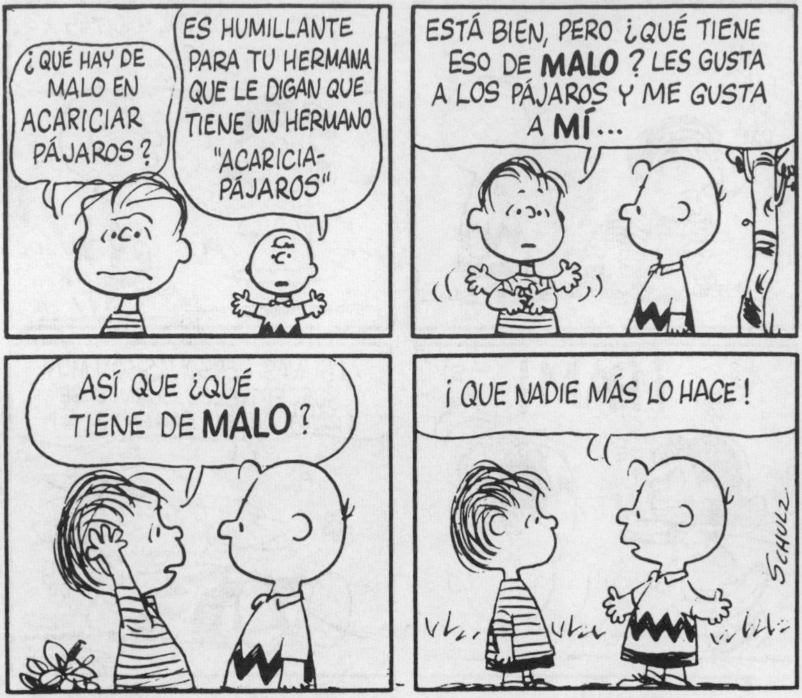
¿QUÉ HAY DE MALO EN ACARICIAR PÁJAROS?
ES HUMILLANTE PARA TU HERMANA QUE LE DIGAN QUE TIENE UN HERMANO "ACARICIA-PÁJAROS"
ESTÁ BIEN, PERO ¿QUÉ TIENE ESO DE MALO? LES GUSTA A LOS PÁJAROS Y ME GUSTA A MÍ...
ASÍ QUE ¿QUÉ TIENE DE MALO?
¡QUE NADIE MÁS LO HACE!
SCHULZ

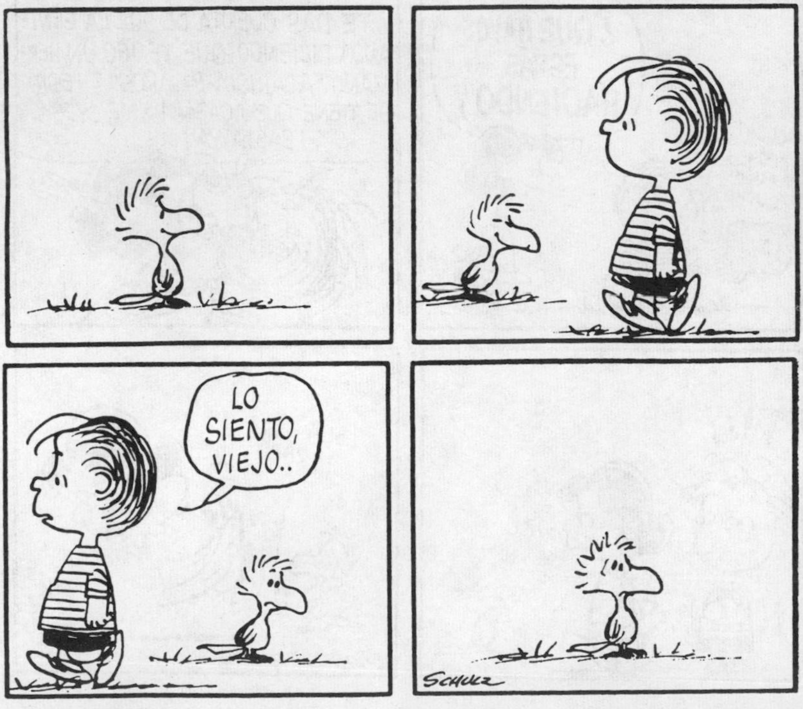
LO SIENTO, VIEJO..
SCHULZ

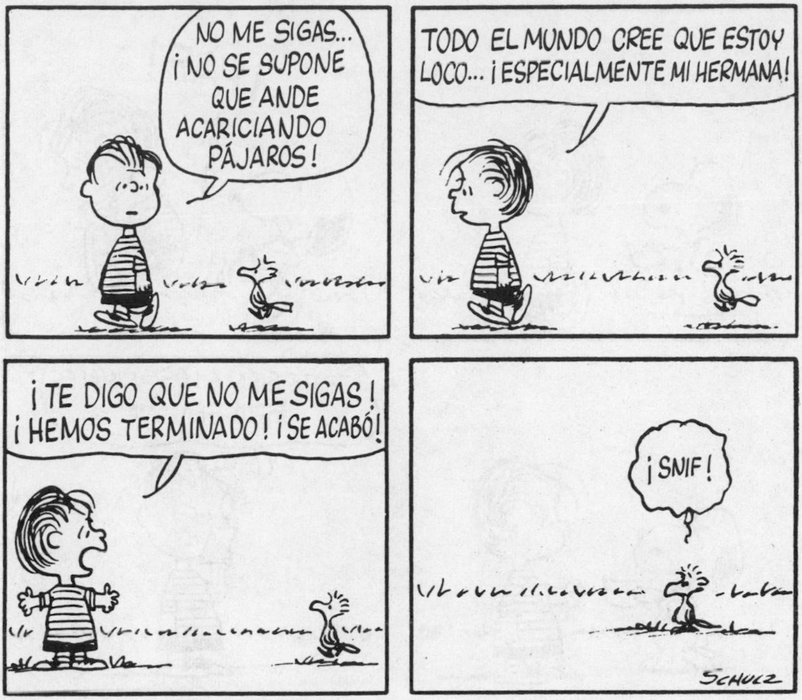
NO ME SIGAS... ¡NO SE SUPONE QUE ANDE ACARICIANDO PÁJAROS!
TODO EL MUNDO CREE QUE ESTOY LOCO... ¡ESPECIALMENTE MI HERMANA!
¡TE DIGO QUE NO ME SIGAS! ¡HEMOS TERMINADO! ¡SE ACABÓ!
¡SNIF!
SCHULZ

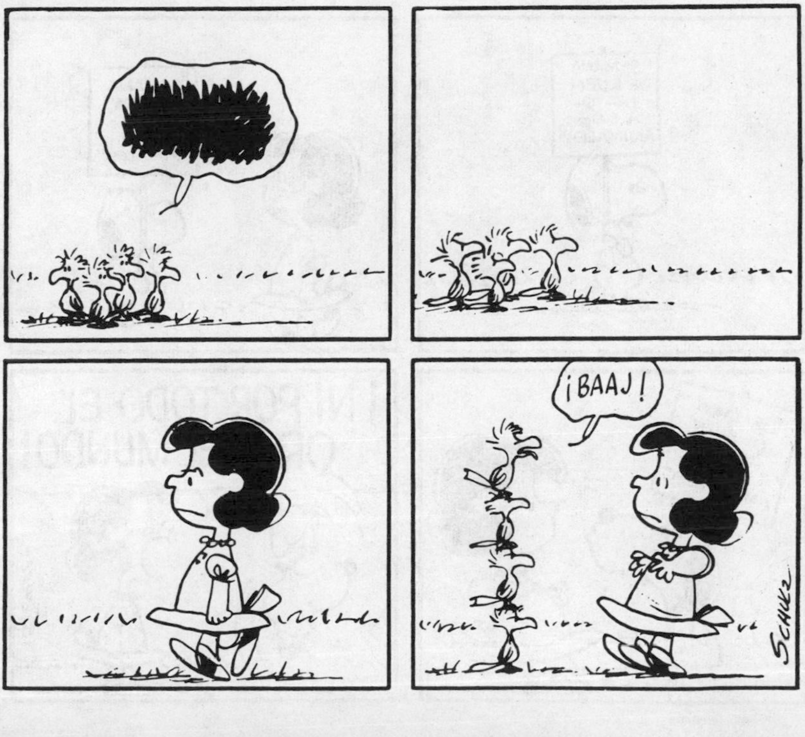
¡BAAJ!
SCHULZ

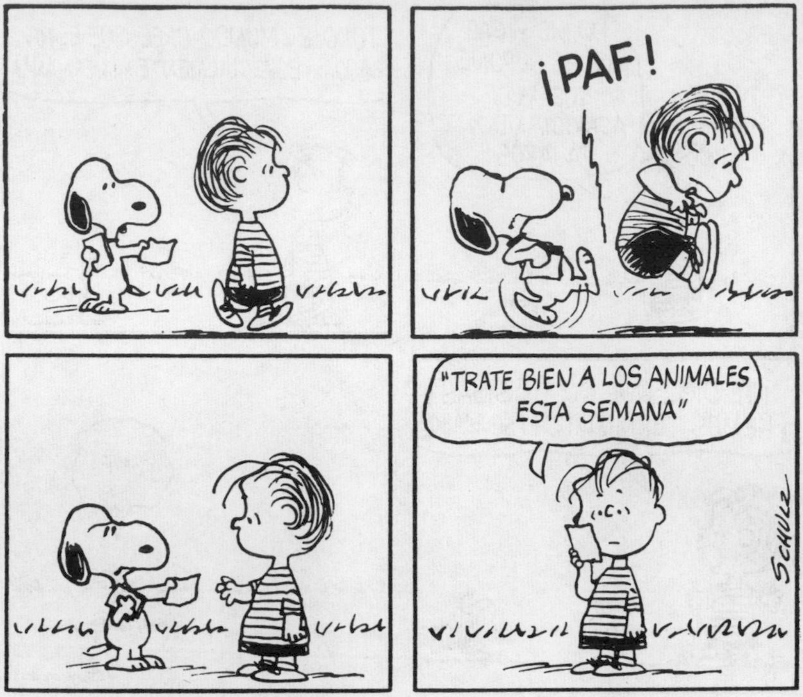
¡PAF!
"TRATE BIEN A LOS ANIMALES ESTA SEMANA"
SCHULZ

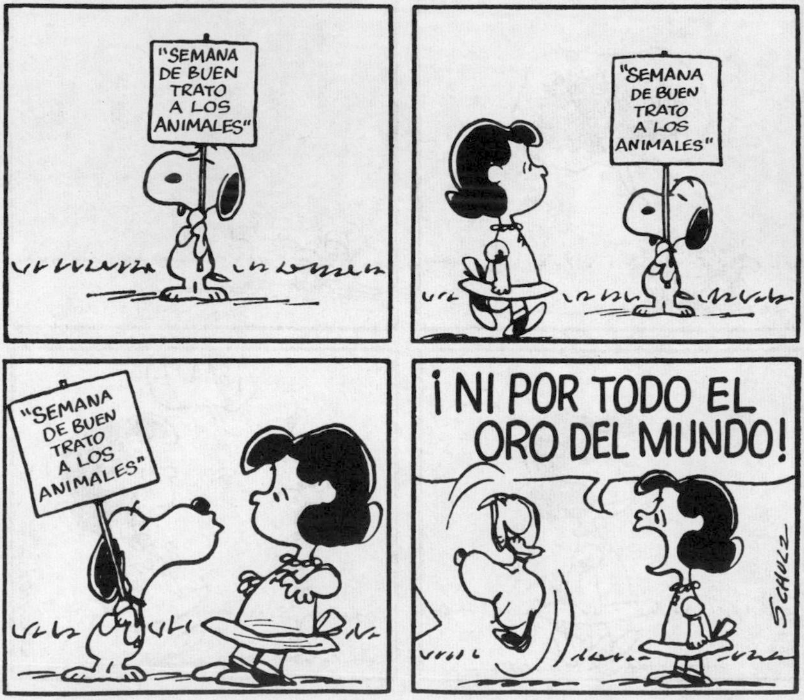
"SEMANA DE BUEN TRATO A LOS ANIMALES"
"SEMANA DE BUEN TRATO A LOS ANIMALES"
"SEMANA DE BUEN TRATO A LOS ANIMALES"
¡NI POR TODO EL ORO DEL MUNDO!
SCHULZ

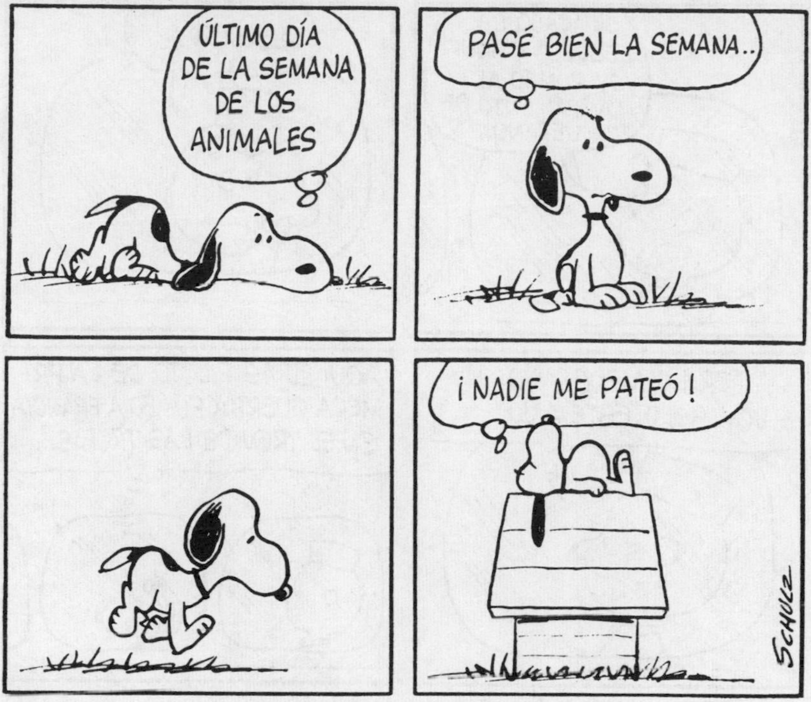
ÚLTIMO DÍA DE LA SEMANA DE LOS ANIMALES
PASÉ BIEN LA SEMANA..
¡NADIE ME PATEÓ!
SCHULZ

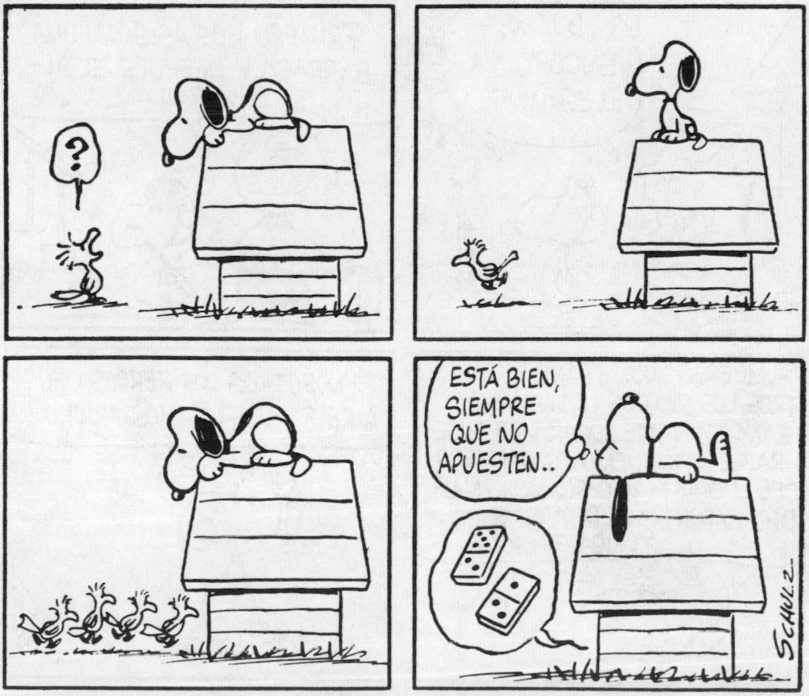
?
ESTÁ BIEN, SIEMPRE QUE NO APUESTEN..
SCHULZ

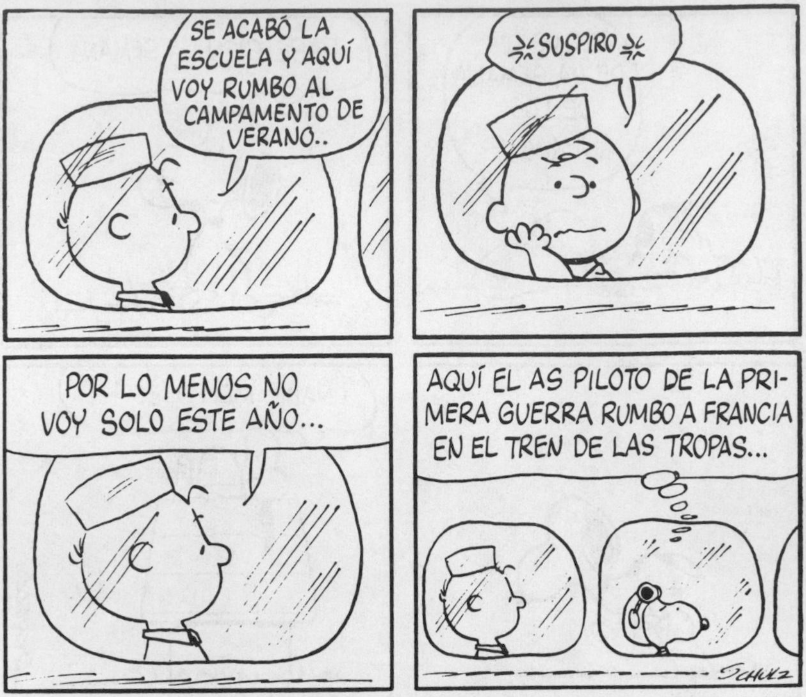
SE ACABÓ LA ESCUELA Y AQUÍ VOY RUMBO AL CAMPAMENTO DE VERANO..
SUSPIRO
POR LO MENOS NO VOY SOLO ESTE AÑO...
AQUÍ EL AS PILOTO DE LA PRIMERA GUERRA RUMBO A FRANCIA EN EL TREN DE LAS TROPAS...
SCHULZ

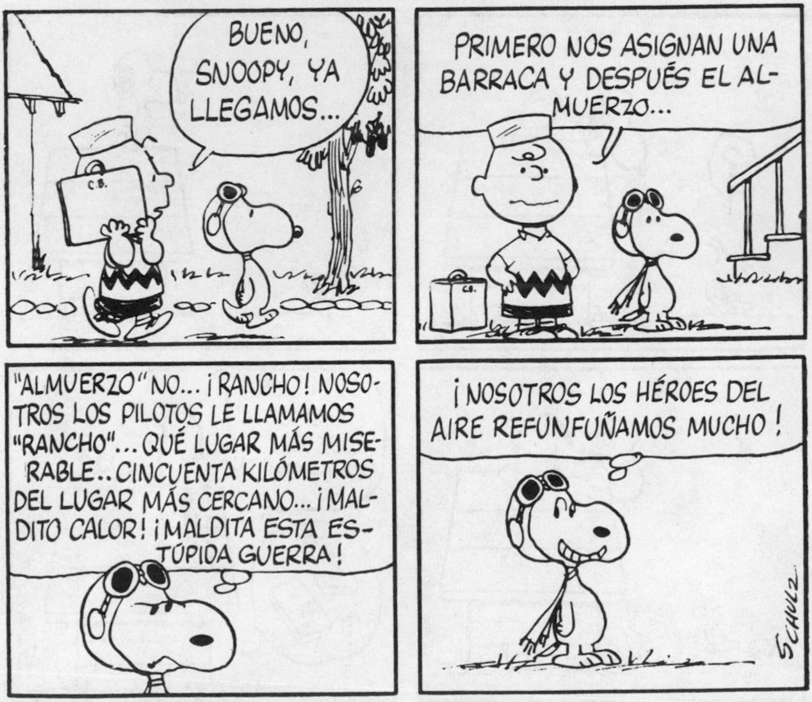
BUENO, SNOOPY, YA LLEGAMOS...
C.B.
PRIMERO NOS ASIGNAN UNA BARRACA Y DESPUÉS EL ALMUERZO...
C.B.
"ALMUERZO" NO... ¡RANCHO! NOSOTROS LOS PILOTOS LE LLAMAMOS "RANCHO"... QUÉ LUGAR MÁS MISERABLE.. CINCUENTA KILÓMETROS DEL LUGAR MÁS CERCANO... ¡MALDITO CALOR! ¡MALDITA ESTA ESTÚPIDA GUERRA!
¡NOSOTROS LOS HÉROES DEL AIRE REFUNFUÑAMOS MUCHO!
SCHULZ

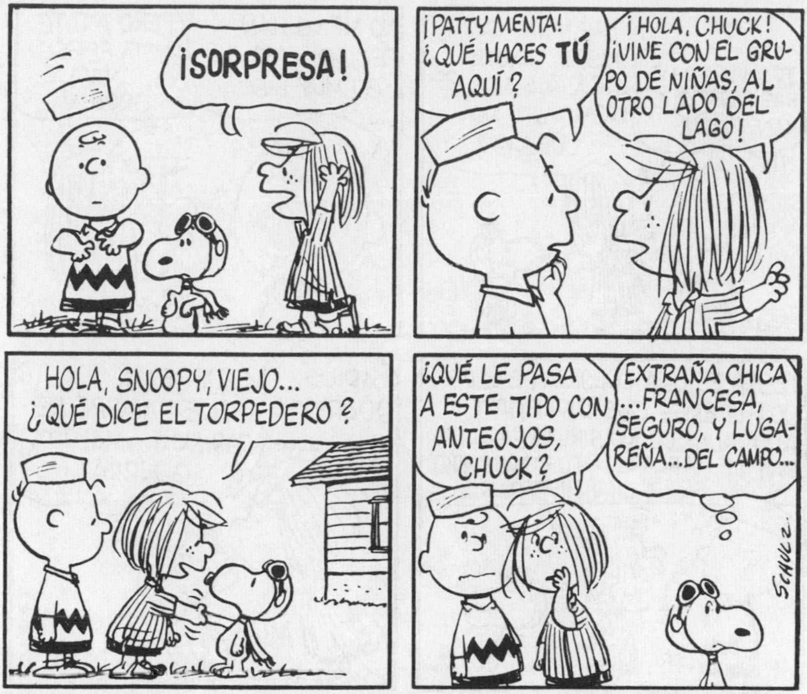
¡SORPRESA!
¡PATTY MENTA! ¿QUÉ HACES TÚ AQUÍ?
¡HOLA, CHUCK! ¡VINE CON EL GRUPO DE NIÑAS, AL OTRO LADO DEL LAGO!
HOLA, SNOOPY, VIEJO... ¿QUÉ DICE EL TORPEDERO?
¿QUÉ LE PASA A ESTE TIPO CON ANTEOJOS, CHUCK?
EXTRAÑA CHICA ...FRANCESA, SEGURO, Y LUGAREÑA...DEL CAMPO...
SCHULZ

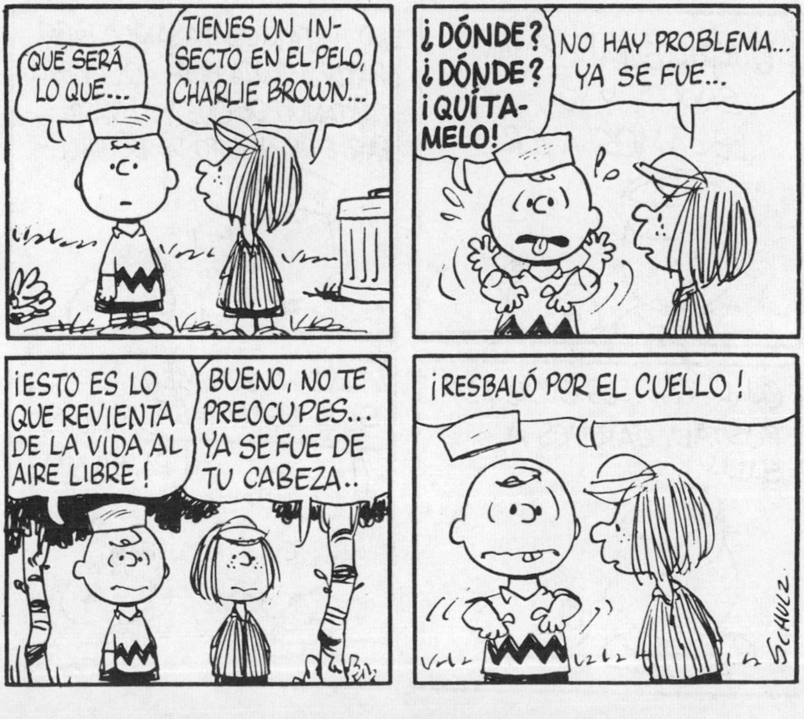
QUÉ SERÁ LO QUE...
TIENES UN INSECTO EN EL PELO, CHARLIE BROWN...
¿DÓNDE? ¿DÓNDE? ¡QUÍTAMELO!
NO HAY PROBLEMA... YA SE FUE...
¡ESTO ES LO QUE REVIENTA DE LA VIDA AL AIRE LIBRE!
BUENO, NO TE PREOCUPES... YA SE FUE DE TU CABEZA..
¡RESBALÓ POR EL CUELLO!
SCHULZ

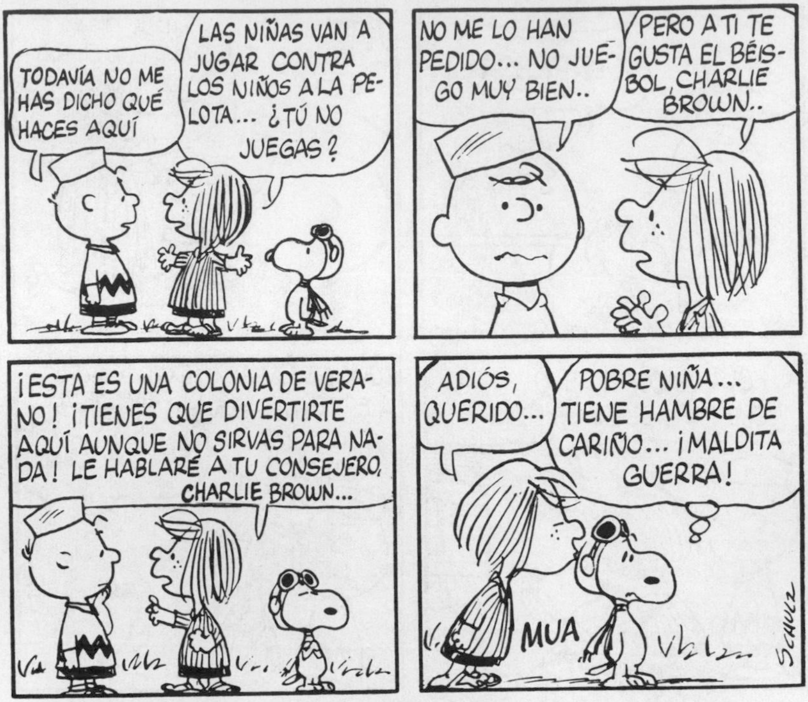

TODAVÍA NO ME HAS DICHO QUÉ HACES AQUÍ
LAS NIÑAS VAN A JUGAR CONTRA LOS NIÑOS A LA PELOTA... ¿TÚ NO JUEGAS?
NO ME LO HAN PEDIDO... NO JUEGO MUY BIEN..
PERO A TI TE GUSTA EL BÉISBOL, CHARLIE BROWN..
¡ESTA ES UNA COLONIA DE VERANO! ¡TIENES QUE DIVERTIRTE AQUÍ AUNQUE NO SIRVAS PARA NADA! LE HABLARÉ A TU CONSEJERO, CHARLIE BROWN...
ADIÓS, QUERIDO...
POBRE NIÑA... TIENE HAMBRE DE CARIÑO... ¡MALDITA GUERRA!
MUA
SCHULZ

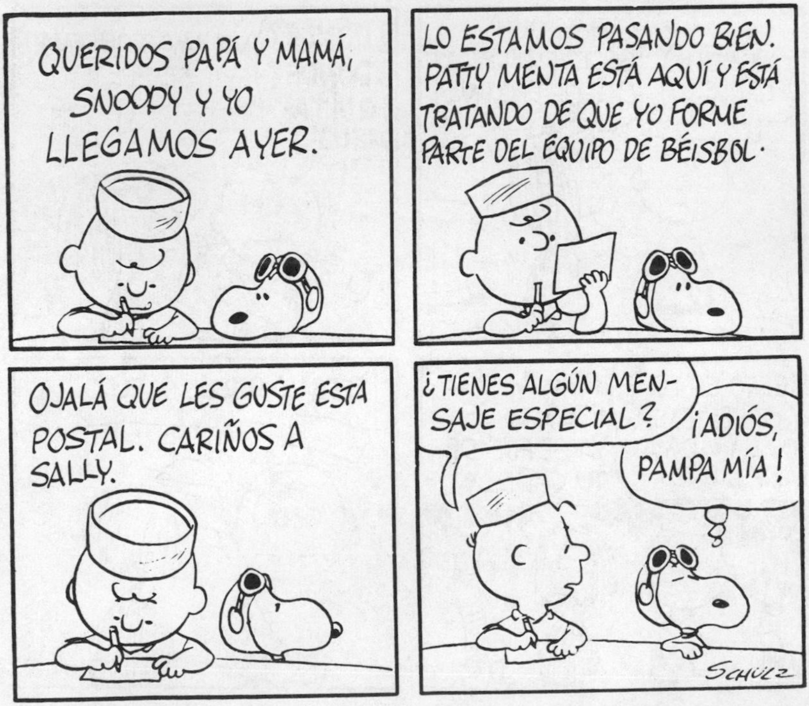

QUERIDOS PAPÁ Y MAMÁ, SNOOPY Y YO LLEGAMOS AYER.
LO ESTAMOS PASANDO BIEN. PATTY MENTA ESTÁ AQUÍ Y ESTÁ TRATANDO DE QUE YO FORME PARTE DEL EQUIPO DE BÉISBOL.
OJALÁ QUE LES GUSTE ESTA POSTAL. CARIÑOS A SALLY.
¿TIENES ALGÚN MENSAJE ESPECIAL?
¡ADIÓS, PAMPA MÍA!
SCHULZ

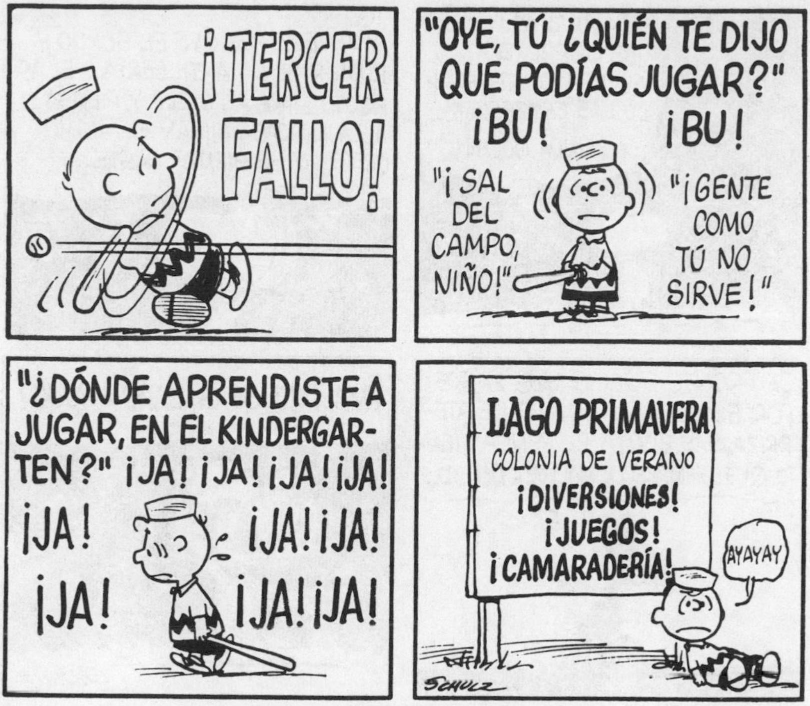
¡TERCER FALLO!
"OYE, TÚ ¿QUIÉN TE DIJO QUE PODÍAS JUGAR?"
¡BU!
¡BU!
"¡SAL DEL CAMPO, NIÑO!"
"¡GENTE COMO TÚ NO SIRVE!"
"¿DÓNDE APRENDISTE A JUGAR, EN EL KINDERGARTEN?" ¡JA! ¡JA! ¡JA! ¡JA!
¡JA!
¡JA! ¡JA!
¡JA!
¡JA! ¡JA!
LAGO PRIMAVERA
COLONIA DE VERANO
¡DIVERSIONES!
¡JUEGOS!
¡CAMARADERÍA!
AYAYAY
SCHULZ

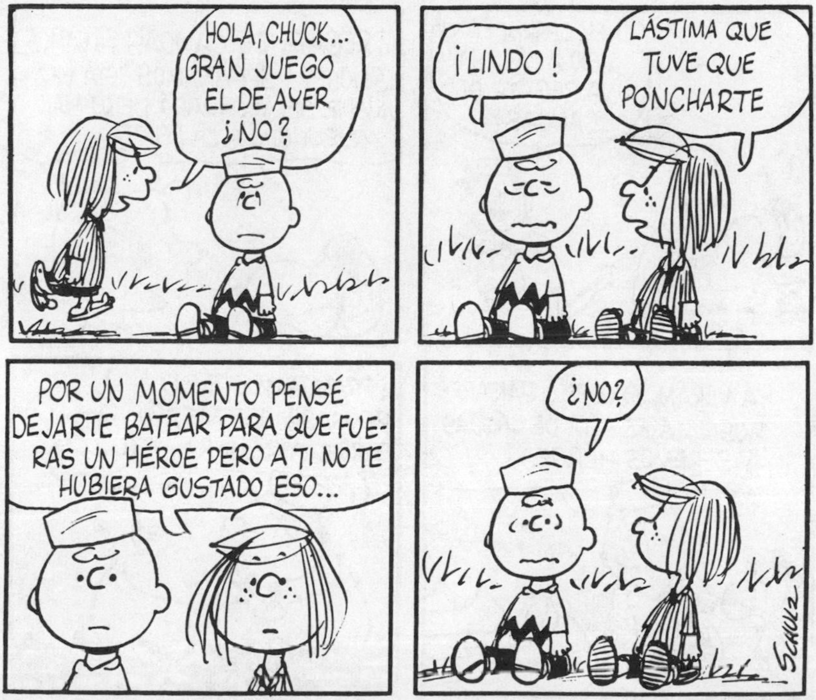
HOLA, CHUCK... GRAN JUEGO EL DE AYER ¿NO?
¡LINDO!
LÁSTIMA QUE TUVE QUE PONCHARTE
POR UN MOMENTO PENSÉ DEJARTE BATEAR PARA QUE FUERAS UN HÉROE PERO A TI NO TE HUBIERA GUSTADO ESO...
¿NO?
SCHULZ

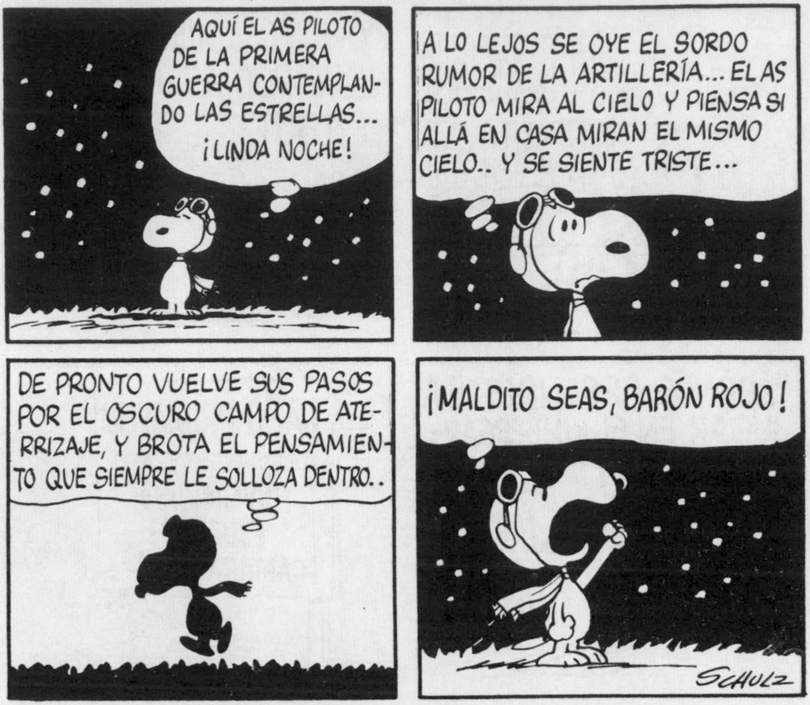
AQUÍ EL AS PILOTO DE LA PRIMERA GUERRA CONTEMPLANDO LAS ESTRELLAS... ¡LINDA NOCHE!
A LO LEJOS SE OYE EL SORDO RUMOR DE LA ARTILLERÍA... EL AS PILOTO MIRA AL CIELO Y PIENSA SI ALLÁ EN CASA MIRAN EL MISMO CIELO.. Y SE SIENTE TRISTE...
DE PRONTO VUELVE SUS PASOS POR EL OSCURO CAMPO DE ATERRIZAJE, Y BROTA EL PENSAMIENTO QUE SIEMPRE LE SOLLOZA DENTRO..
¡MALDITO SEAS, BARÓN ROJO!
SCHULZ

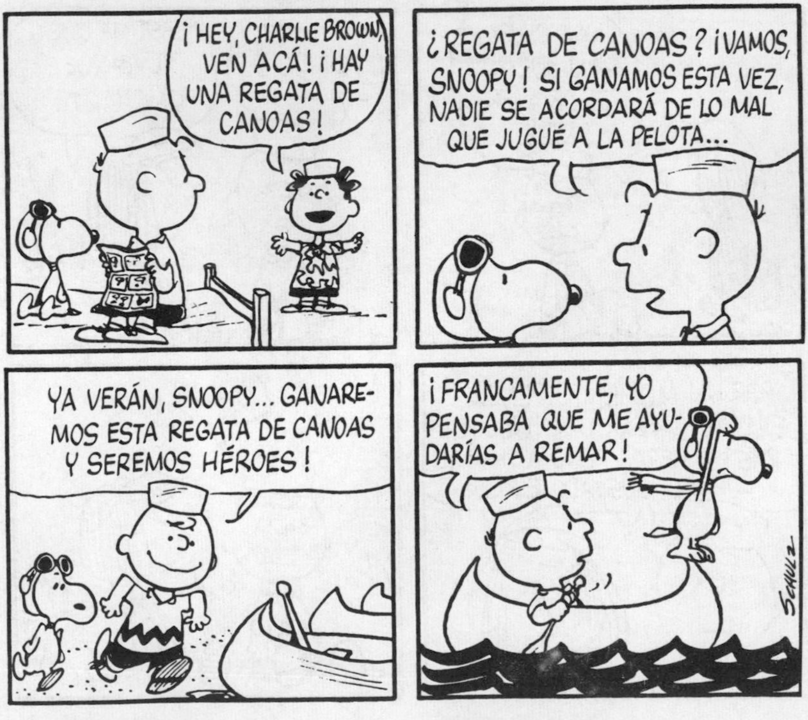
¡HEY, CHARLIE BROWN, VEN ACÁ! ¡HAY UNA REGATA DE CANOAS!
¿REGATA DE CANOAS? ¡VAMOS, SNOOPY! SI GANAMOS ESTA VEZ, NADIE SE ACORDARÁ DE LO MAL QUE JUGUÉ A LA PELOTA...
YA VERÁN, SNOOPY... GANAREMOS ESTA REGATA DE CANOAS Y SEREMOS HÉROES!
¡FRANCAMENTE, YO PENSABA QUE ME AYUDARÍAS A REMAR!
SCHULZ

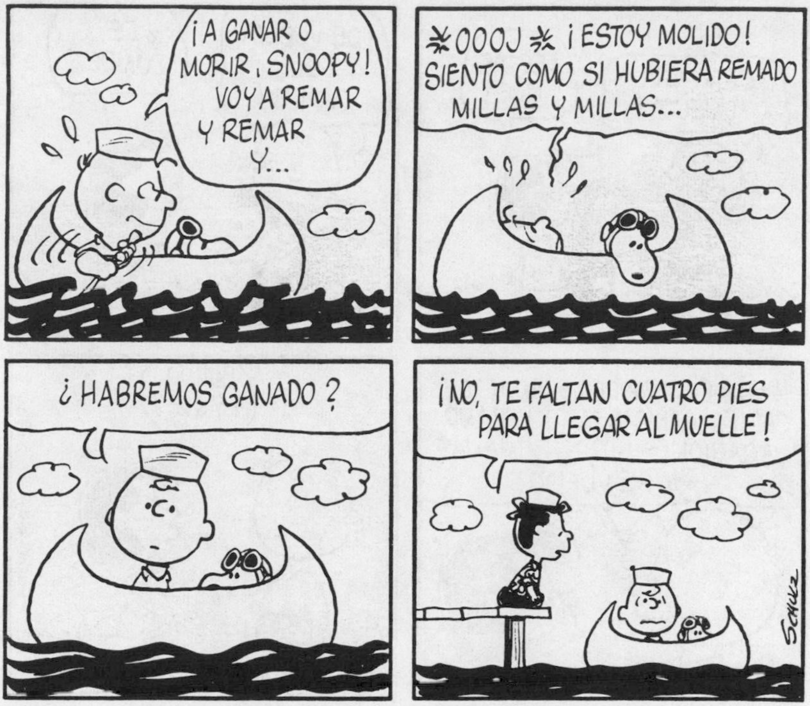
¡A GANAR O MORIR, SNOOPY! VOY A REMAR Y REMAR Y...
OOOJ ¡ESTOY MOLIDO! SIENTO COMO SI HUBIERA REMADO MILLAS Y MILLAS...
¿HABREMOS GANADO?
¡NO, TE FALTAN CUATRO PIES PARA LLEGAR AL MUELLE!
SCHULZ

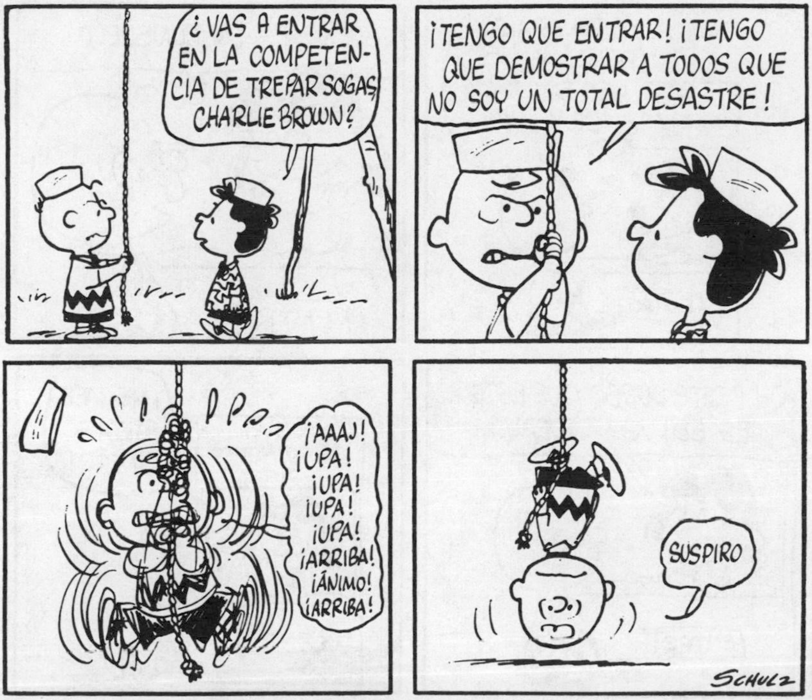
¿VAS A ENTRAR EN LA COMPETENCIA DE TREPAR SOGAS, CHARLIE BROWN?
¡TENGO QUE ENTRAR! ¡TENGO QUE DEMOSTRAR A TODOS QUE NO SOY UN TOTAL DESASTRE!
¡AAAJ! ¡UPA! ¡UPA! ¡UPA! ¡UPA! ¡ARRIBA! ¡ÁNIMO! ¡ARRIBA!
SUSPIRO
SCHULZ

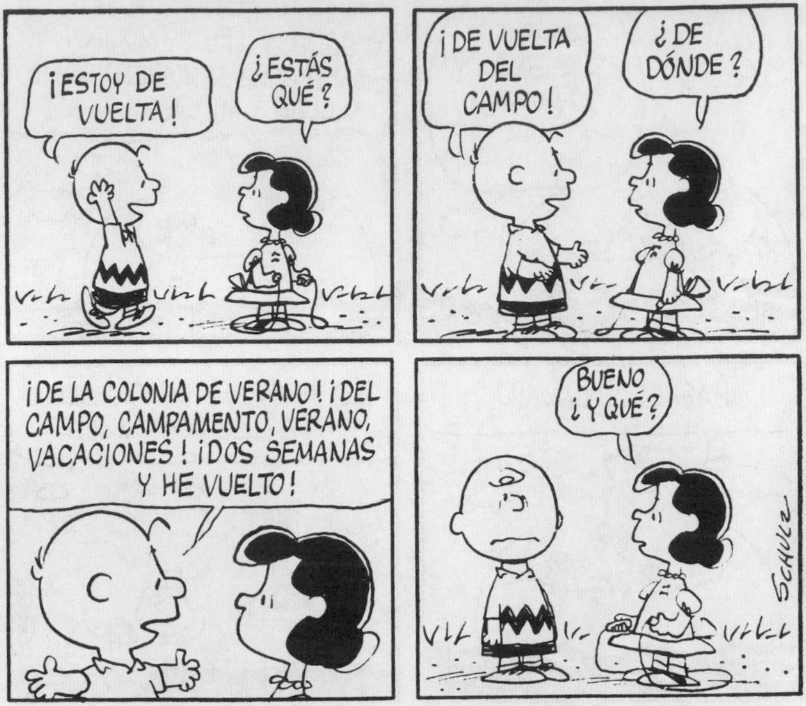

¡ESTOY DE VUELTA!
¿ESTÁS QUÉ?
¡DE VUELTA DEL CAMPO!
¿DE DÓNDE?
¡DE LA COLONIA DE VERANO! ¡DEL CAMPO, CAMPAMENTO, VERANO, VACACIONES! ¡DOS SEMANAS Y HE VUELTO!
BUENO ¿Y QUÉ?
SCHULZ

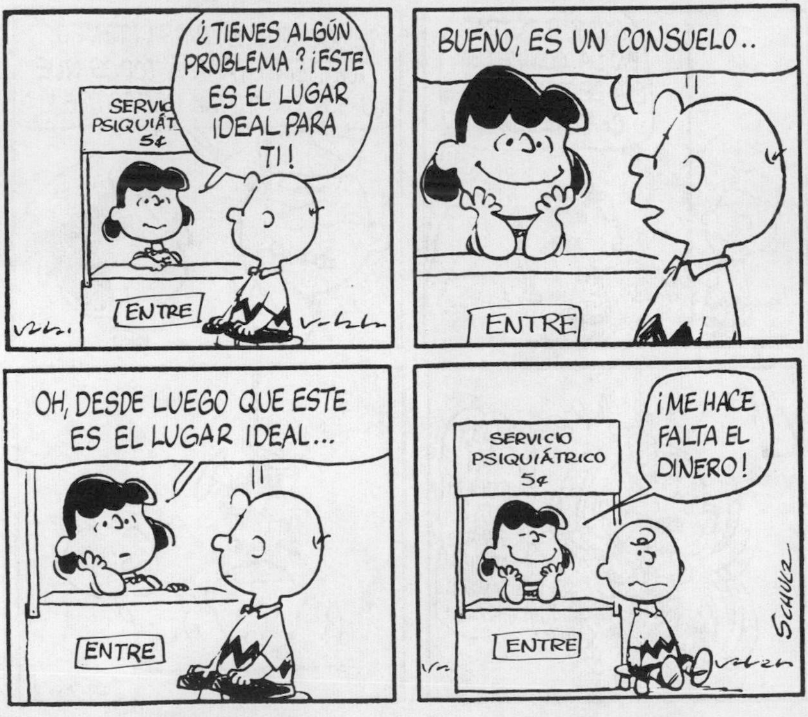

SERVIC
PSIQUIÁT
5¢
¿TIENES ALGÚN PROBLEMA? ¡ESTE ES EL LUGAR IDEAL PARA TI!
ENTRE
BUENO, ES UN CONSUELO..
ENTRE
OH, DESDE LUEGO QUE ESTE ES EL LUGAR IDEAL...
ENTRE
SERVICIO PSIQUIÁTRICO 5¢
¡ME HACE FALTA EL DINERO!
ENTRE
SCHULZ

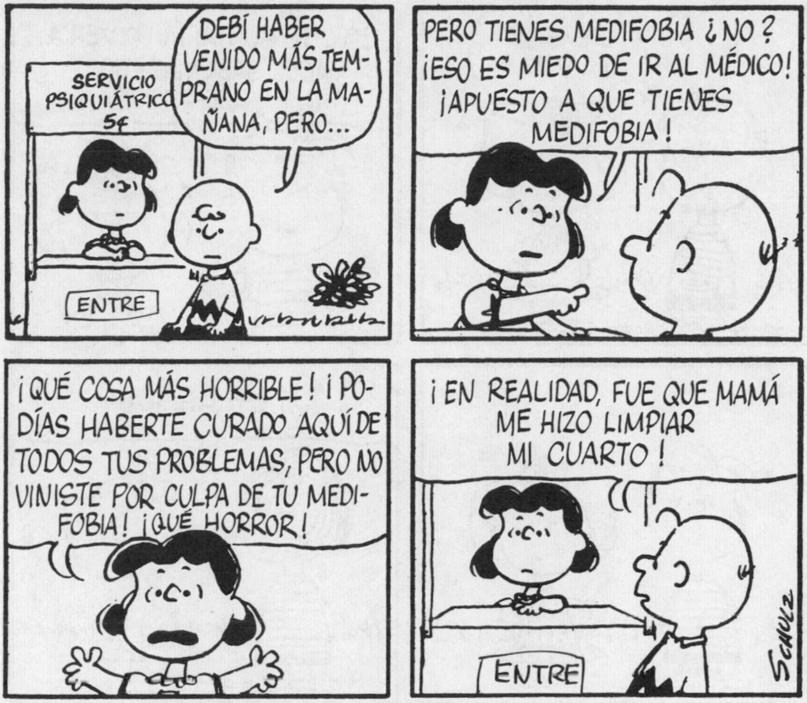
SERVICIO PSIQUIÁTRICO 5¢
DEBÍ HABER VENIDO MÁS TEM-PRANO EN LA MA-ÑANA, PERO...
ENTRE
PERO TIENES MEDIFOBIA ¿NO? ¡ESO ES MIEDO DE IR AL MÉDICO! ¡APUESTO A QUE TIENES MEDIFOBIA!
¡QUÉ COSA MÁS HORRIBLE! ¡PO-DÍAS HABERTE CURADO AQUÍ DE TODOS TUS PROBLEMAS, PERO NO VINISTE POR CULPA DE TU MEDI-FOBIA! ¡QUÉ HORROR!
¡EN REALIDAD, FUE QUE MAMÁ ME HIZO LIMPIAR MI CUARTO!
ENTRE
SCHULZ

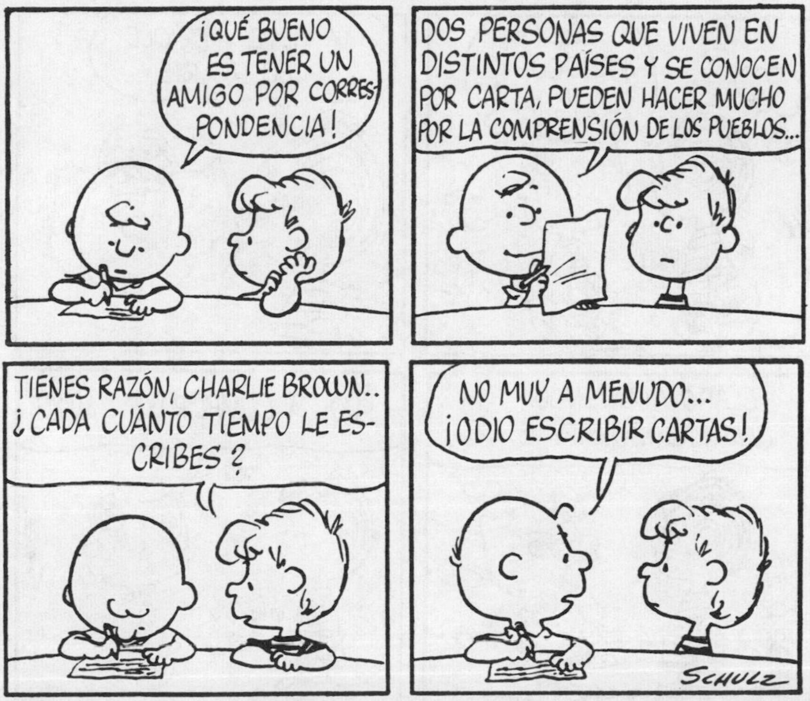
¡QUÉ BUENO ES TENER UN AMIGO POR CORRES-PONDENCIA!
DOS PERSONAS QUE VIVEN EN DISTINTOS PAÍSES Y SE CONOCEN POR CARTA, PUEDEN HACER MUCHO POR LA COMPRENSIÓN DE LOS PUEBLOS...
TIENES RAZÓN, CHARLIE BROWN.. ¿CADA CUÁNTO TIEMPO LE ES-CRIBES?
NO MUY A MENUDO... ¡ODIO ESCRIBIR CARTAS!
SCHULZ

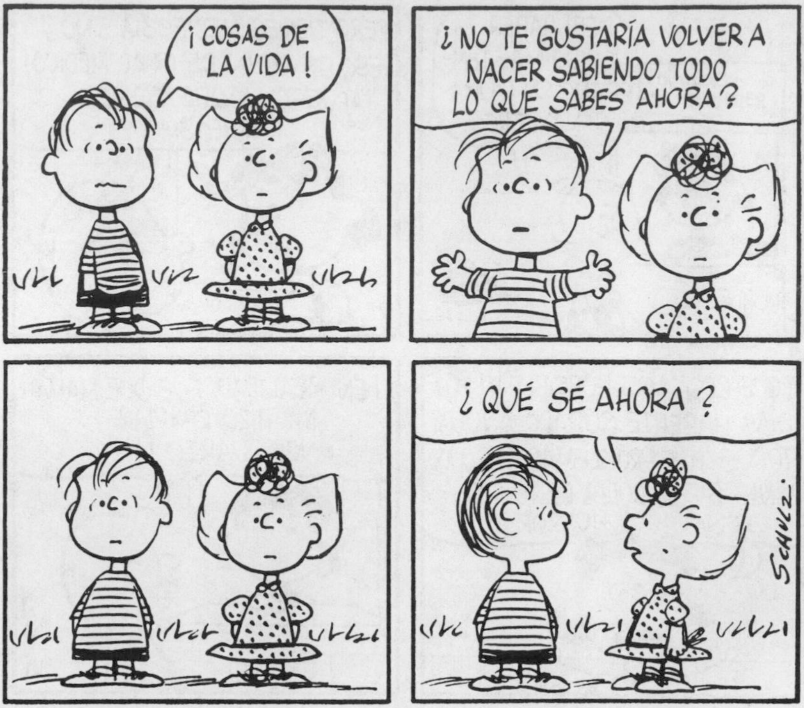
¡COSAS DE LA VIDA!
¿NO TE GUSTARÍA VOLVER A NACER SABIENDO TODO LO QUE SABES AHORA?
¿QUÉ SÉ AHORA?
SCHULZ

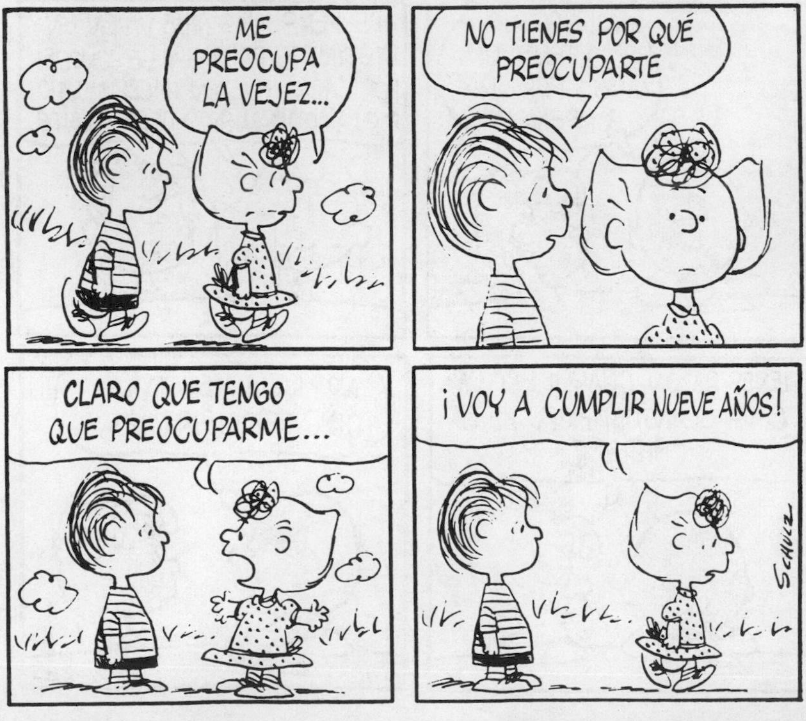
ME PREOCUPA LA VEJEZ...
NO TIENES POR QUÉ PREOCUPARTE
CLARO QUE TENGO QUE PREOCUPARME...
¡VOY A CUMPLIR NUEVE AÑOS!
SCHULZ

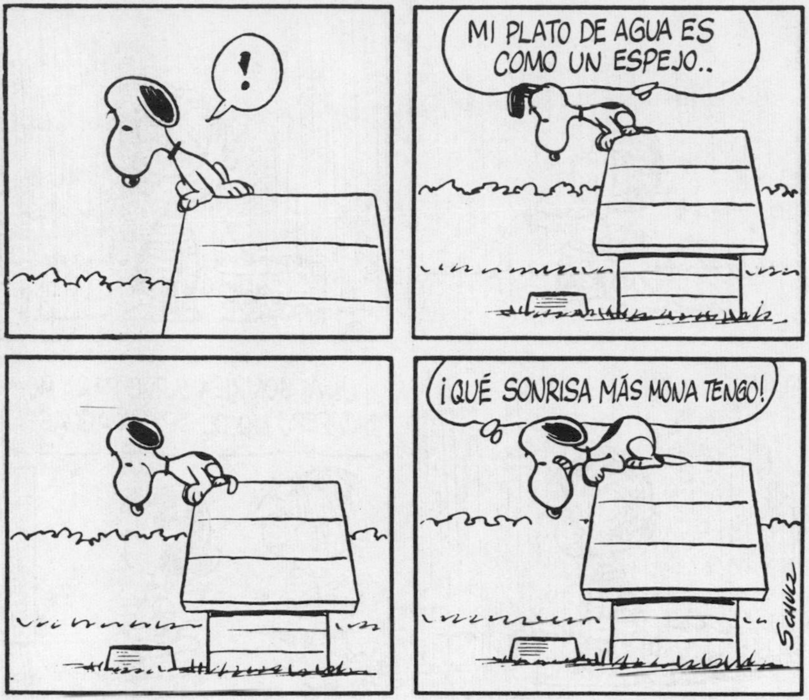
!
MI PLATO DE AGUA ES COMO UN ESPEJO..
¡QUÉ SONRISA MÁS MONA TENGO!
SCHULZ

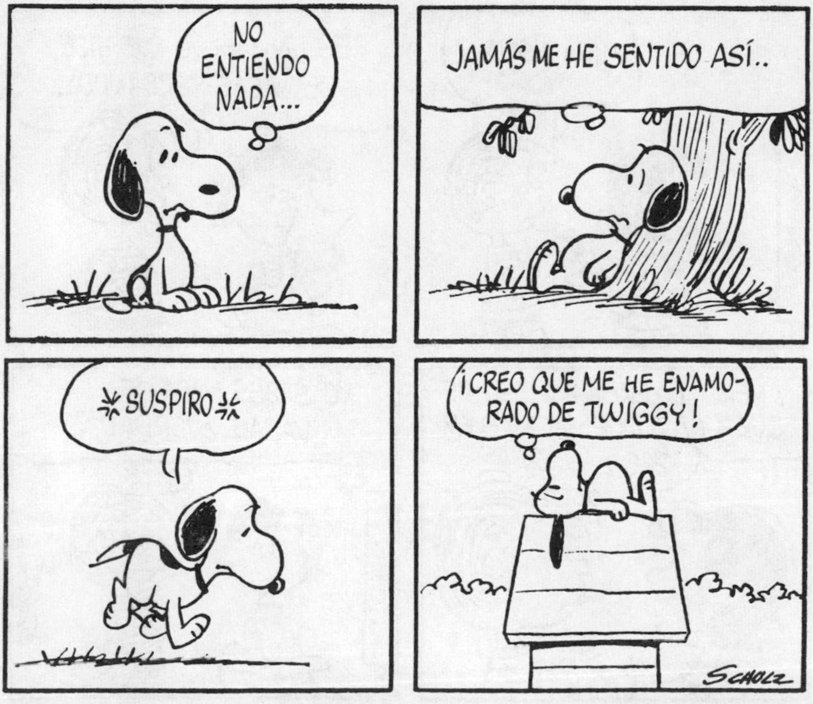
NO ENTIENDO NADA...
JAMÁS ME HE SENTIDO ASÍ..
SUSPIRO
¡CREO QUE ME HE ENAMORADO DE TWIGGY!
SCHULZ

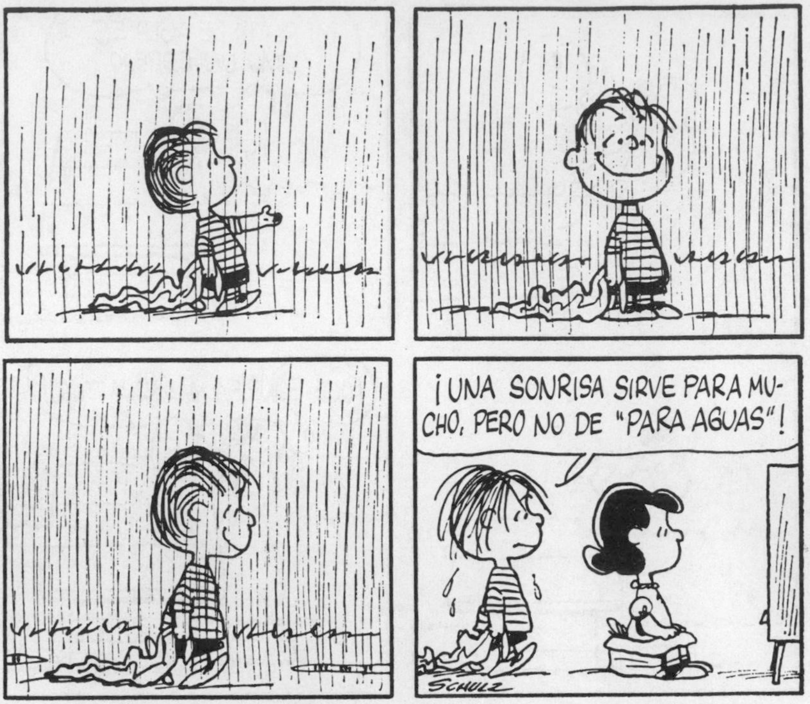
¡UNA SONRISA SIRVE PARA MUCHO, PERO NO DE "PARA AGUAS"!
SCHULZ

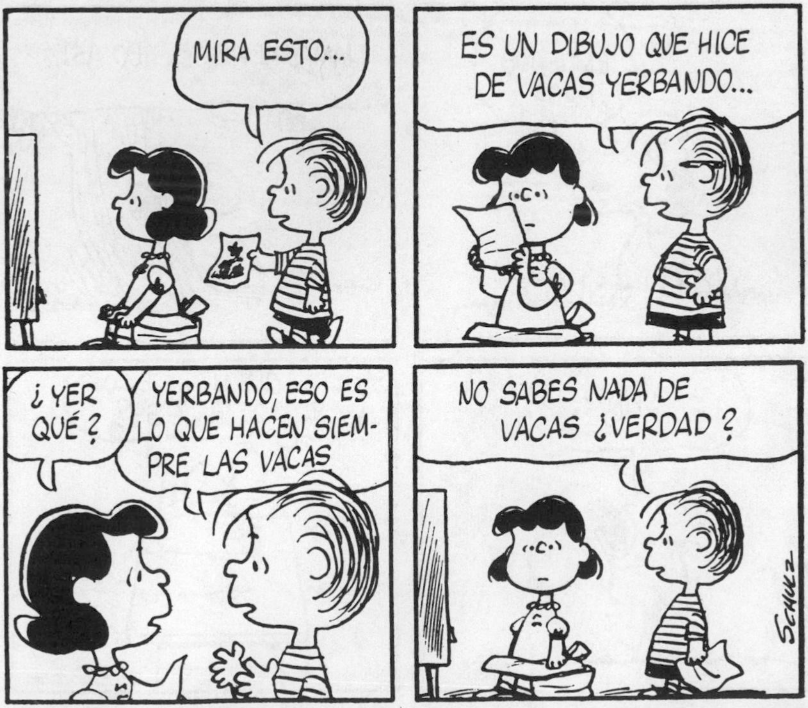
MIRA ESTO...
ES UN DIBUJO QUE HICE DE VACAS YERBANDO...
¿YER QUÉ?
YERBANDO, ESO ES LO QUE HACEN SIEMPRE LAS VACAS
NO SABES NADA DE VACAS ¿VERDAD?
SCHULZ

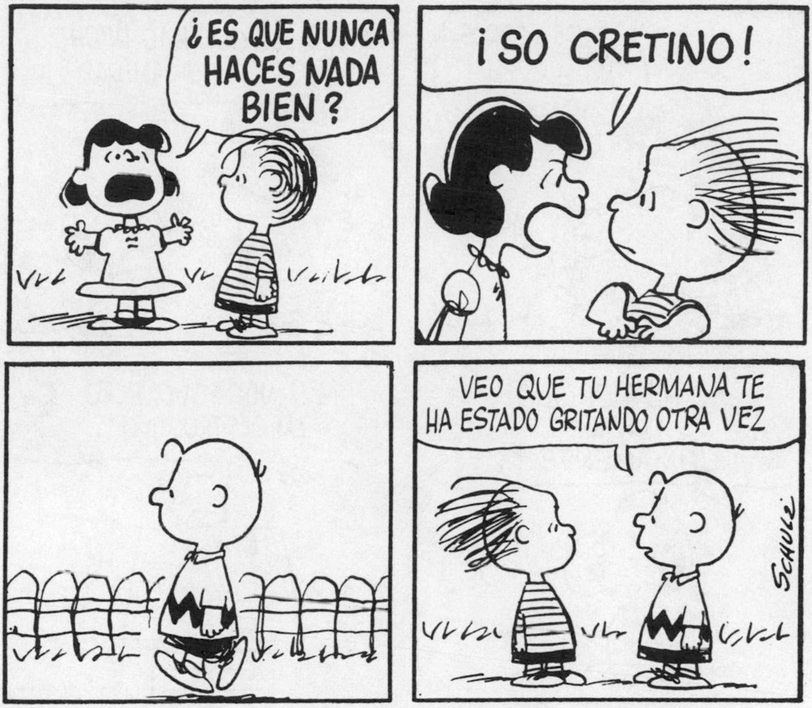
¿ES QUE NUNCA HACES NADA BIEN?
¡SO CRETINO!
VEO QUE TU HERMANA TE HA ESTADO GRITANDO OTRA VEZ
SCHULZ

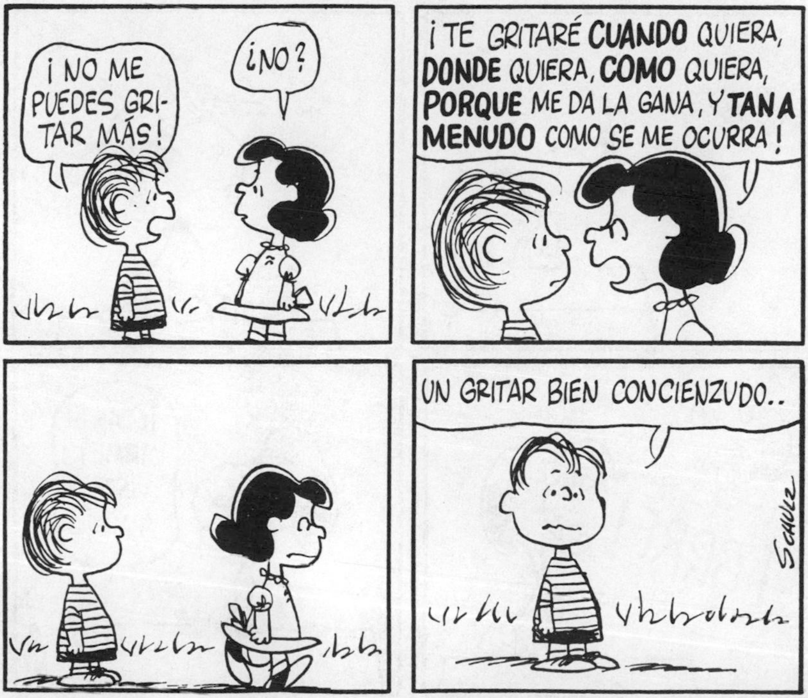
¡NO ME PUEDES GRITAR MÁS!
¿NO?
¡TE GRITARÉ **CUANDO** QUIERA, **DONDE** QUIERA, **COMO** QUIERA, **PORQUE** ME DA LA GANA, Y **TAN A MENUDO** COMO SE ME OCURRA!
UN GRITAR BIEN CONCIENZUDO..
SCHULZ

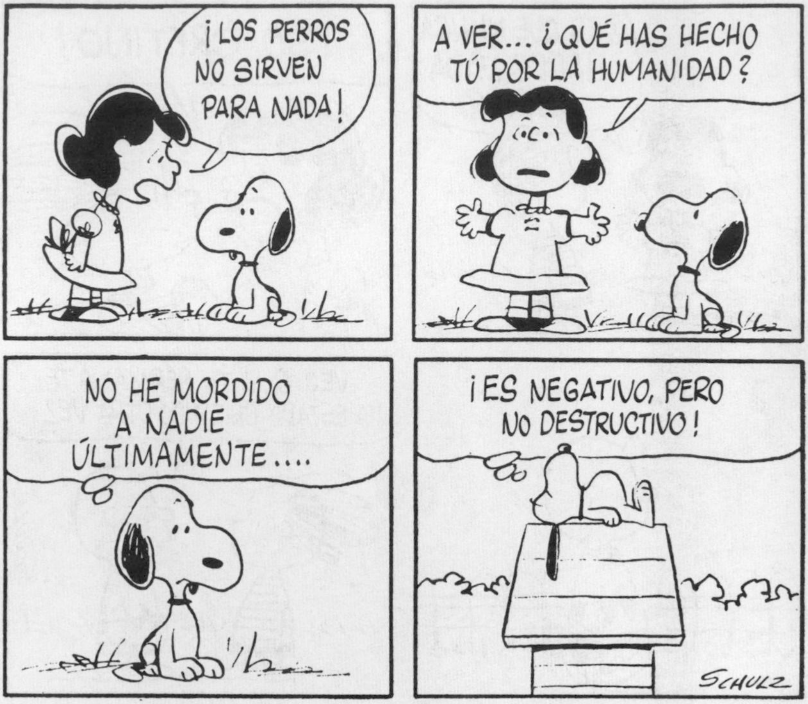
¡LOS PERROS
NO SIRVEN
PARA NADA!
A VER... ¿QUÉ HAS HECHO
TÚ POR LA HUMANIDAD?
NO HE MORDIDO
A NADIE
ÚLTIMAMENTE....
¡ES NEGATIVO, PERO
NO DESTRUCTIVO!
SCHULZ

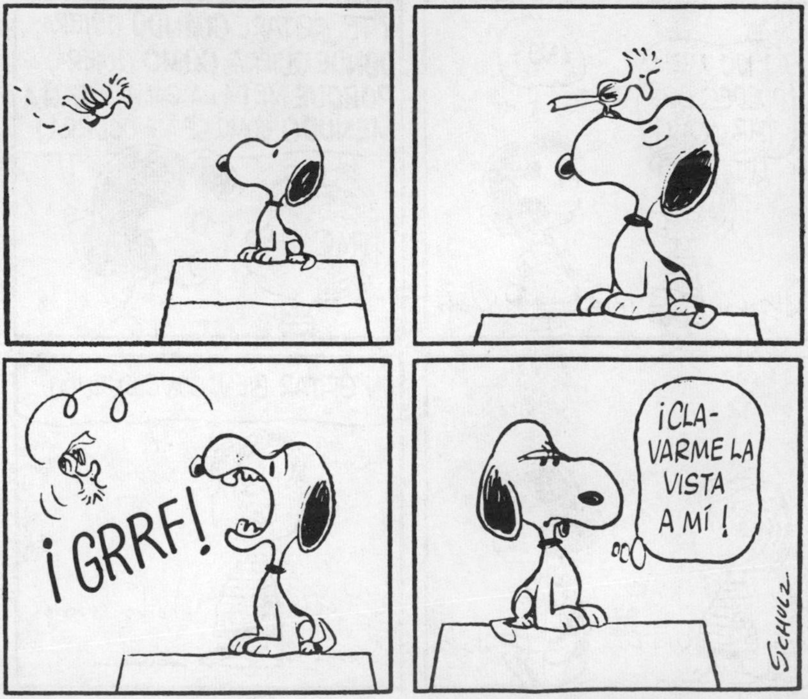
¡GRRF!
¡CLA-
VARME LA
VISTA
A MÍ!
SCHULZ

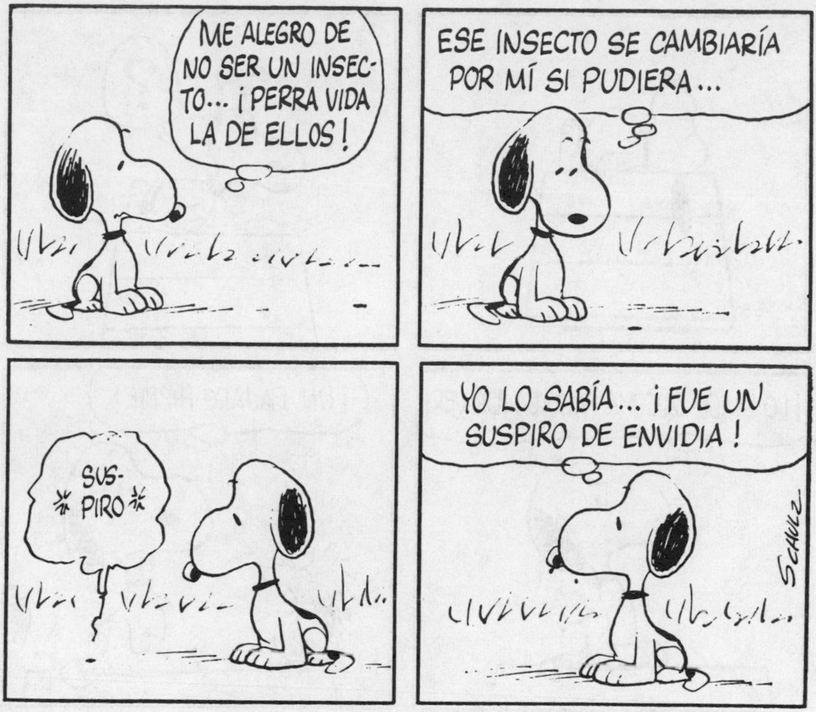
ME ALEGRO DE NO SER UN INSECTO... ¡PERRA VIDA LA DE ELLOS!
ESE INSECTO SE CAMBIARÍA POR MÍ SI PUDIERA...
SUSPIRO
YO LO SABÍA... ¡FUE UN SUSPIRO DE ENVIDIA!
SCHULZ

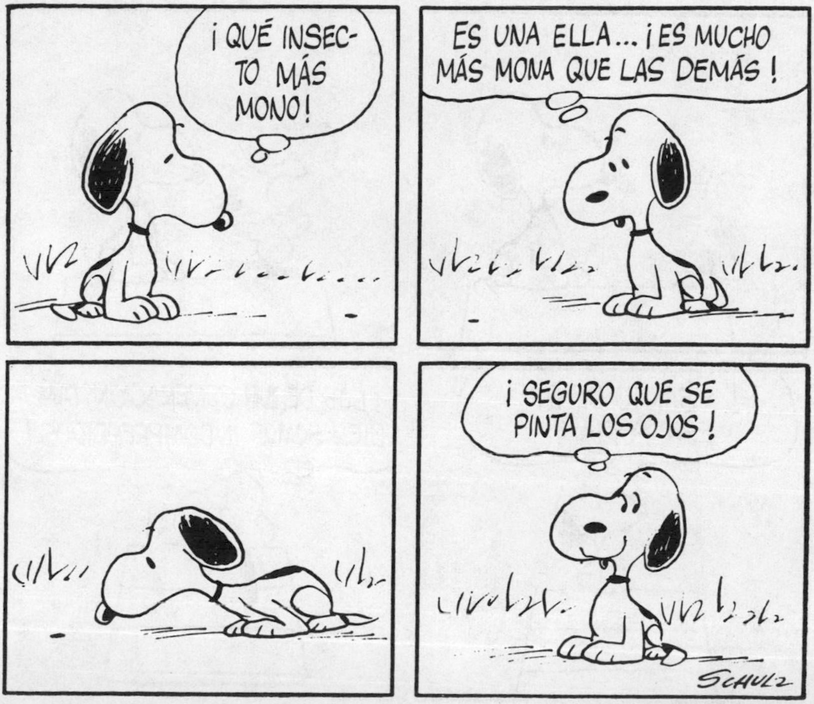
¡QUÉ INSECTO MÁS MONO!
ES UNA ELLA... ¡ES MUCHO MÁS MONA QUE LAS DEMÁS!
¡SEGURO QUE SE PINTA LOS OJOS!
SCHULZ

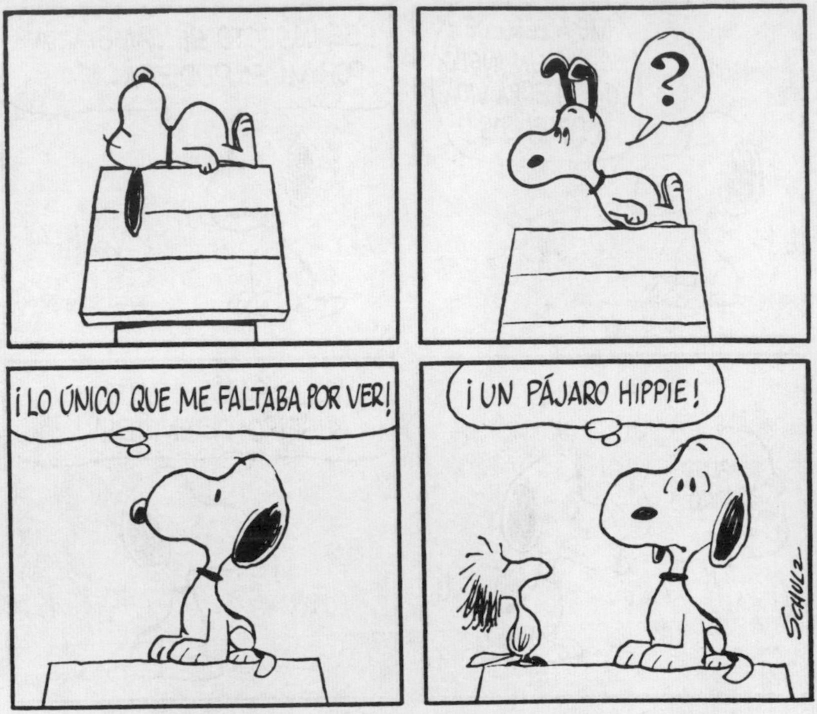
?
¡LO ÚNICO QUE ME FALTABA POR VER!
¡UN PÁJARO HIPPIE!
SCHULZ

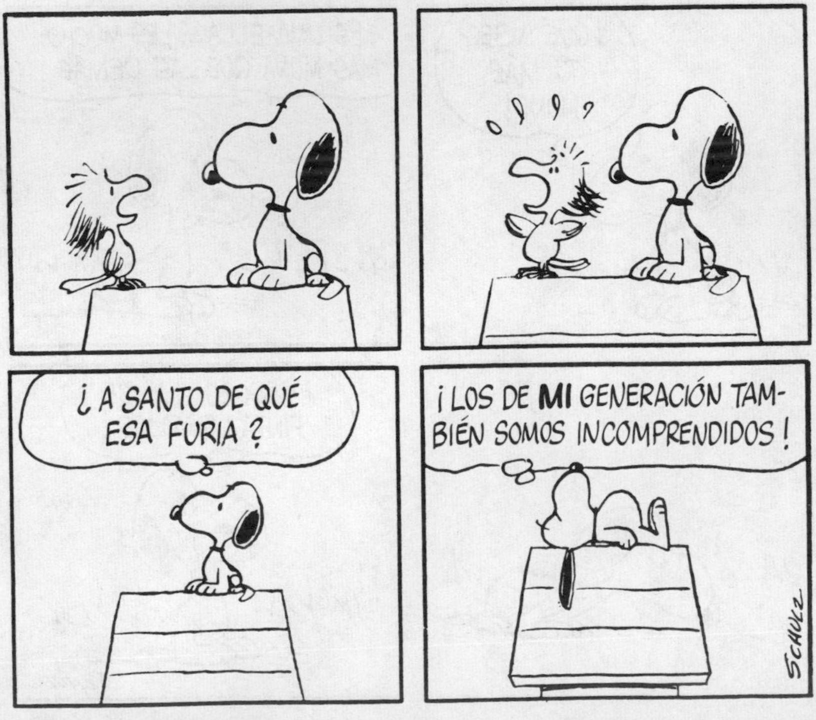
¿A SANTO DE QUÉ ESA FURIA?
¡LOS DE **MI** GENERACIÓN TAMBIÉN SOMOS INCOMPRENDIDOS!
SCHULZ

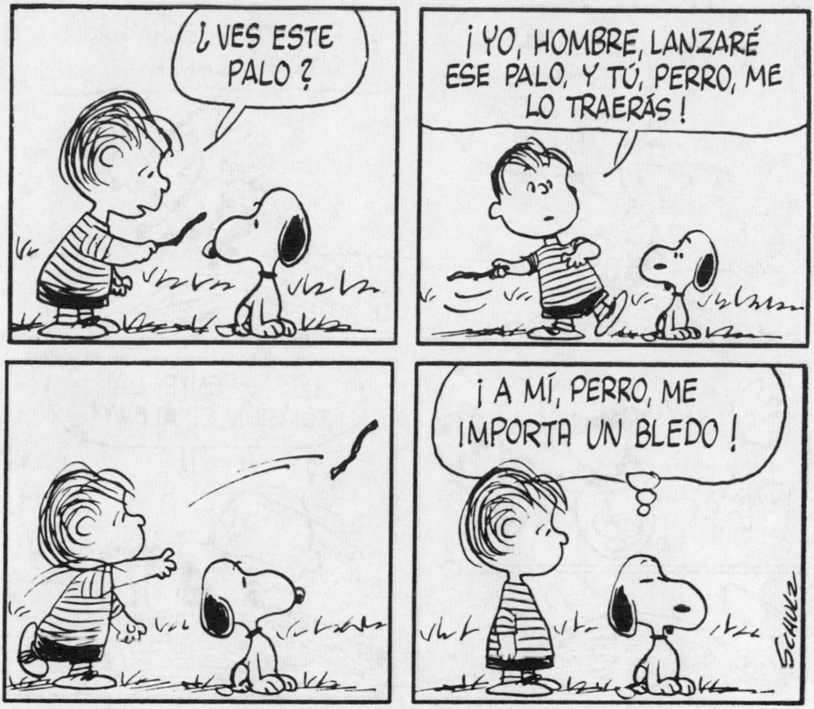
¿VES ESTE PALO?
¡YO, HOMBRE, LANZARÉ ESE PALO, Y TÚ, PERRO, ME LO TRAERÁS!
¡A MÍ, PERRO, ME IMPORTA UN BLEDO!
SCHULZ

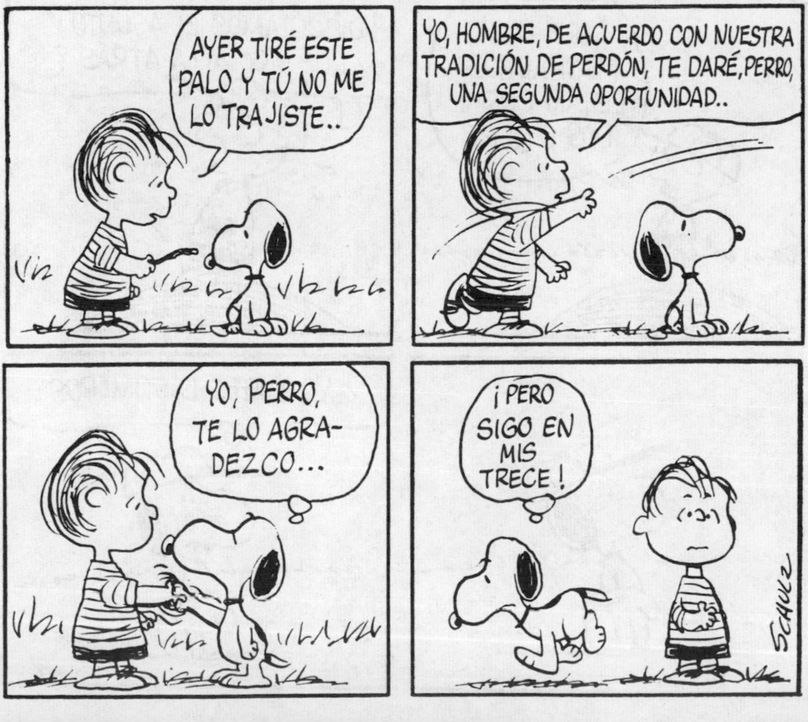
AYER TIRÉ ESTE PALO Y TÚ NO ME LO TRAJISTE..
YO, HOMBRE, DE ACUERDO CON NUESTRA TRADICIÓN DE PERDÓN, TE DARÉ, PERRO, UNA SEGUNDA OPORTUNIDAD..
YO, PERRO, TE LO AGRA-DEZCO...
¡PERO SIGO EN MIS TRECE!
SCHULZ

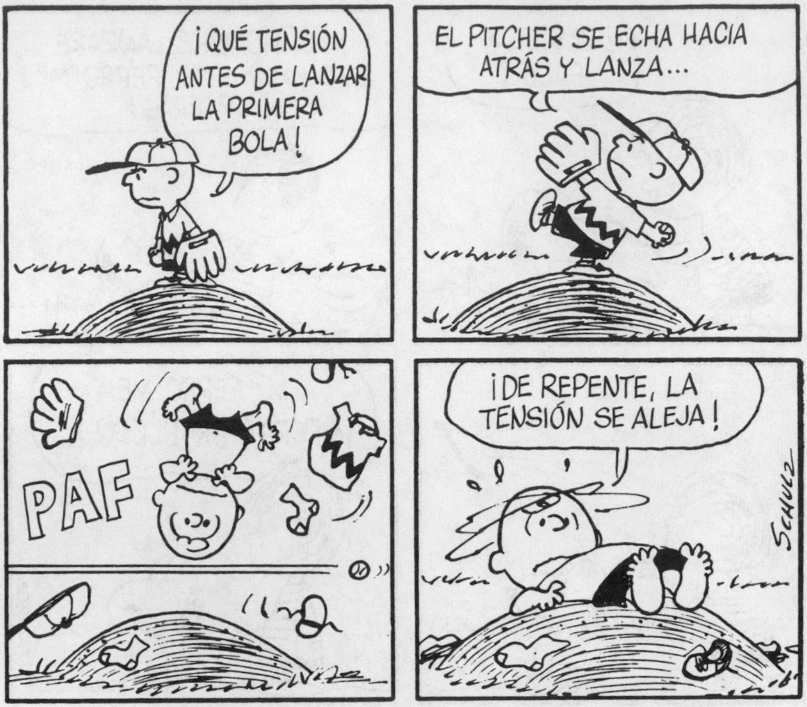
¡QUÉ TENSIÓN ANTES DE LANZAR LA PRIMERA BOLA!
EL PITCHER SE ECHA HACIA ATRÁS Y LANZA...
PAF
¡DE REPENTE, LA TENSIÓN SE ALEJA!
SCHULZ

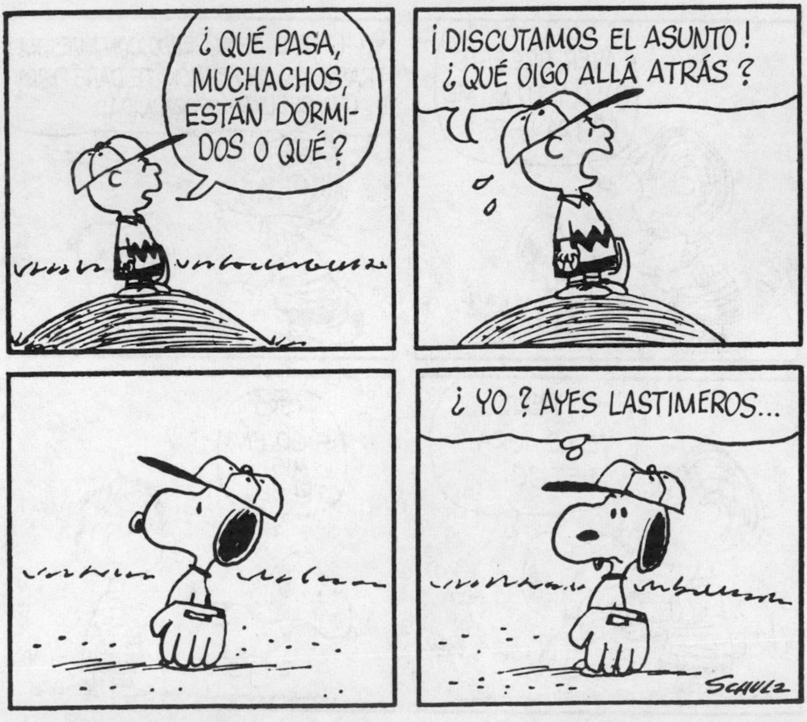
¿QUÉ PASA, MUCHACHOS, ESTÁN DORMIDOS O QUÉ?
¡DISCUTAMOS EL ASUNTO! ¿QUÉ OIGO ALLÁ ATRÁS?
¿YO? AYES LASTIMEROS...
SCHULZ

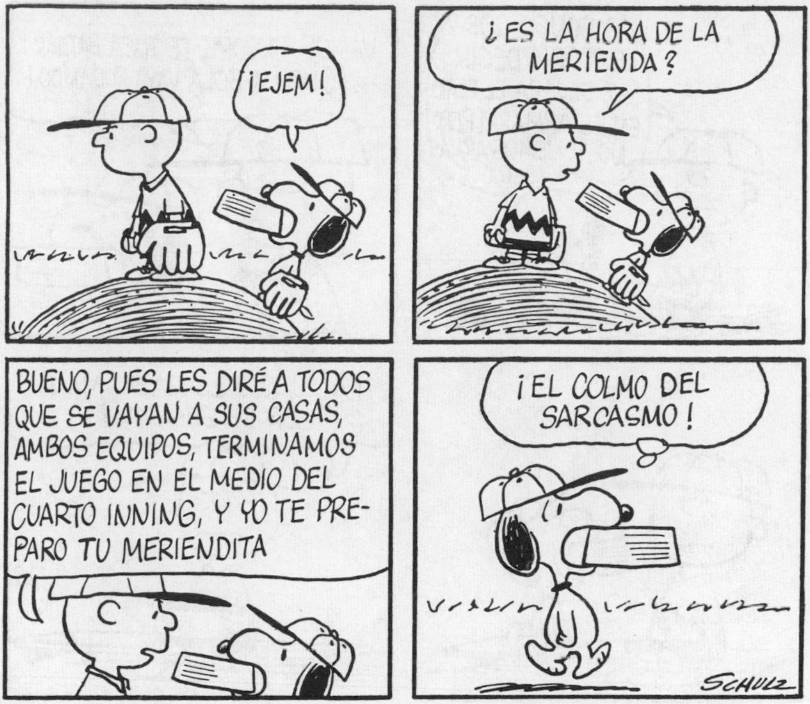
¡EJEM!
¿ES LA HORA DE LA MERIENDA?
BUENO, PUES LES DIRÉ A TODOS QUE SE VAYAN A SUS CASAS, AMBOS EQUIPOS, TERMINAMOS EL JUEGO EN EL MEDIO DEL CUARTO INNING, Y YO TE PREPARO TU MERIENDITA
¡EL COLMO DEL SARCASMO!
SCHULZ

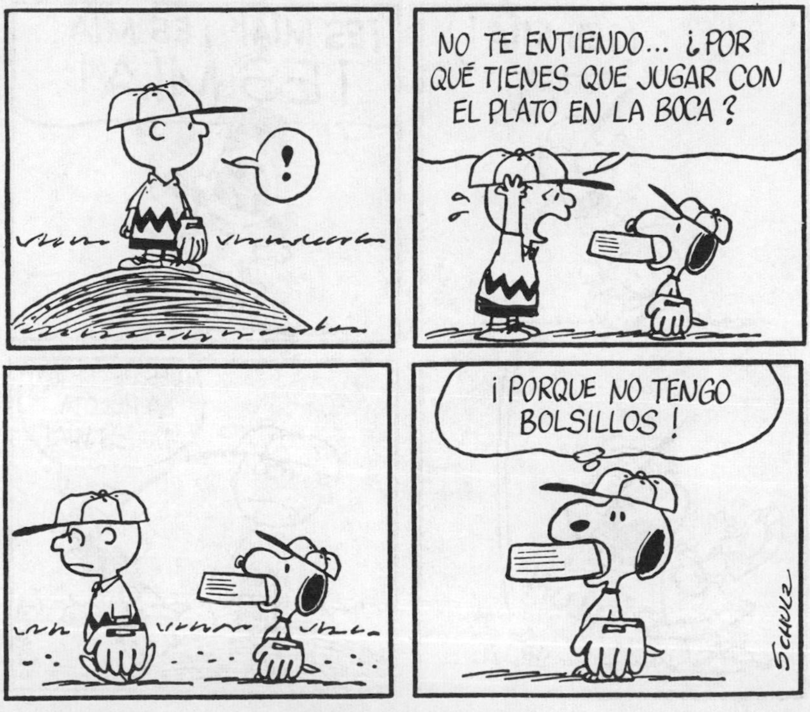
!
NO TE ENTIENDO... ¿POR QUÉ TIENES QUE JUGAR CON EL PLATO EN LA BOCA?
¡PORQUE NO TENGO BOLSILLOS!
SCHULZ

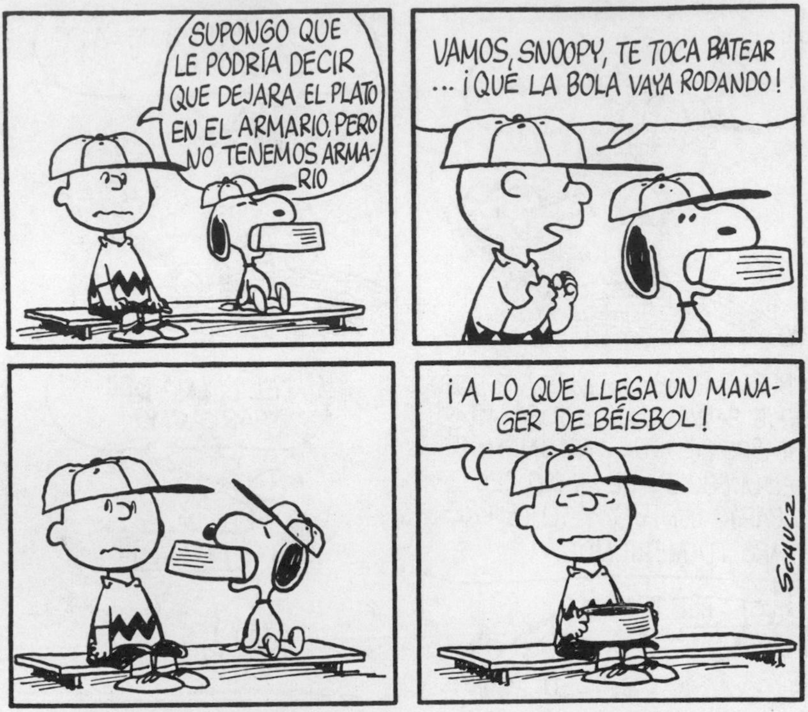
SUPONGO QUE LE PODRÍA DECIR QUE DEJARA EL PLATO EN EL ARMARIO, PERO NO TENEMOS ARMARIO
VAMOS, SNOOPY, TE TOCA BATEAR ... ¡QUE LA BOLA VAYA RODANDO!
¡A LO QUE LLEGA UN MANAGER DE BÉISBOL!
SCHULZ

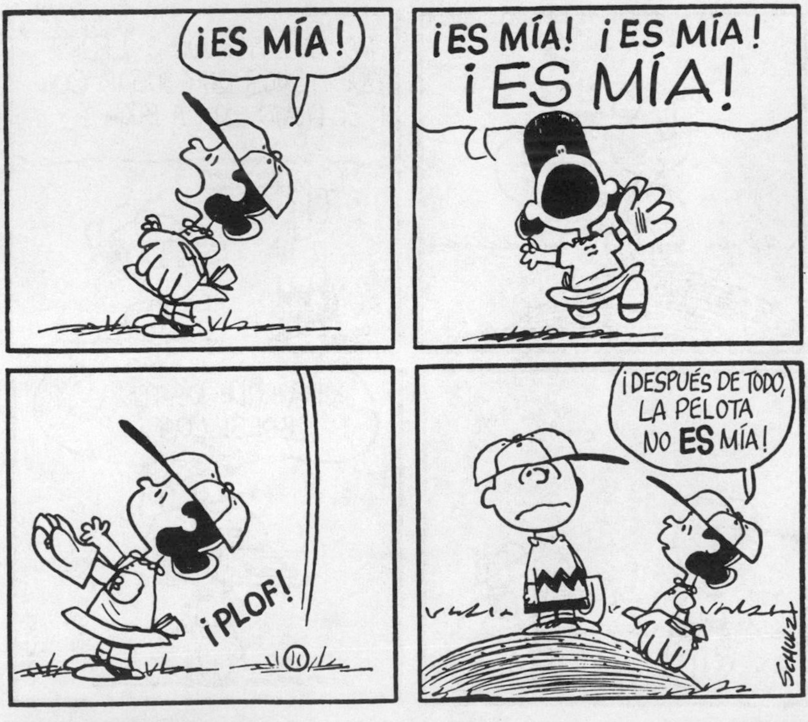
¡ES MÍA!
¡ES MÍA! ¡ES MÍA!
¡ES MÍA!
¡PLOF!
¡DESPUÉS DE TODO, LA PELOTA NO **ES** MÍA!
SCHULZ

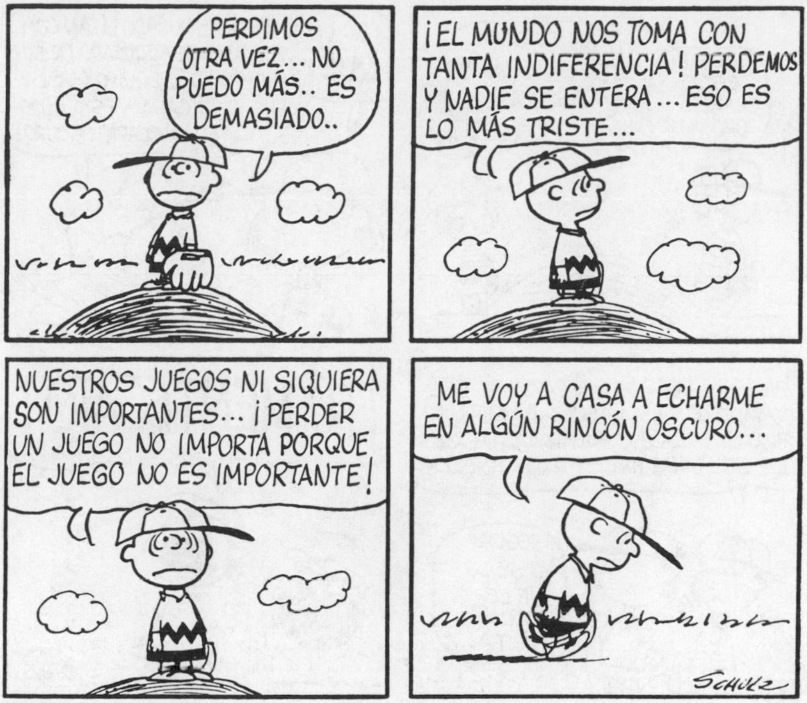
PERDIMOS OTRA VEZ... NO PUEDO MÁS.. ES DEMASIADO..
¡EL MUNDO NOS TOMA CON TANTA INDIFERENCIA! PERDEMOS Y NADIE SE ENTERA... ESO ES LO MÁS TRISTE...
NUESTROS JUEGOS NI SIQUIERA SON IMPORTANTES... ¡PERDER UN JUEGO NO IMPORTA PORQUE EL JUEGO NO ES IMPORTANTE!
ME VOY A CASA A ECHARME EN ALGÚN RINCÓN OSCURO...
SCHULZ

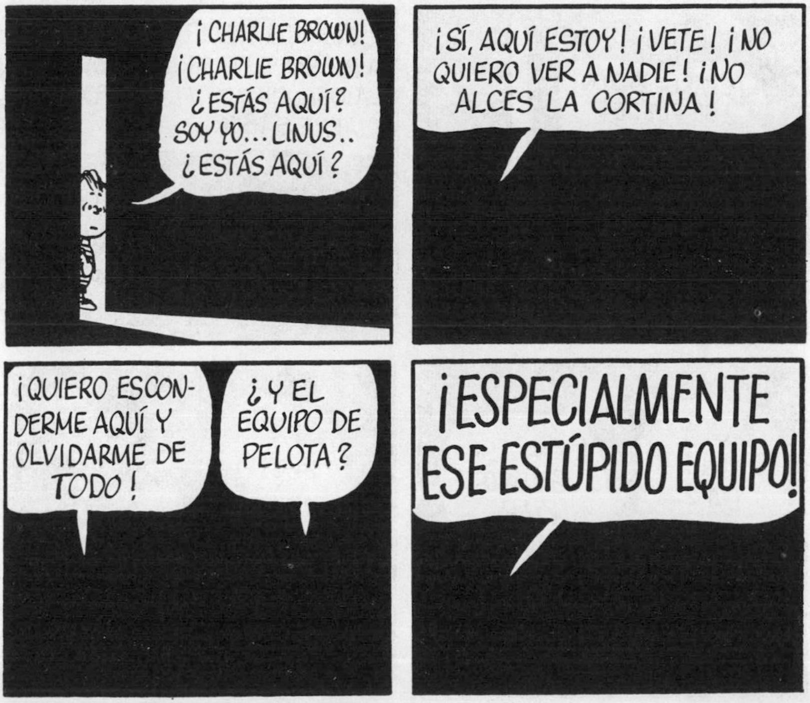
¡CHARLIE BROWN! ¡CHARLIE BROWN! ¿ESTÁS AQUÍ? SOY YO... LINUS.. ¿ESTÁS AQUÍ?
¡SÍ, AQUÍ ESTOY! ¡VETE! ¡NO QUIERO VER A NADIE! ¡NO ALCES LA CORTINA!
¡QUIERO ESCONDERME AQUÍ Y OLVIDARME DE TODO!
¿Y EL EQUIPO DE PELOTA?
¡ESPECIALMENTE ESE ESTÚPIDO EQUIPO!

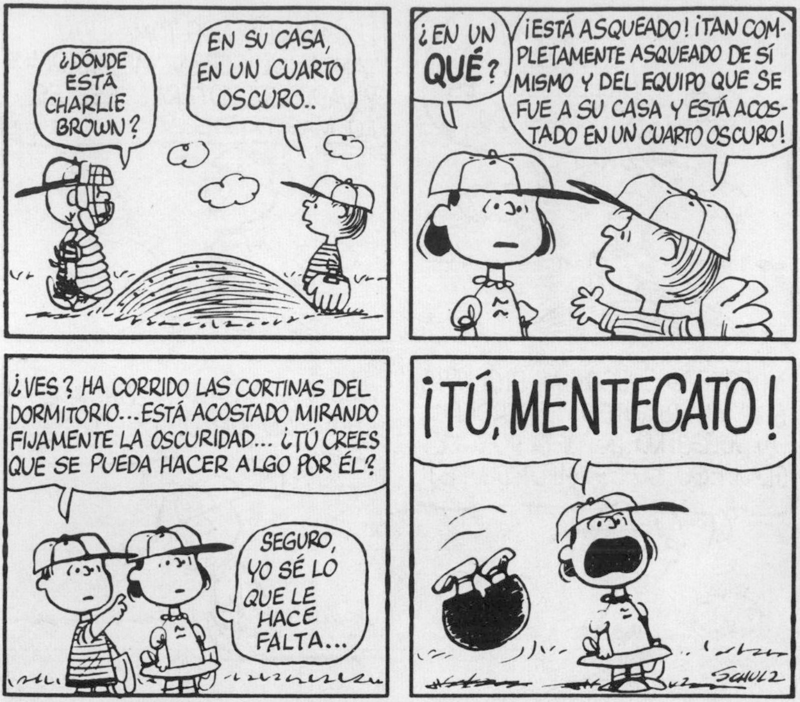
¿DÓNDE ESTÁ CHARLIE BROWN?
EN SU CASA, EN UN CUARTO OSCURO..
¿EN UN QUÉ?
¡ESTÁ ASQUEADO! ¡TAN COMPLETAMENTE ASQUEADO DE SÍ MISMO Y DEL EQUIPO QUE SE FUE A SU CASA Y ESTÁ ACOSTADO EN UN CUARTO OSCURO!
¿VES? HA CORRIDO LAS CORTINAS DEL DORMITORIO...ESTÁ ACOSTADO MIRANDO FIJAMENTE LA OSCURIDAD... ¿TÚ CREES QUE SE PUEDA HACER ALGO POR ÉL?
SEGURO, YO SÉ LO QUE LE HACE FALTA...
¡TÚ, MENTECATO!
SCHULZ

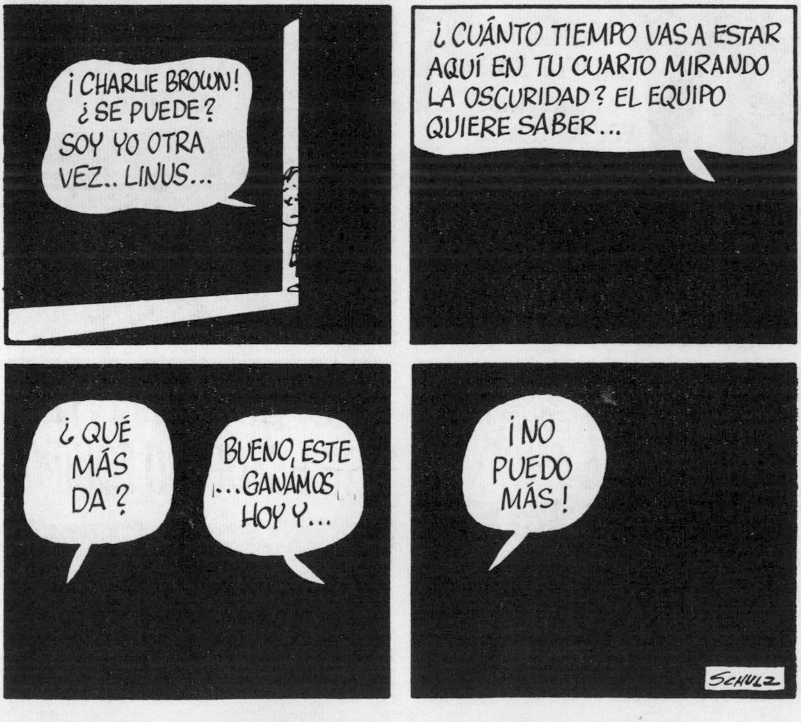
¡CHARLIE BROWN! ¿SE PUEDE? SOY YO OTRA VEZ.. LINUS...
¿CUÁNTO TIEMPO VAS A ESTAR AQUÍ EN TU CUARTO MIRANDO LA OSCURIDAD? EL EQUIPO QUIERE SABER...
¿QUÉ MÁS DA?
BUENO, ESTE ...GANAMOS HOY Y...
¡NO PUEDO MÁS!
SCHULZ

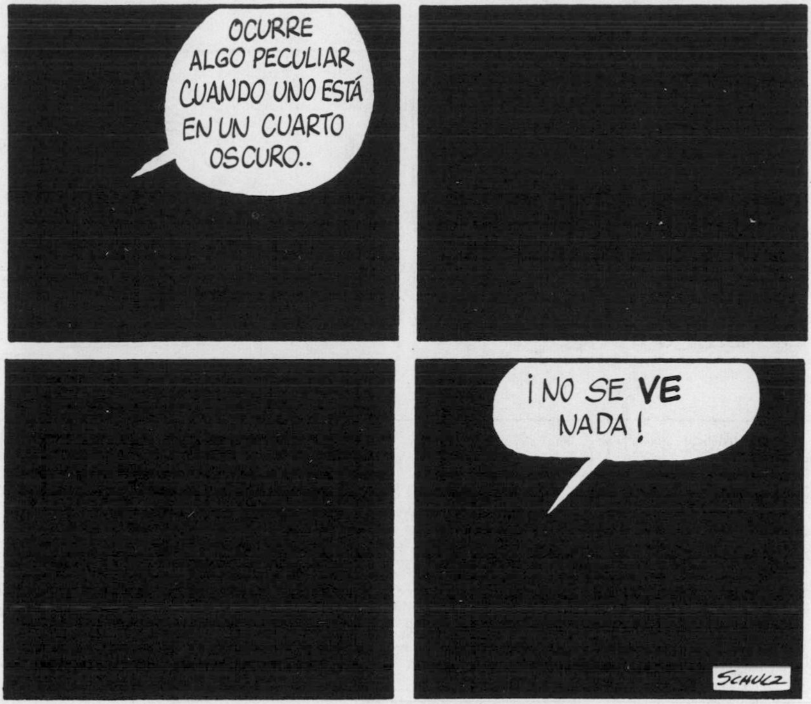
OCURRE ALGO PECULIAR CUANDO UNO ESTÁ EN UN CUARTO OSCURO..
¡NO SE VE NADA!
SCHULZ

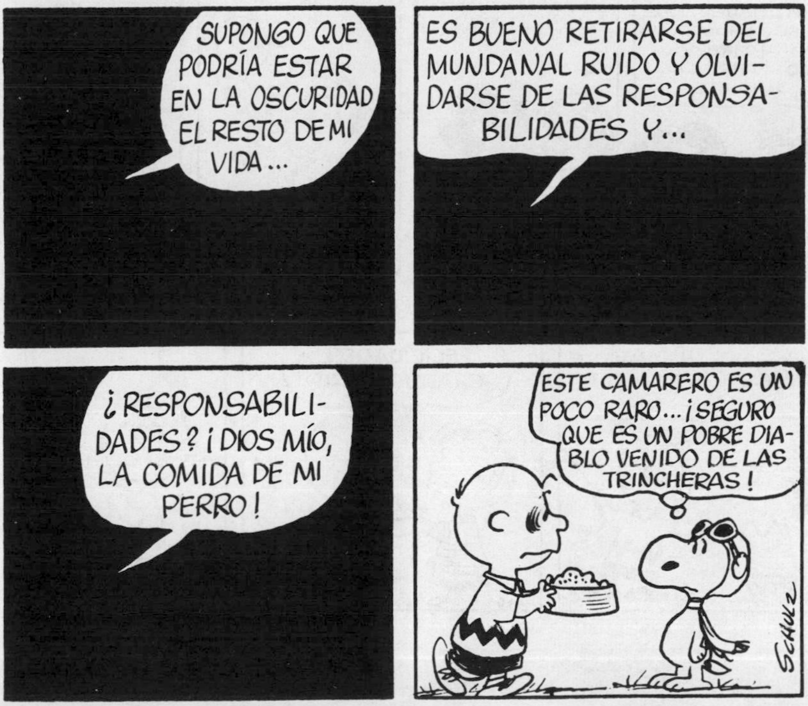
SUPONGO QUE PODRÍA ESTAR EN LA OSCURIDAD EL RESTO DE MI VIDA...
ES BUENO RETIRARSE DEL MUNDANAL RUIDO Y OLVIDARSE DE LAS RESPONSABILIDADES Y...
¿RESPONSABILIDADES? ¡DIOS MÍO, LA COMIDA DE MI PERRO!
ESTE CAMARERO ES UN POCO RARO... ¡SEGURO QUE ES UN POBRE DIABLO VENIDO DE LAS TRINCHERAS!
SCHULZ

¡RAYOS!

¡ESA ES LA ÚLTIMA BOTELLA DE REFRESCO DE NARANJA!

PARA QUE VEAS QUE NO SOY EGOÍSTA, LA COMPARTIRÉ CONTIGO... ABRE LAS MANOS...

¡GLUP!

¡GLUP!

¡GLUP!

¡MIRA, LINUS, MI PAPALOTE ESTÁ EN EL AIRE! ¡FELICÍTAME!

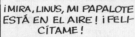

¡FELICIDADES, CHARLIE BROWN!

SCHULZ

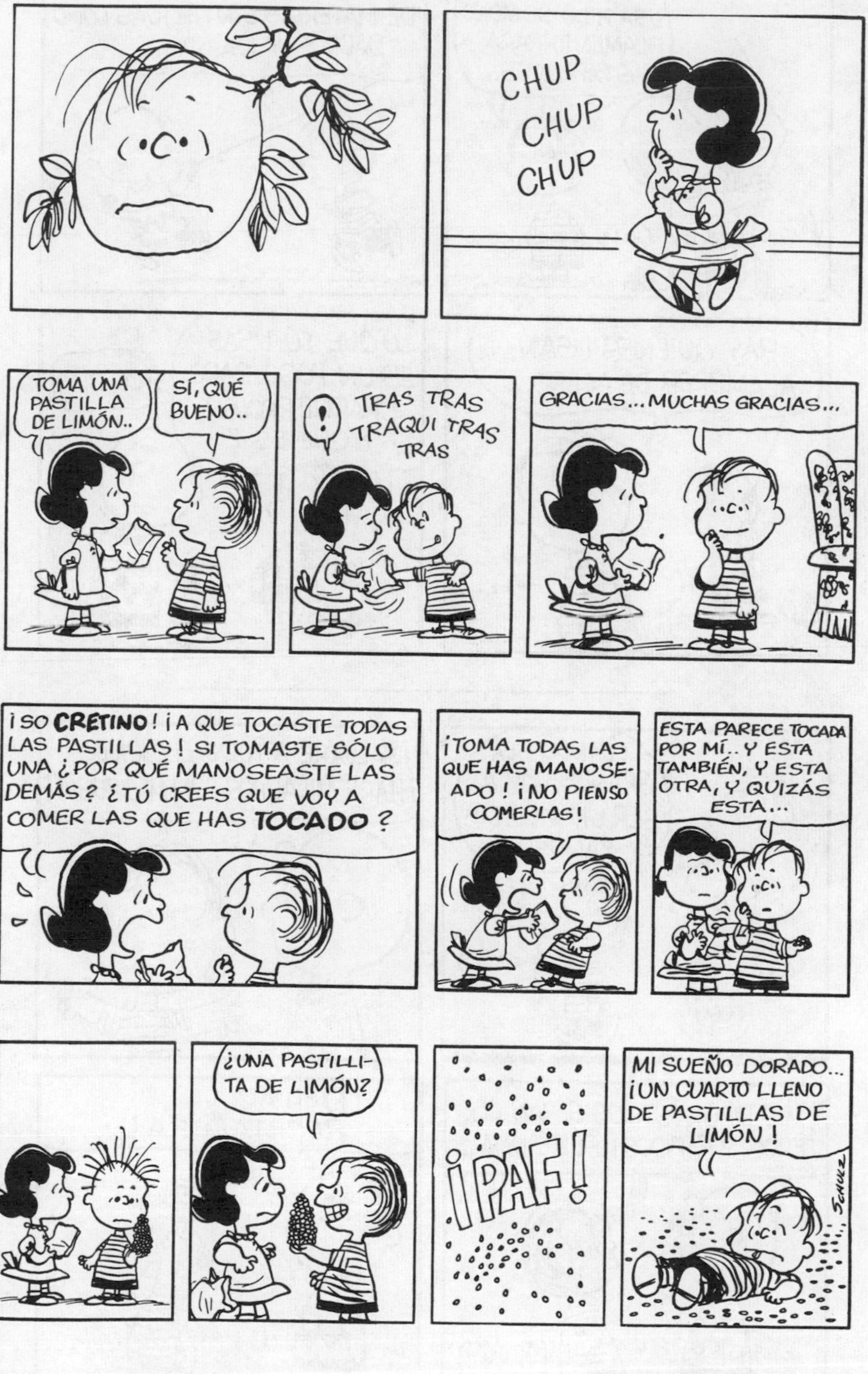
CHUP
CHUP
CHUP
TOMA UNA PASTILLA DE LIMÓN..
SÍ, QUÉ BUENO..
!
TRAS TRAS TRAQUI TRAS TRAS
GRACIAS... MUCHAS GRACIAS...
¡SO CRETINO! ¡A QUE TOCASTE TODAS LAS PASTILLAS! SI TOMASTE SÓLO UNA ¿POR QUÉ MANOSEASTE LAS DEMÁS? ¿TÚ CREES QUE VOY A COMER LAS QUE HAS TOCADO?
¡TOMA TODAS LAS QUE HAS MANOSEADO! ¡NO PIENSO COMERLAS!
ESTA PARECE TOCADA POR MÍ.. Y ESTA TAMBIÉN, Y ESTA OTRA, Y QUIZÁS ESTA...
¿UNA PASTILLITA DE LIMÓN?
¡PAF!
MI SUEÑO DORADO... ¡UN CUARTO LLENO DE PASTILLAS DE LIMÓN!
SCHULZ

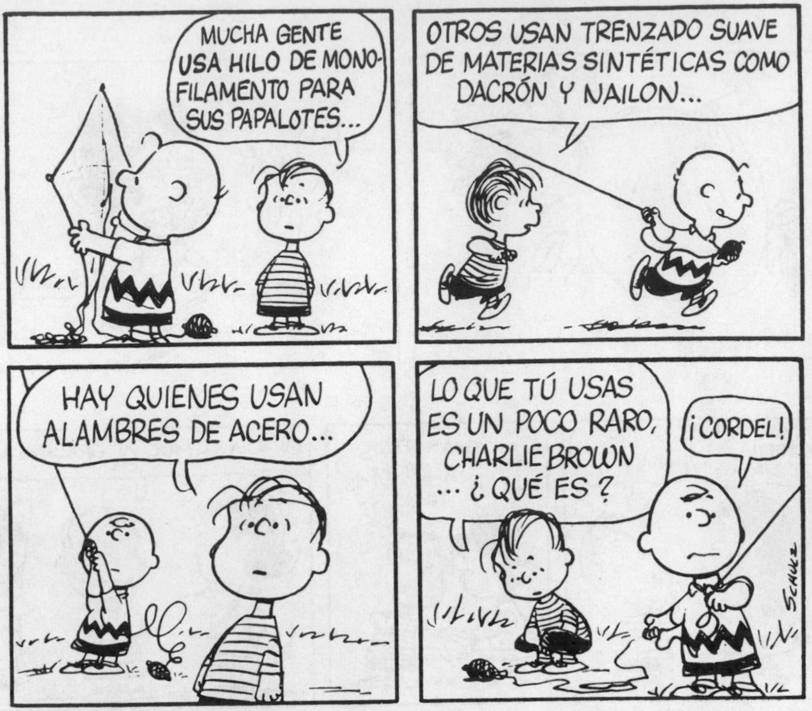
MUCHA GENTE USA HILO DE MONOFILAMENTO PARA SUS PAPALOTES...
OTROS USAN TRENZADO SUAVE DE MATERIAS SINTÉTICAS COMO DACRÓN Y NAILON...
HAY QUIENES USAN ALAMBRES DE ACERO...
LO QUE TÚ USAS ES UN POCO RARO, CHARLIE BROWN ... ¿ QUÉ ES ?
¡CORDEL!
SCHULZ

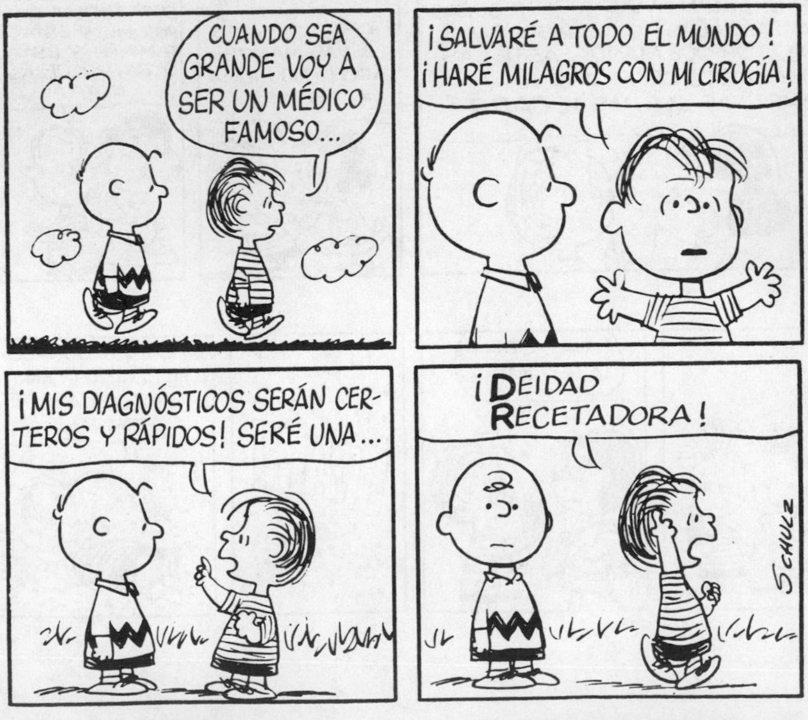
CUANDO SEA GRANDE VOY A SER UN MÉDICO FAMOSO...
¡SALVARÉ A TODO EL MUNDO! ¡HARÉ MILAGROS CON MI CIRUGÍA!
¡MIS DIAGNÓSTICOS SERÁN CERTEROS Y RÁPIDOS! SERÉ UNA...
¡DEIDAD RECETADORA!
SCHULZ

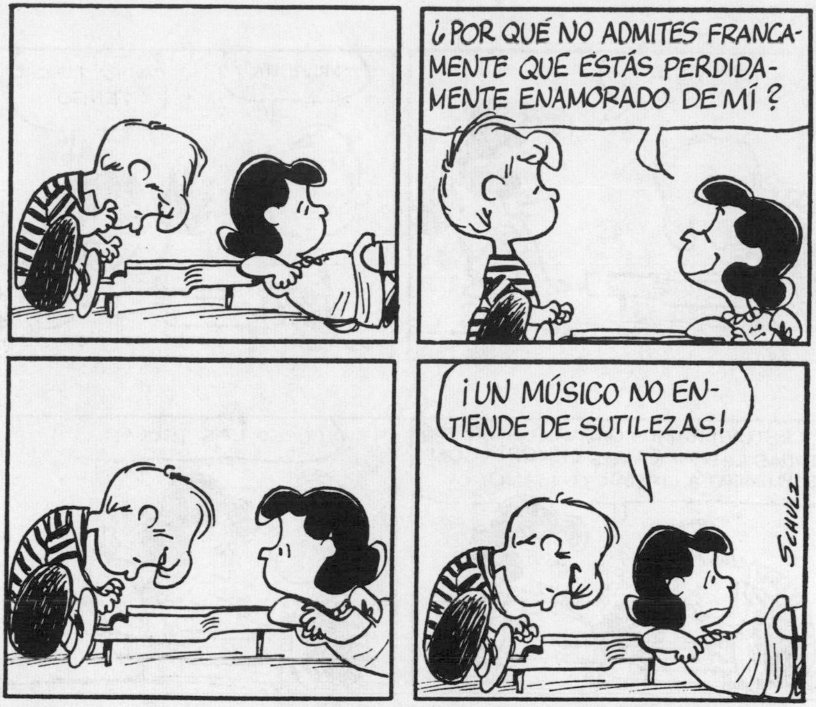
¿POR QUÉ NO ADMITES FRANCAMENTE QUE ESTÁS PERDIDAMENTE ENAMORADO DE MÍ?
¡UN MÚSICO NO ENTIENDE DE SUTILEZAS!
SCHULZ

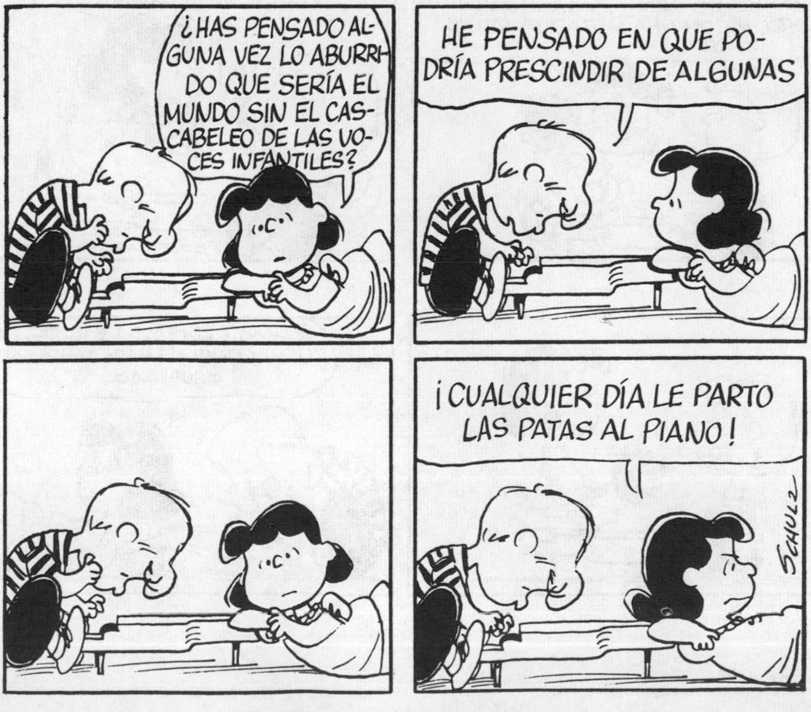
¿HAS PENSADO ALGUNA VEZ LO ABURRIDO QUE SERÍA EL MUNDO SIN EL CASCABELEO DE LAS VOCES INFANTILES?
HE PENSADO EN QUE PODRÍA PRESCINDIR DE ALGUNAS
¡CUALQUIER DÍA LE PARTO LAS PATAS AL PIANO!
SCHULZ

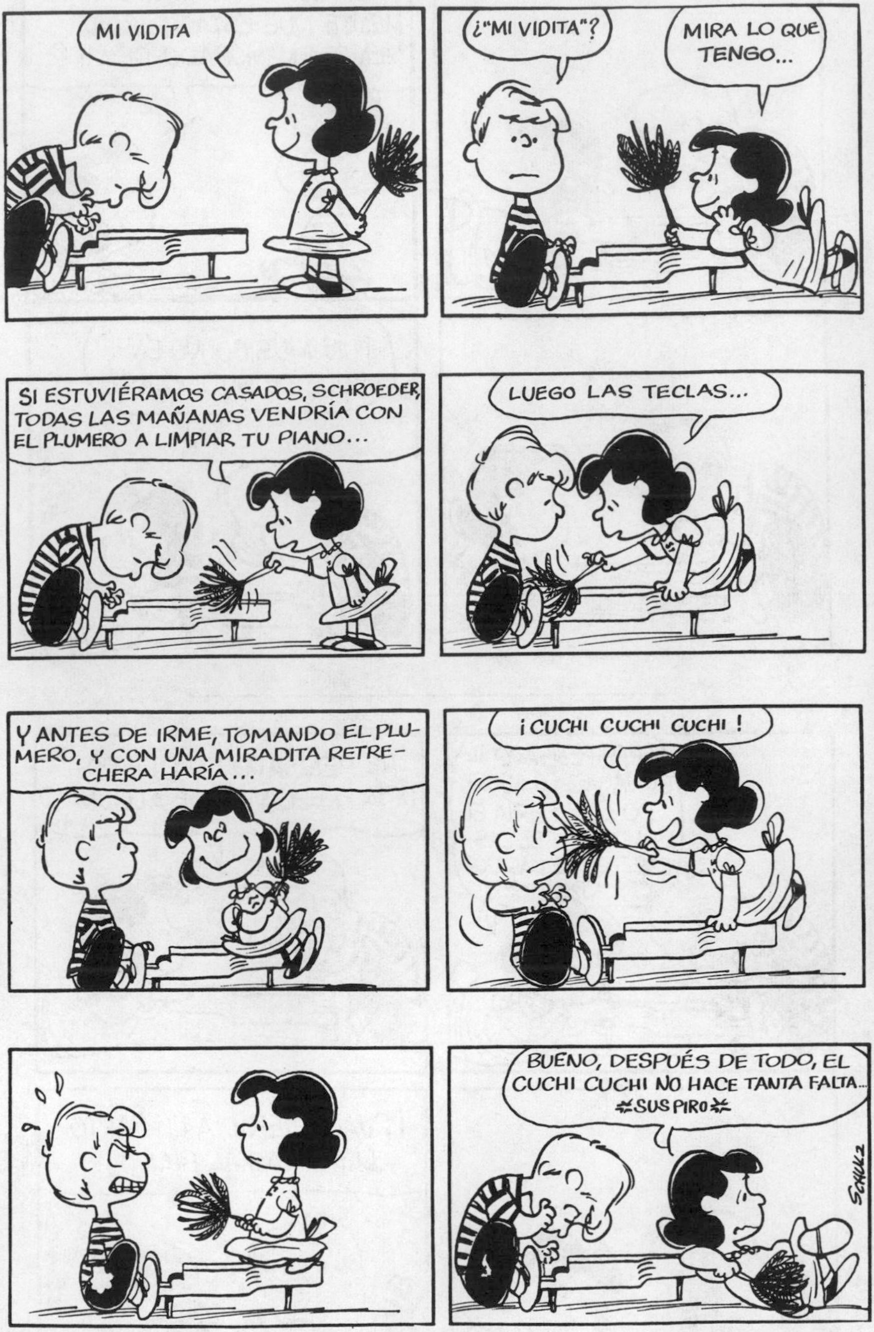
MI VIDITA
¿"MI VIDITA"?
MIRA LO QUE TENGO...
SI ESTUVIÉRAMOS CASADOS, SCHROEDER, TODAS LAS MAÑANAS VENDRÍA CON EL PLUMERO A LIMPIAR TU PIANO...
LUEGO LAS TECLAS...
Y ANTES DE IRME, TOMANDO EL PLUMERO, Y CON UNA MIRADITA RETRECHERA HARÍA...
¡CUCHI CUCHI CUCHI!
BUENO, DESPUÉS DE TODO, EL CUCHI CUCHI NO HACE TANTA FALTA...
SUSPIRO
SCHULZ

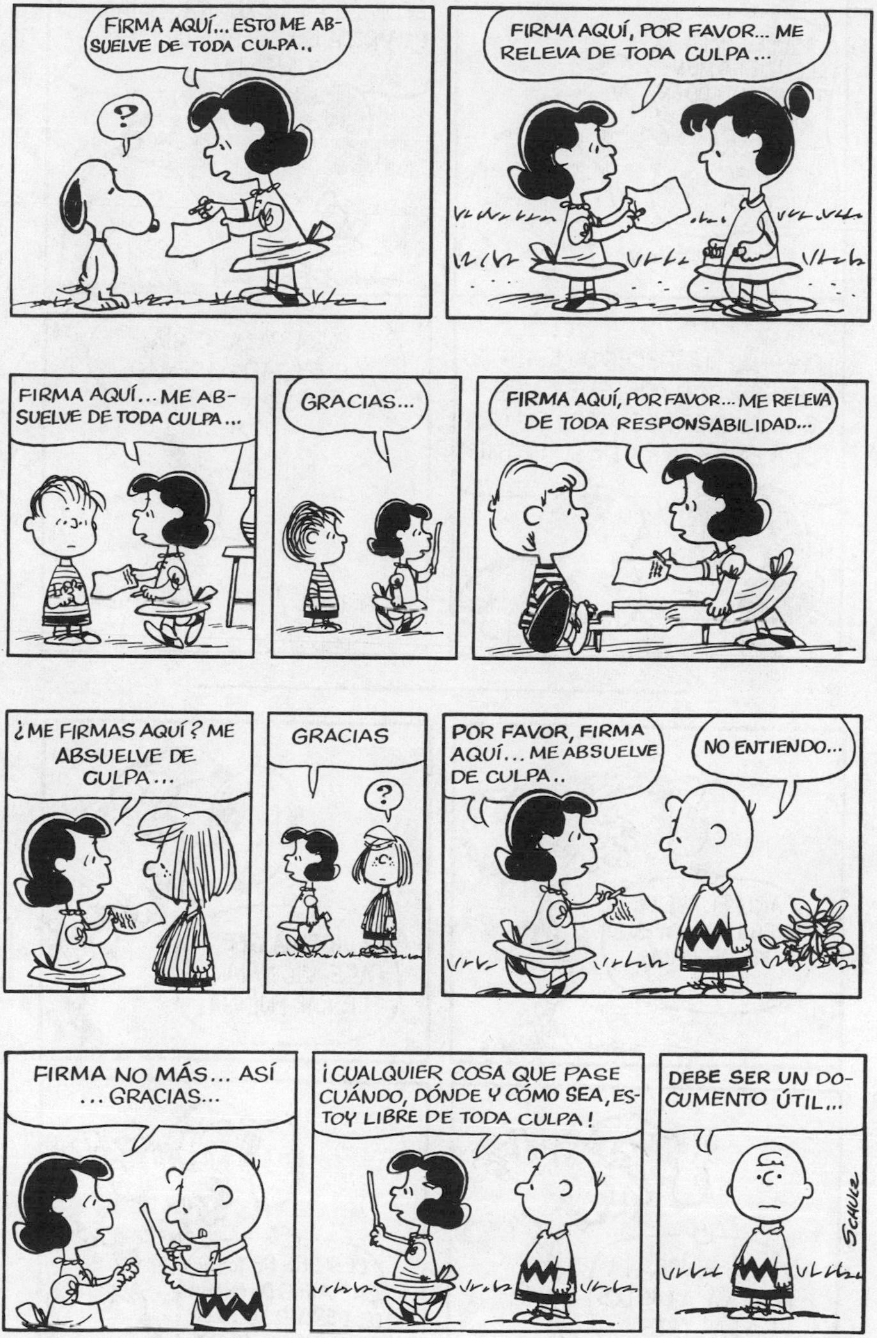
FIRMA AQUÍ... ESTO ME ABSUELVE DE TODA CULPA..
?
FIRMA AQUÍ, POR FAVOR... ME RELEVA DE TODA CULPA...
FIRMA AQUÍ... ME ABSUELVE DE TODA CULPA...
GRACIAS...
FIRMA AQUÍ, POR FAVOR... ME RELEVA DE TODA RESPONSABILIDAD...
¿ME FIRMAS AQUÍ? ME ABSUELVE DE CULPA...
GRACIAS
?
POR FAVOR, FIRMA AQUÍ... ME ABSUELVE DE CULPA..
NO ENTIENDO...
FIRMA NO MÁS... ASÍ ... GRACIAS...
¡CUALQUIER COSA QUE PASE CUÁNDO, DÓNDE Y CÓMO SEA, ESTOY LIBRE DE TODA CULPA!
DEBE SER UN DOCUMENTO ÚTIL...
SCHULZ

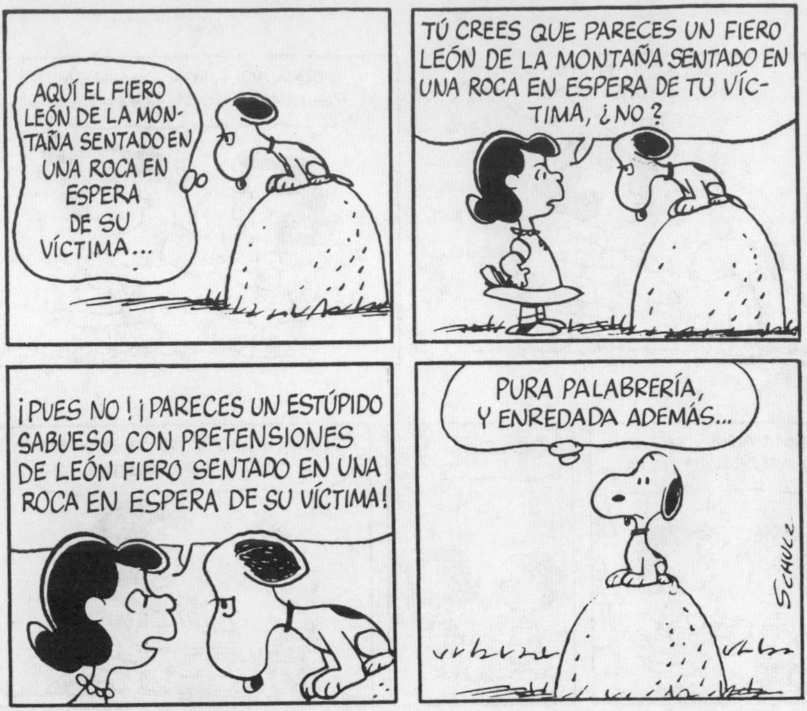
AQUÍ EL FIERO LEÓN DE LA MONTAÑA SENTADO EN UNA ROCA EN ESPERA DE SU VÍCTIMA...
TÚ CREES QUE PARECES UN FIERO LEÓN DE LA MONTAÑA SENTADO EN UNA ROCA EN ESPERA DE TU VÍCTIMA, ¿NO?
¡PUES NO! ¡PARECES UN ESTÚPIDO SABUESO CON PRETENSIONES DE LEÓN FIERO SENTADO EN UNA ROCA EN ESPERA DE SU VÍCTIMA!
PURA PALABRERÍA, Y ENREDADA ADEMÁS...
SCHULZ

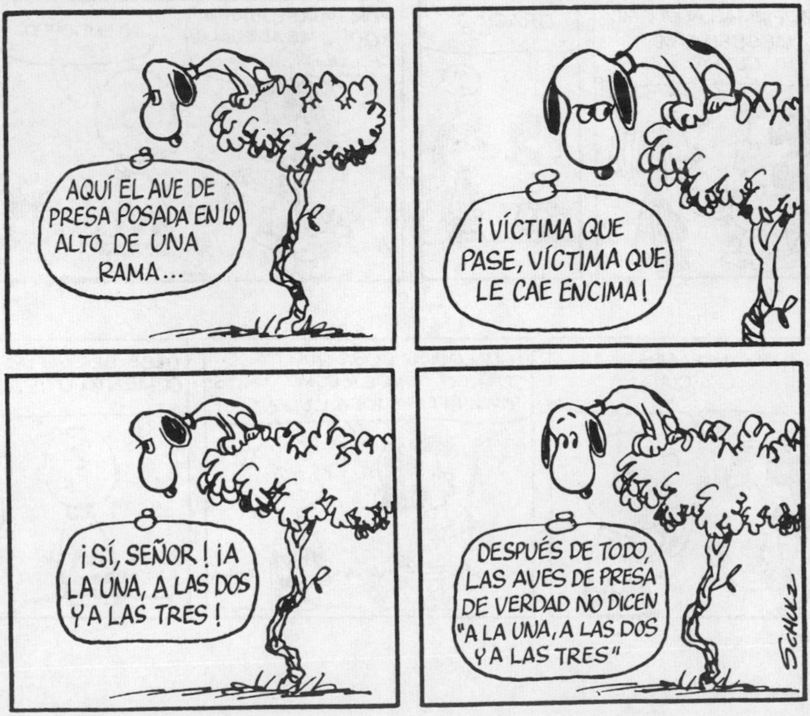
AQUÍ EL AVE DE PRESA POSADA EN LO ALTO DE UNA RAMA...
¡VÍCTIMA QUE PASE, VÍCTIMA QUE LE CAE ENCIMA!
¡SÍ, SEÑOR! ¡A LA UNA, A LAS DOS Y A LAS TRES!
DESPUÉS DE TODO, LAS AVES DE PRESA DE VERDAD NO DICEN "A LA UNA, A LAS DOS Y A LAS TRES"
SCHULZ

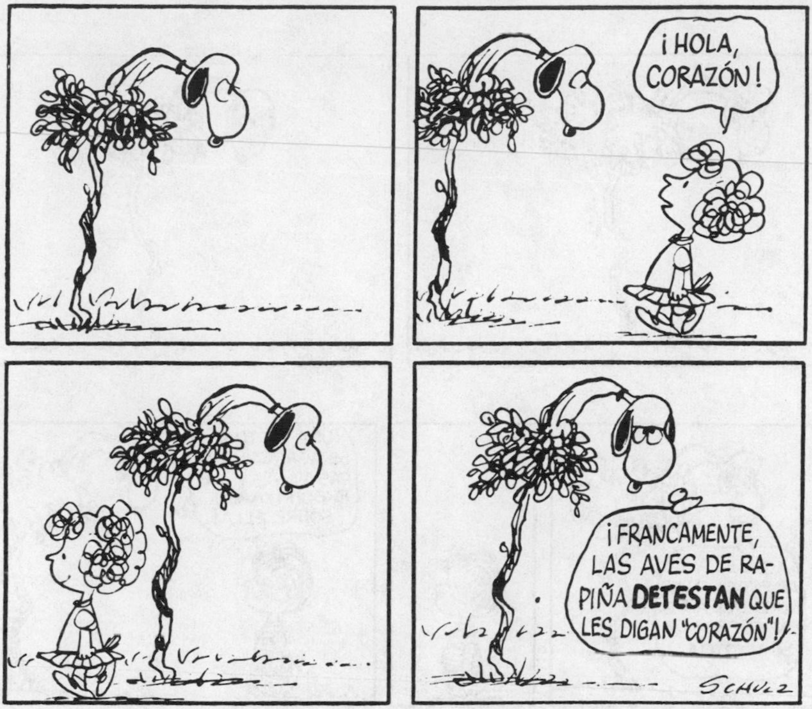
¡HOLA, CORAZÓN!
¡FRANCAMENTE, LAS AVES DE RAPIÑA **DETESTAN** QUE LES DIGAN "CORAZÓN"!
SCHULZ

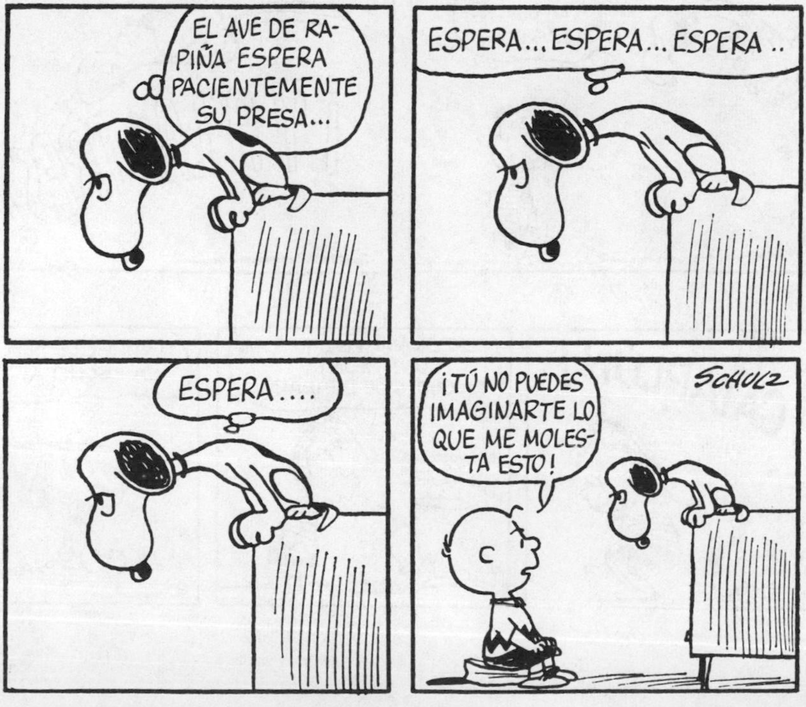
EL AVE DE RAPIÑA ESPERA PACIENTEMENTE SU PRESA...
ESPERA... ESPERA... ESPERA ..
ESPERA....
¡TÚ NO PUEDES IMAGINARTE LO QUE ME MOLESTA ESTO!
SCHULZ

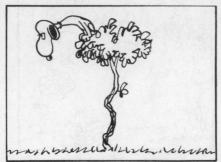

AQUÍ EL AVE DE PRESA EN LO ALTO DEL ÁRBOL EN ESPERA DE SU VÍCTIMA..

¡UNA VÍCTIMA SE ACERCA! ¡UN PASO MÁS Y ME PRECIPITARÉ SOBRE ELLA!

A LA UNA... A LAS DOS...

¡Y A LAS TRES!

¡CATAPLÚN!

PERDÓNAME, PERO TU "CATA-PLÚN" DEJA MUCHO QUE DESEAR...

TENDRÉ QUE IR A LA ESCUELA...

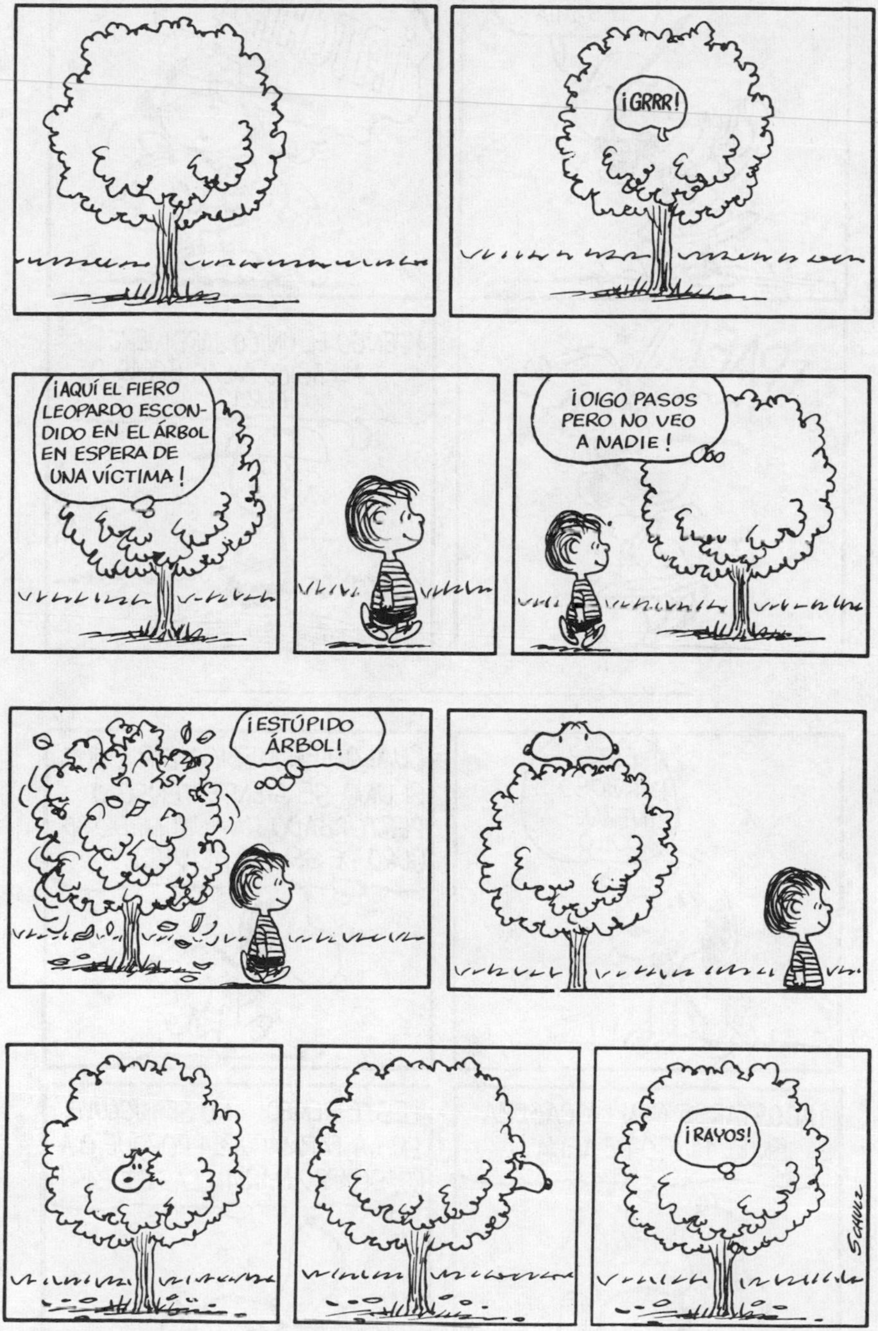
¡GRRR!
¡AQUÍ EL FIERO LEOPARDO ESCONDIDO EN EL ÁRBOL EN ESPERA DE UNA VÍCTIMA!
¡OIGO PASOS PERO NO VEO A NADIE!
¡ESTÚPIDO ÁRBOL!
¡RAYOS!
SCHULZ

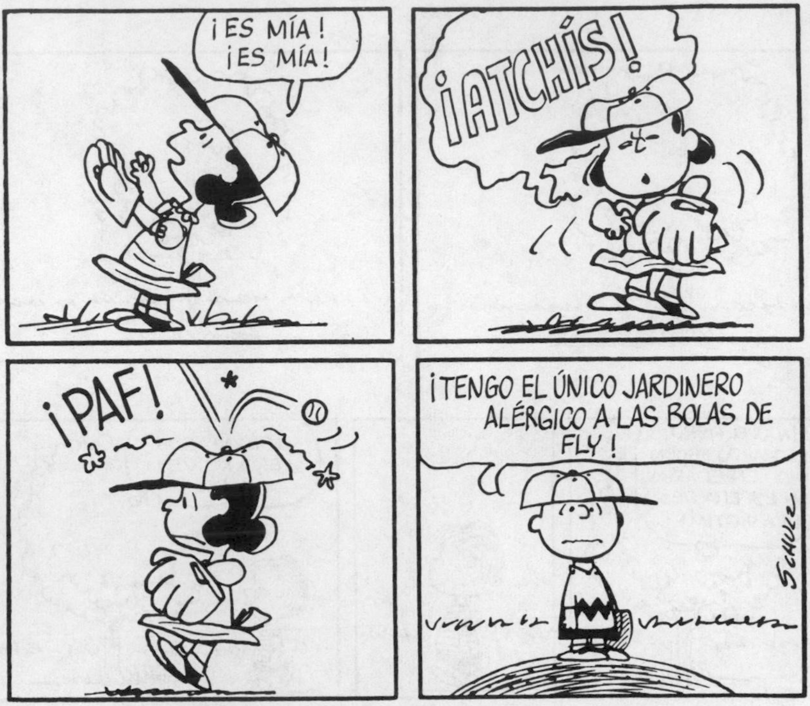
¡ES MÍA! ¡ES MÍA!
¡ATCHÍS!
¡PAF!
¡TENGO EL ÚNICO JARDINERO ALÉRGICO A LAS BOLAS DE FLY!
SCHULZ

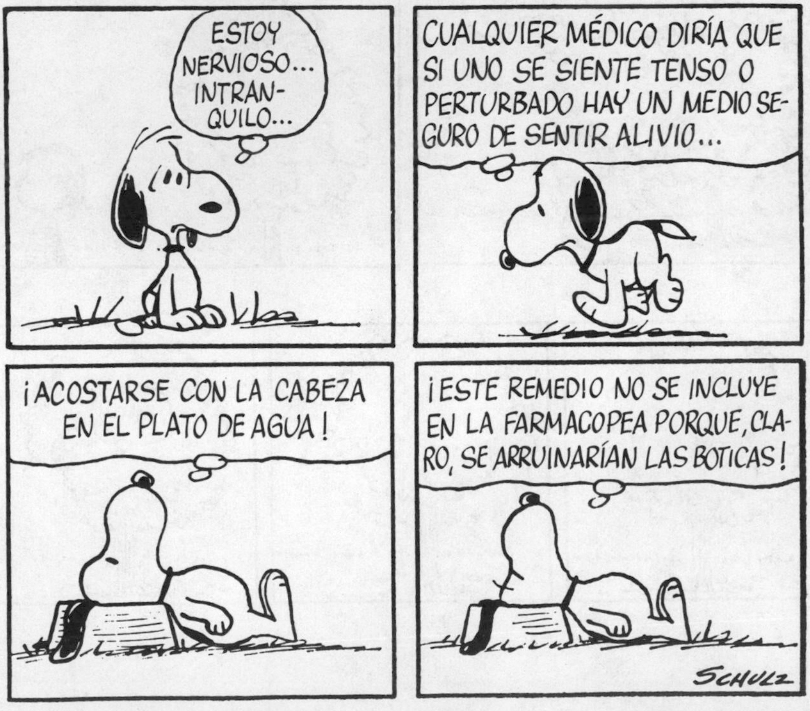
ESTOY NERVIOSO... INTRANQUILO...
CUALQUIER MÉDICO DIRÍA QUE SI UNO SE SIENTE TENSO O PERTURBADO HAY UN MEDIO SEGURO DE SENTIR ALIVIO...
¡ACOSTARSE CON LA CABEZA EN EL PLATO DE AGUA!
¡ESTE REMEDIO NO SE INCLUYE EN LA FARMACOPEA PORQUE, CLARO, SE ARRUINARÍAN LAS BOTICAS!
SCHULZ

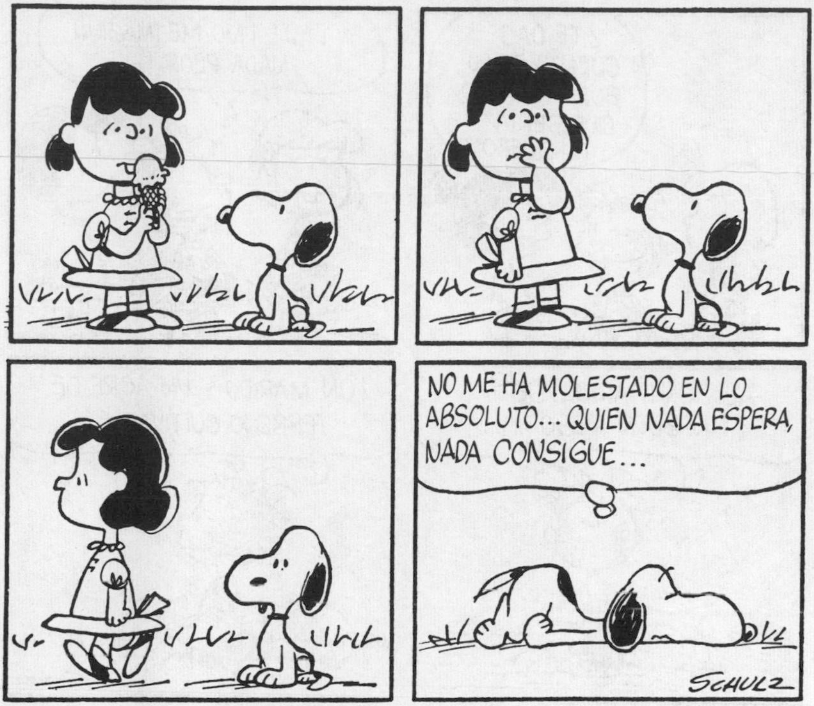
NO ME HA MOLESTADO EN LO ABSOLUTO... QUIEN NADA ESPERA, NADA CONSIGUE...
SCHULZ

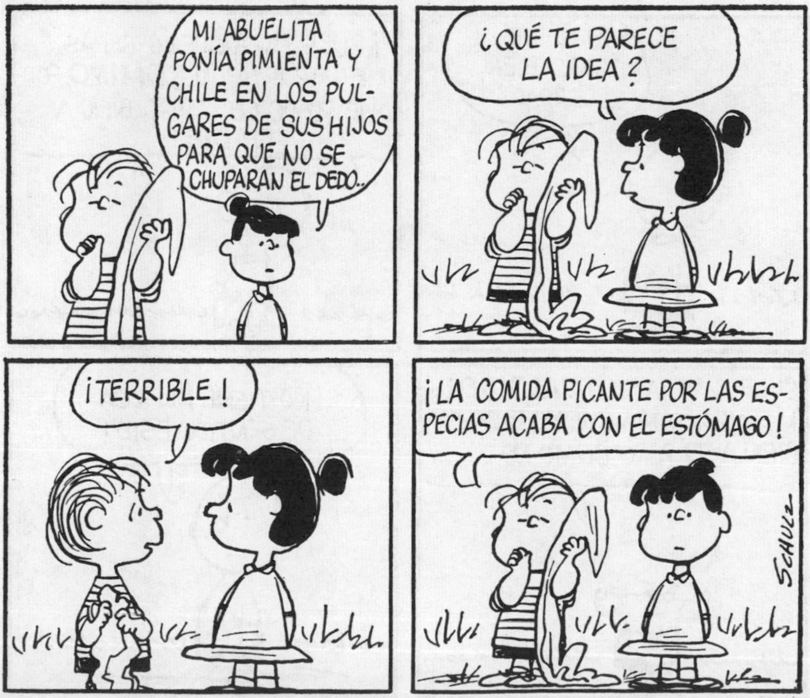
MI ABUELITA PONÍA PIMIENTA Y CHILE EN LOS PULGARES DE SUS HIJOS PARA QUE NO SE CHUPARAN EL DEDO..
¿QUÉ TE PARECE LA IDEA?
¡TERRIBLE!
¡LA COMIDA PICANTE POR LAS ESPECIAS ACABA CON EL ESTÓMAGO!
SCHULZ

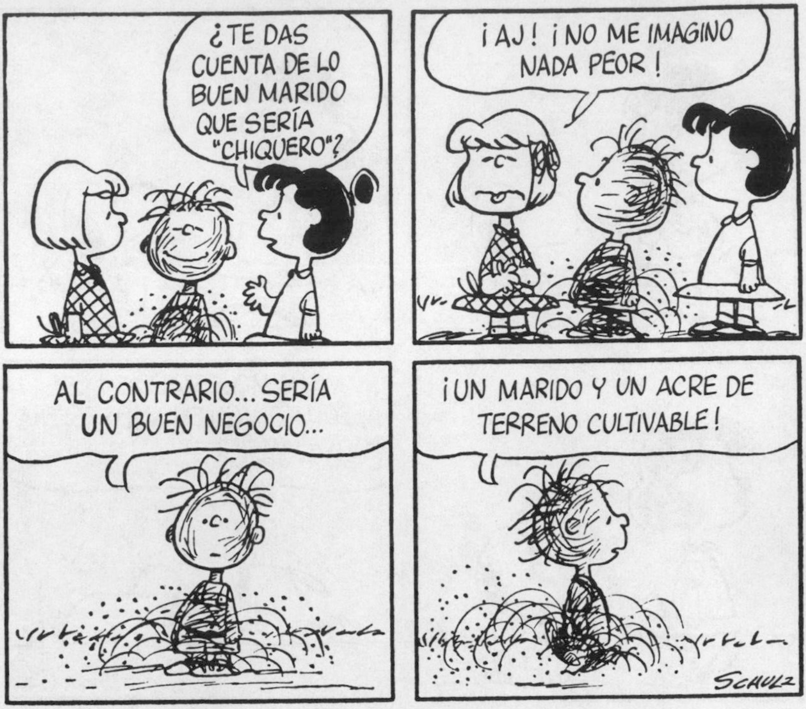
¿TE DAS CUENTA DE LO BUEN MARIDO QUE SERÍA "CHIQUERO"?
¡AJ! ¡NO ME IMAGINO NADA PEOR!
AL CONTRARIO... SERÍA UN BUEN NEGOCIO...
¡UN MARIDO Y UN ACRE DE TERRENO CULTIVABLE!
SCHULZ

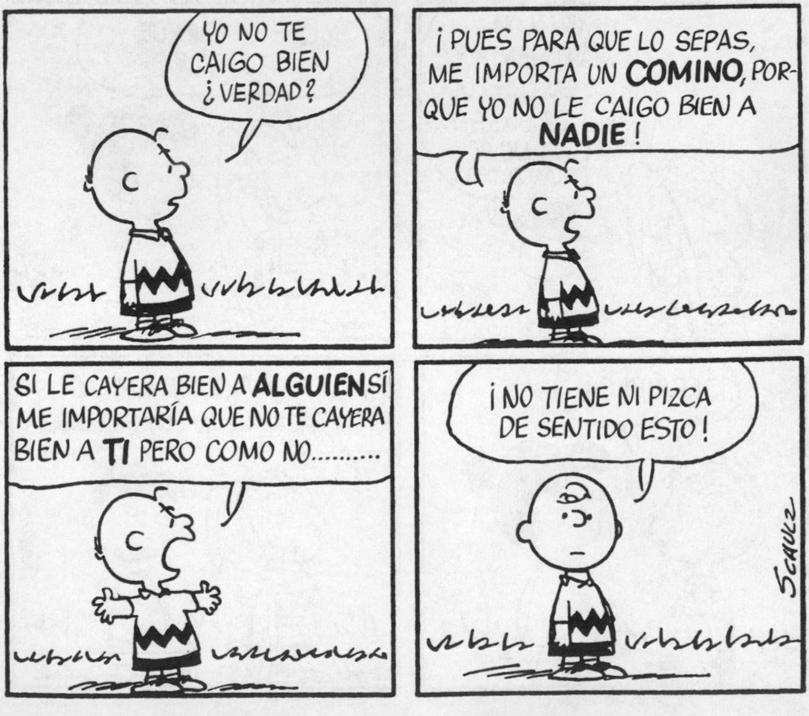
YO NO TE CAIGO BIEN ¿VERDAD?
¡PUES PARA QUE LO SEPAS, ME IMPORTA UN COMINO, PORQUE YO NO LE CAIGO BIEN A NADIE!
SI LE CAYERA BIEN A ALGUIEN SÍ ME IMPORTARÍA QUE NO TE CAYERA BIEN A TI PERO COMO NO..........
¡NO TIENE NI PIZCA DE SENTIDO ESTO!
SCHULZ

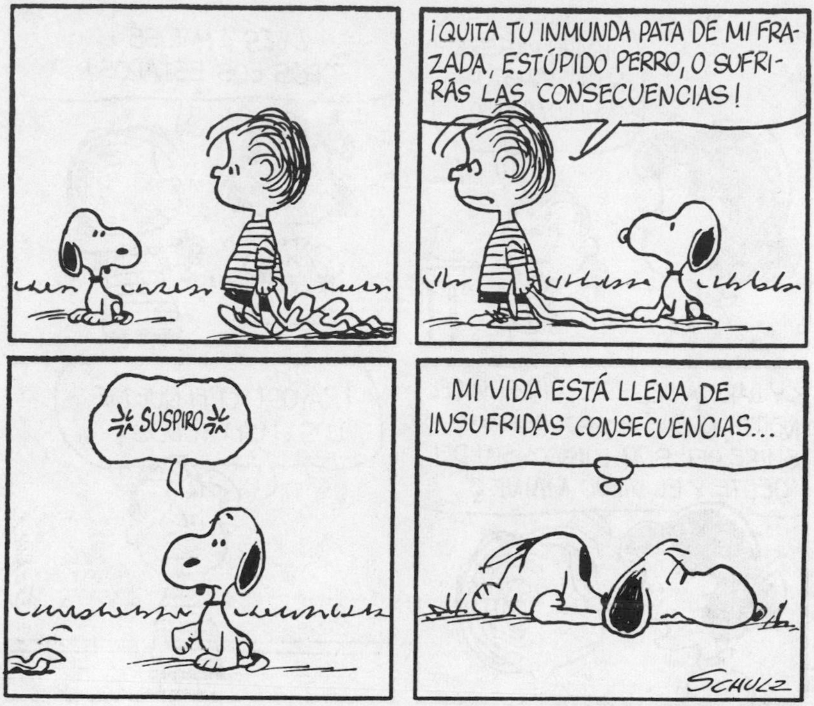
¡QUITA TU INMUNDA PATA DE MI FRAZADA, ESTÚPIDO PERRO, O SUFRIRÁS LAS CONSECUENCIAS!
SUSPIRO
MI VIDA ESTÁ LLENA DE INSUFRIDAS CONSECUENCIAS...
SCHULZ

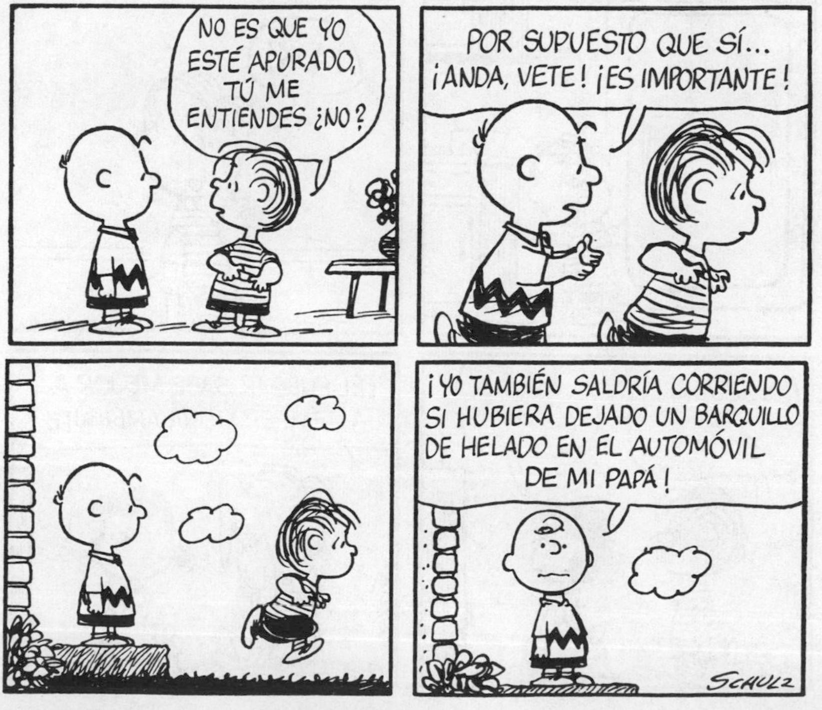
NO ES QUE YO ESTÉ APURADO, TÚ ME ENTIENDES ¿NO?
POR SUPUESTO QUE SÍ... ¡ANDA, VETE! ¡ES IMPORTANTE!
¡YO TAMBIÉN SALDRÍA CORRIENDO SI HUBIERA DEJADO UN BARQUILLO DE HELADO EN EL AUTOMÓVIL DE MI PAPÁ!
SCHULZ

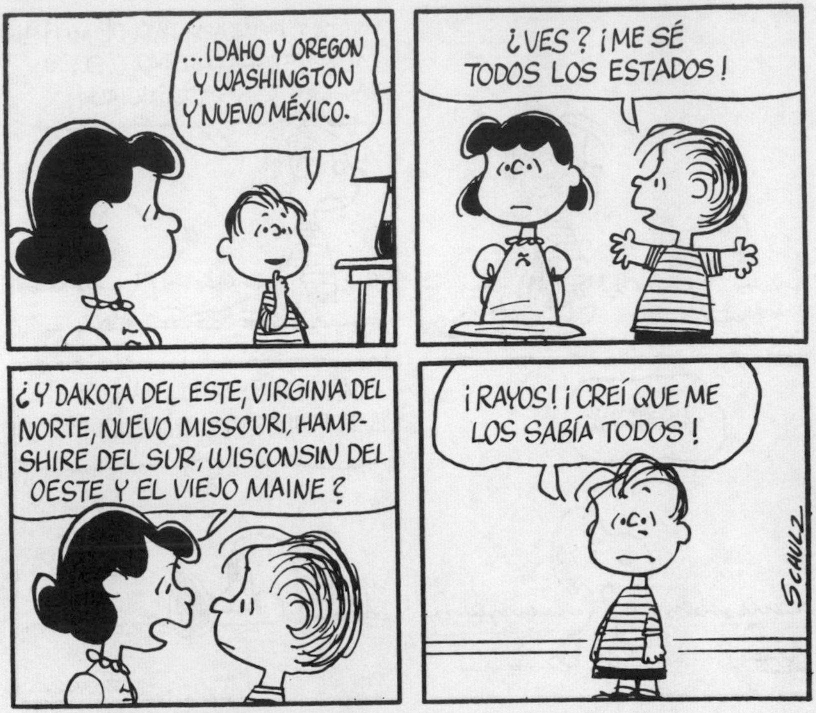
...IDAHO Y OREGON Y WASHINGTON Y NUEVO MÉXICO.
¿VES? ¡ME SÉ TODOS LOS ESTADOS!
¿Y DAKOTA DEL ESTE, VIRGINIA DEL NORTE, NUEVO MISSOURI, HAMP-SHIRE DEL SUR, WISCONSIN DEL OESTE Y EL VIEJO MAINE?
¡RAYOS! ¡CREÍ QUE ME LOS SABÍA TODOS!
SCHULZ

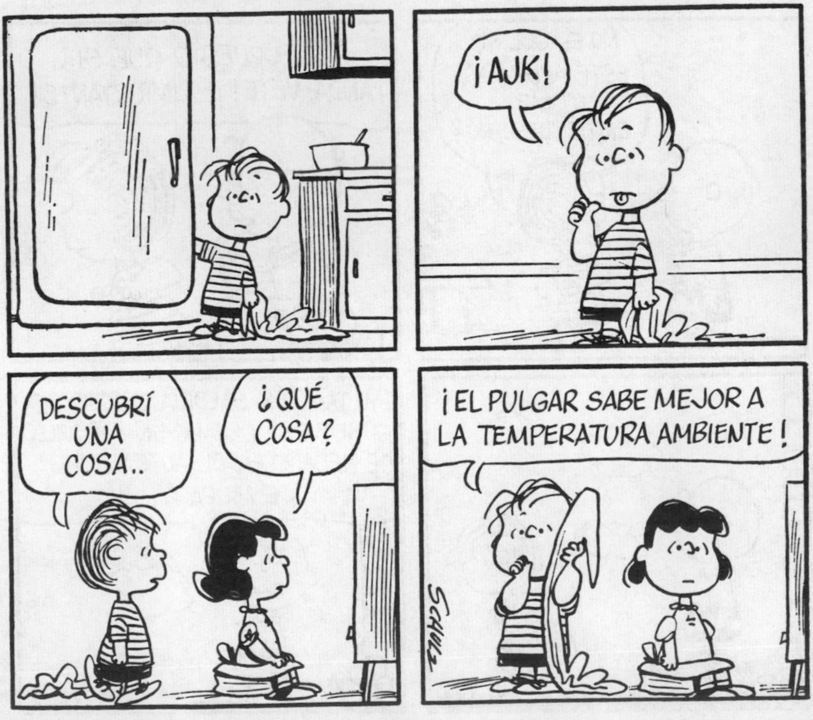
¡AJK!
DESCUBRÍ UNA COSA..
¿QUÉ COSA?
¡EL PULGAR SABE MEJOR A LA TEMPERATURA AMBIENTE!
SCHULZ

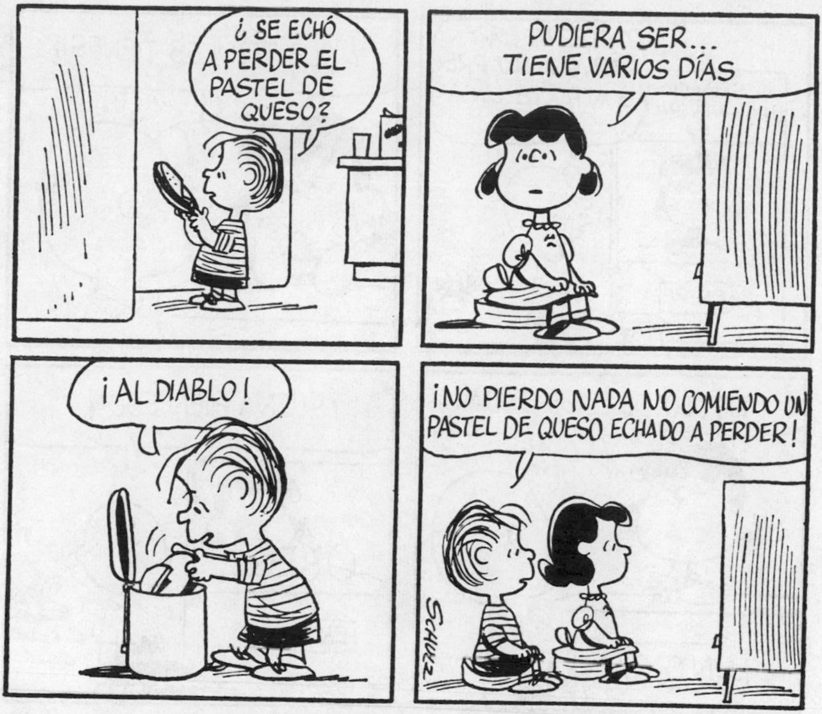
¿ SE ECHÓ A PERDER EL PASTEL DE QUESO?
PUDIERA SER... TIENE VARIOS DÍAS
¡ AL DIABLO !
¡NO PIERDO NADA NO COMIENDO UN PASTEL DE QUESO ECHADO A PERDER!
SCHULZ

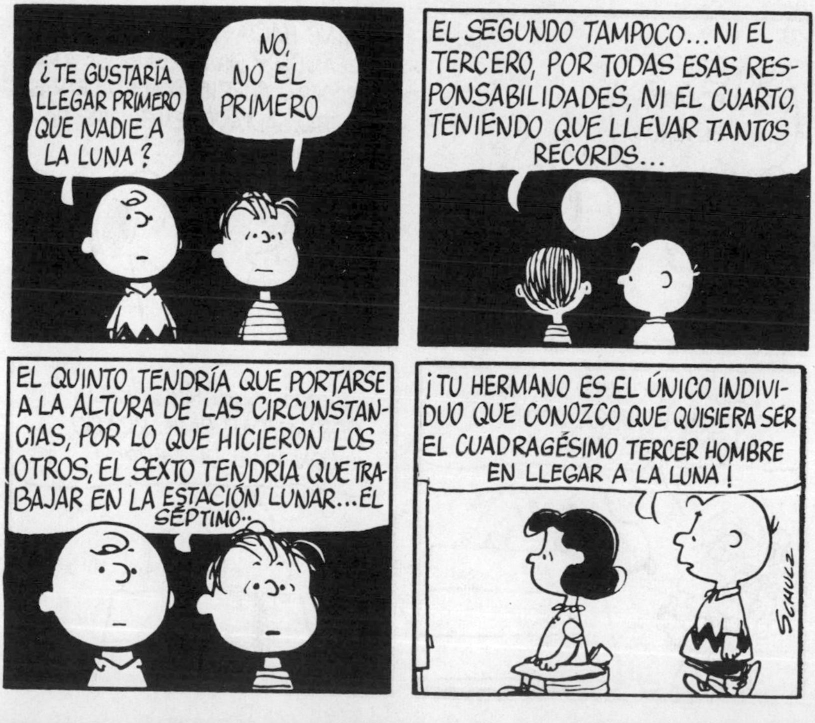
¿TE GUSTARÍA LLEGAR PRIMERO QUE NADIE A LA LUNA?
NO, NO EL PRIMERO
EL SEGUNDO TAMPOCO... NI EL TERCERO, POR TODAS ESAS RESPONSABILIDADES, NI EL CUARTO, TENIENDO QUE LLEVAR TANTOS RECORDS...
EL QUINTO TENDRÍA QUE PORTARSE A LA ALTURA DE LAS CIRCUNSTANCIAS, POR LO QUE HICIERON LOS OTROS, EL SEXTO TENDRÍA QUE TRABAJAR EN LA ESTACIÓN LUNAR... EL SÉPTIMO...
¡TU HERMANO ES EL ÚNICO INDIVIDUO QUE CONOZCO QUE QUISIERA SER EL CUADRAGÉSIMO TERCER HOMBRE EN LLEGAR A LA LUNA!
SCHULZ

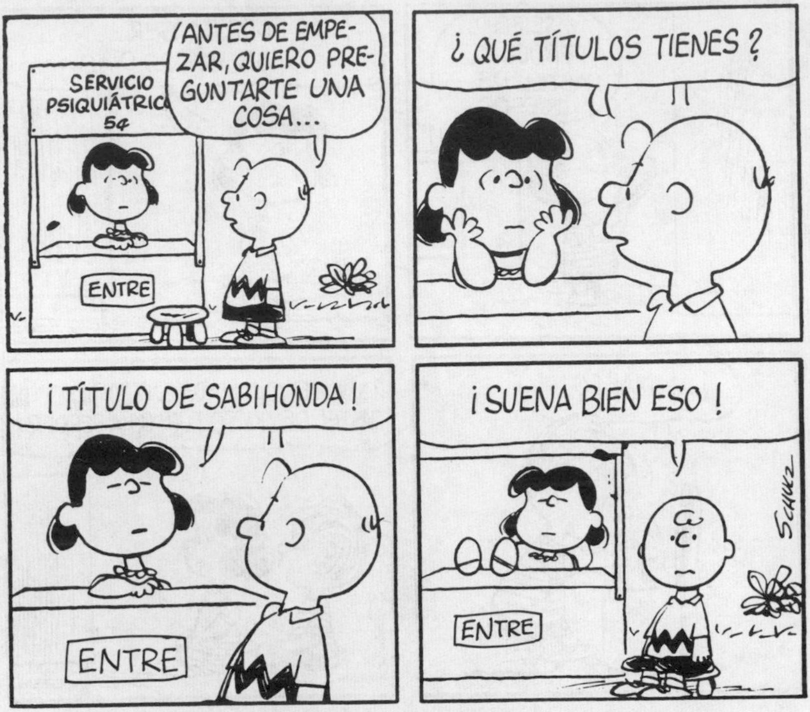
SERVICIO PSIQUIÁTRICO 5¢
ANTES DE EMPEZAR, QUIERO PREGUNTARTE UNA COSA...
ENTRE
¿QUÉ TÍTULOS TIENES?
¡TÍTULO DE SABIHONDA!
ENTRE
¡SUENA BIEN ESO!
ENTRE
SCHULZ

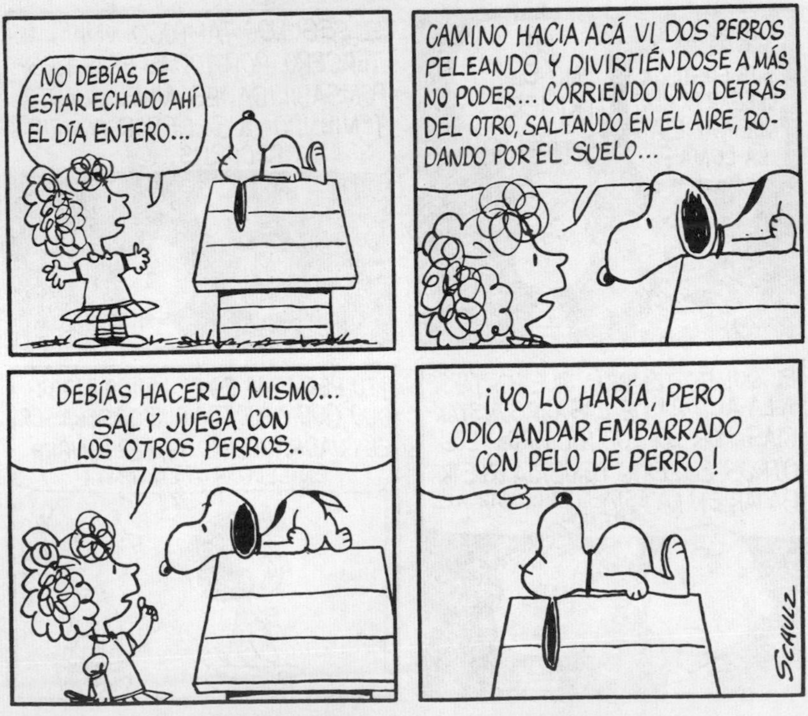
NO DEBÍAS DE ESTAR ECHADO AHÍ EL DÍA ENTERO...
CAMINO HACIA ACÁ VI DOS PERROS PELEANDO Y DIVIRTIÉNDOSE A MÁS NO PODER... CORRIENDO UNO DETRÁS DEL OTRO, SALTANDO EN EL AIRE, RODANDO POR EL SUELO...
DEBÍAS HACER LO MISMO... SAL Y JUEGA CON LOS OTROS PERROS..
¡YO LO HARÍA, PERO ODIO ANDAR EMBARRADO CON PELO DE PERRO!
SCHULZ

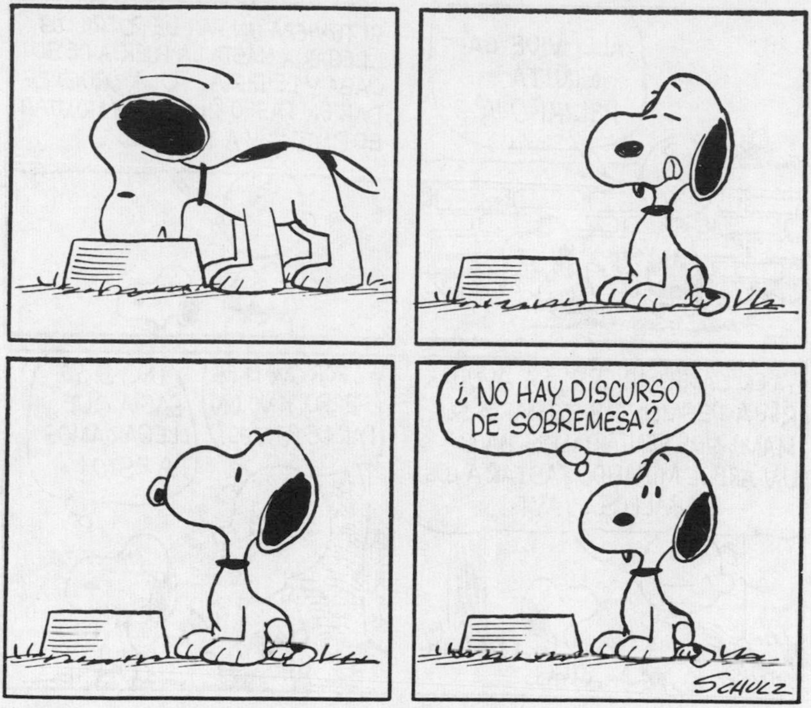
¿NO HAY DISCURSO DE SOBREMESA?
SCHULZ

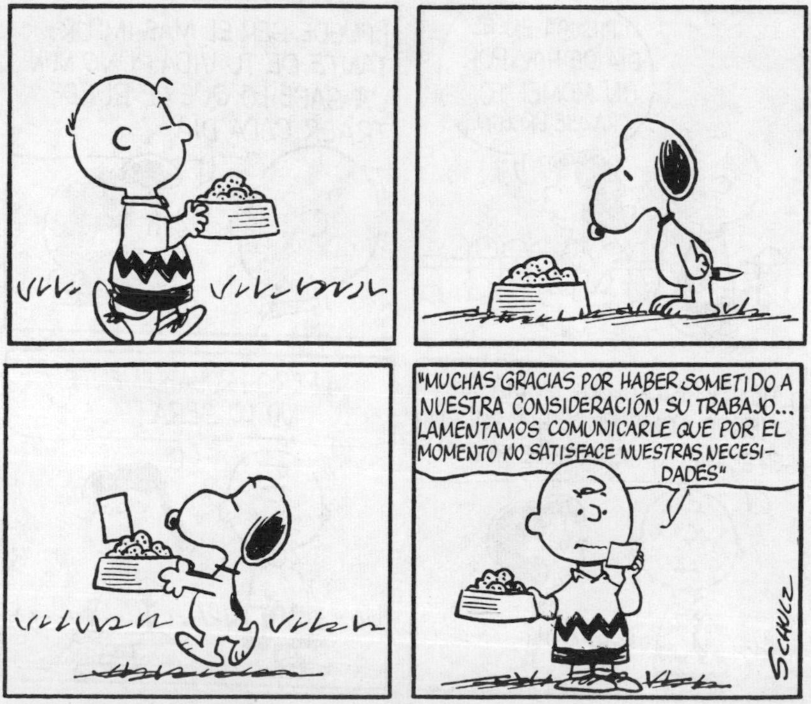
"MUCHAS GRACIAS POR HABER SOMETIDO A NUESTRA CONSIDERACIÓN SU TRABAJO... LAMENTAMOS COMUNICARLE QUE POR EL MOMENTO NO SATISFACE NUESTRAS NECESI-DADES"
SCHULZ

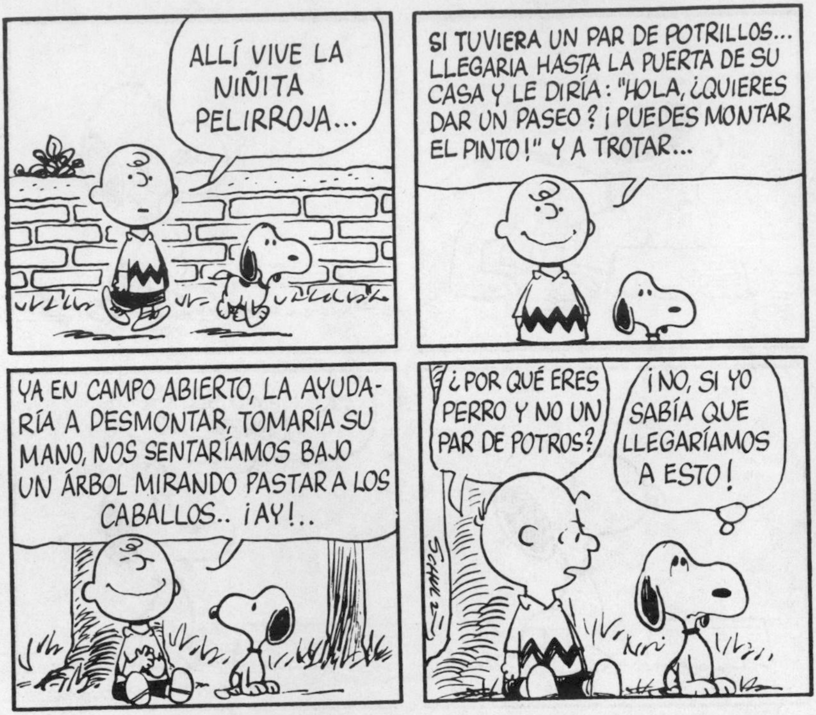
ALLÍ VIVE LA NIÑITA PELIRROJA...
SI TUVIERA UN PAR DE POTRILLOS... LLEGARIA HASTA LA PUERTA DE SU CASA Y LE DIRÍA: "HOLA, ¿QUIERES DAR UN PASEO? ¡PUEDES MONTAR EL PINTO!" Y A TROTAR...
YA EN CAMPO ABIERTO, LA AYUDARÍA A DESMONTAR, TOMARÍA SU MANO, NOS SENTARÍAMOS BAJO UN ÁRBOL MIRANDO PASTAR A LOS CABALLOS.. ¡AY!..
¿POR QUÉ ERES PERRO Y NO UN PAR DE POTROS?
¡NO, SI YO SABÍA QUE LLEGARÍAMOS A ESTO!
SCHULZ

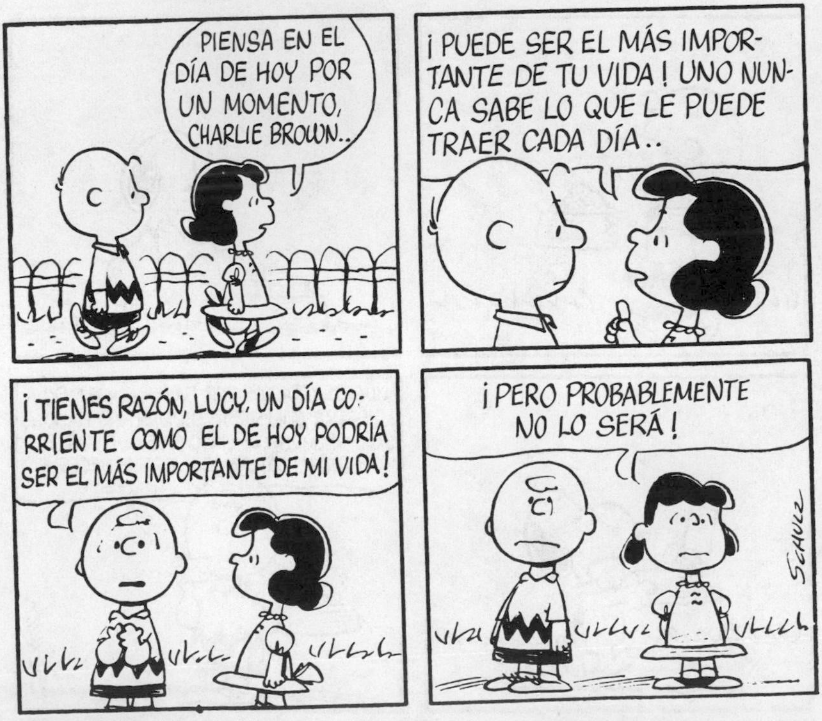
PIENSA EN EL DÍA DE HOY POR UN MOMENTO, CHARLIE BROWN..
¡PUEDE SER EL MÁS IMPORTANTE DE TU VIDA! UNO NUNCA SABE LO QUE LE PUEDE TRAER CADA DÍA..
¡TIENES RAZÓN, LUCY. UN DÍA CORRIENTE COMO EL DE HOY PODRÍA SER EL MÁS IMPORTANTE DE MI VIDA!
¡PERO PROBABLEMENTE NO LO SERÁ!
SCHULZ

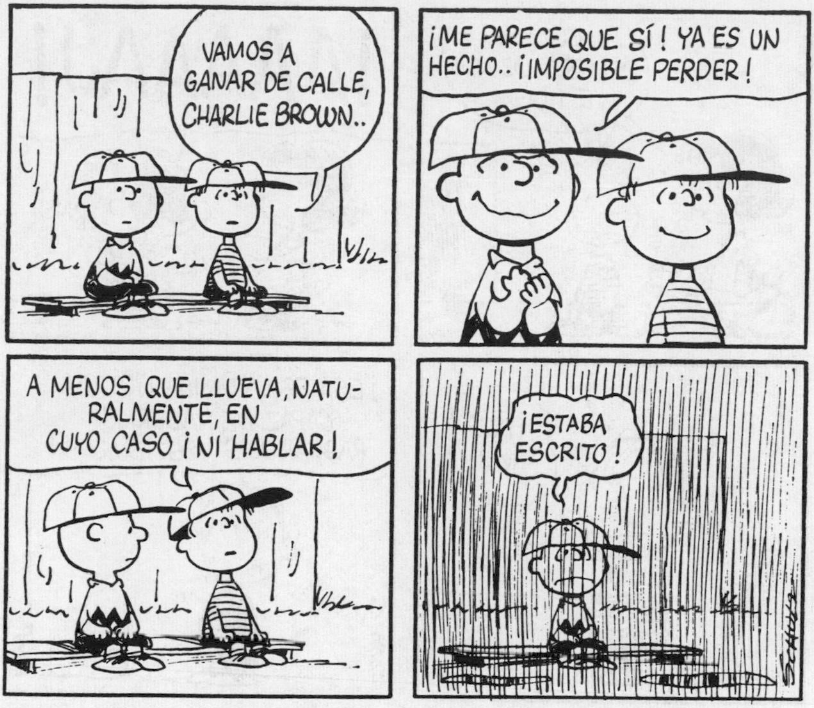
VAMOS A GANAR DE CALLE, CHARLIE BROWN..
¡ME PARECE QUE SÍ! YA ES UN HECHO.. ¡IMPOSIBLE PERDER!
A MENOS QUE LLUEVA, NATURALMENTE, EN CUYO CASO ¡NI HABLAR!
¡ESTABA ESCRITO!
SCHULZ

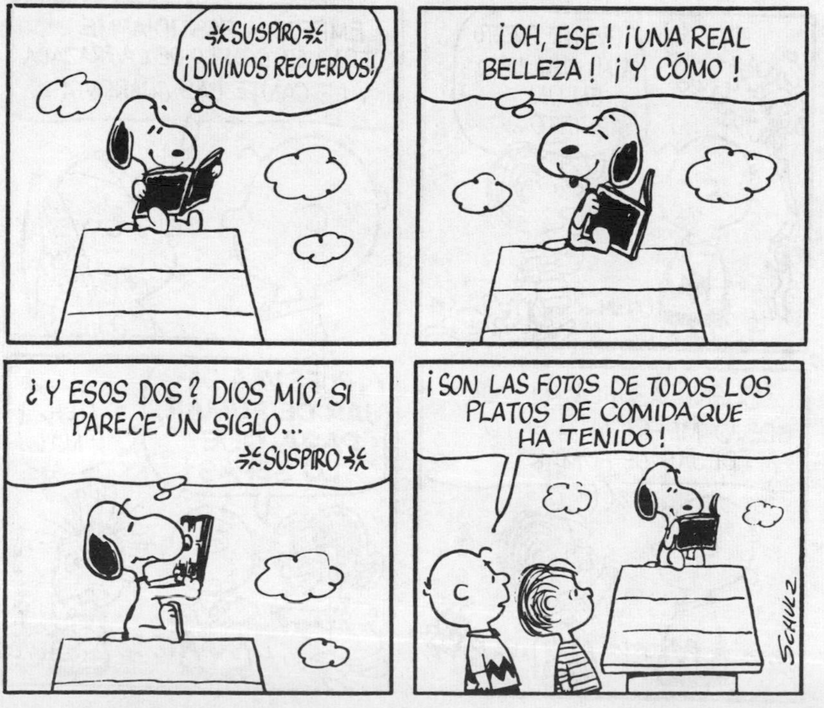
SUSPIRO ¡DIVINOS RECUERDOS!
¡OH, ESE! ¡UNA REAL BELLEZA! ¡Y CÓMO!
¿Y ESOS DOS? DIOS MÍO, SI PARECE UN SIGLO...
SUSPIRO
¡SON LAS FOTOS DE TODOS LOS PLATOS DE COMIDA QUE HA TENIDO!
SCHULZ

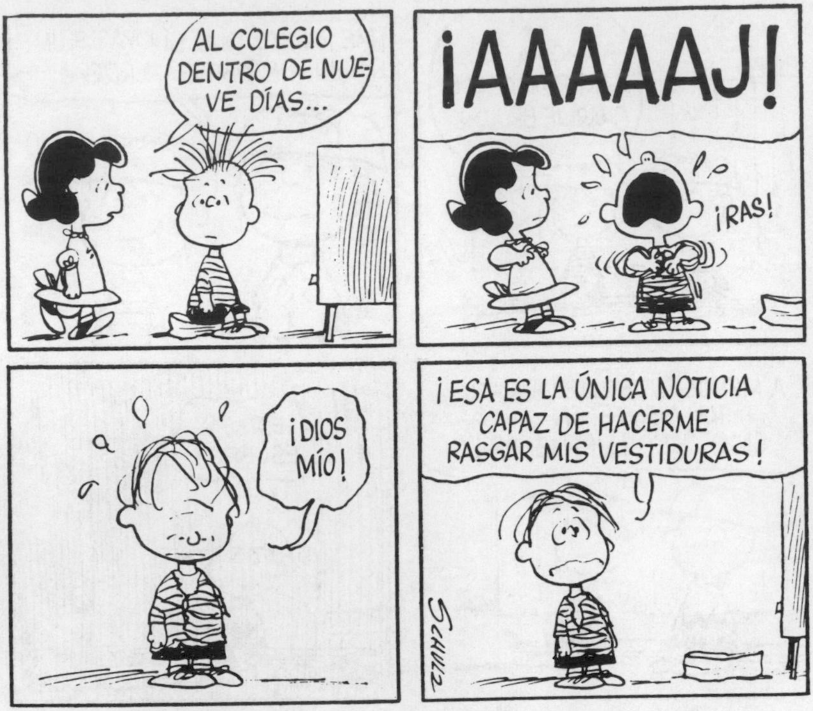
AL COLEGIO DENTRO DE NUE-VE DÍAS...
¡AAAAAJ!
¡RAS!
¡DIOS MÍO!
¡ESA ES LA ÚNICA NOTICIA CAPAZ DE HACERME RASGAR MIS VESTIDURAS!
SCHULZ

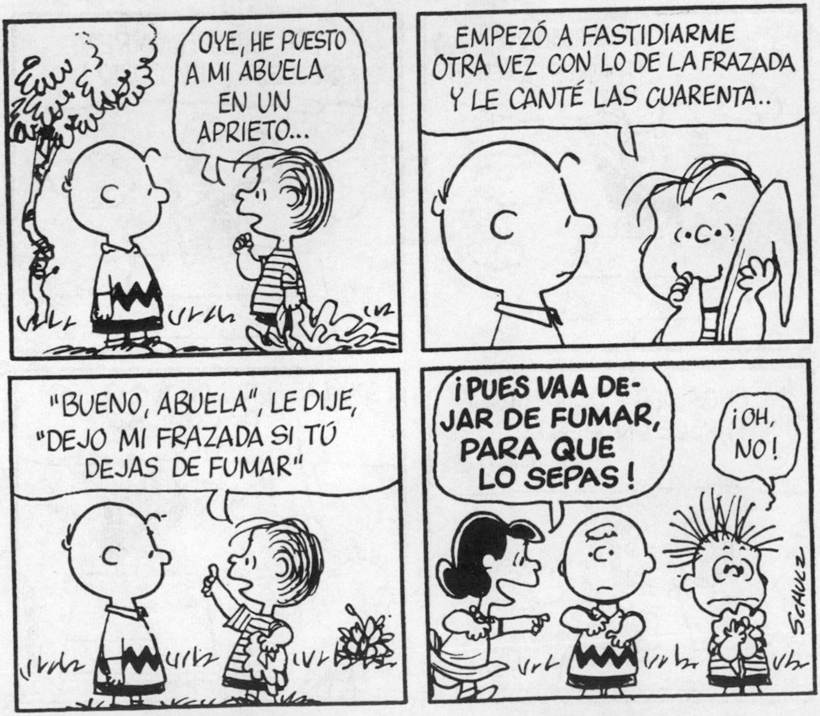
OYE, HE PUESTO A MI ABUELA EN UN APRIETO...
EMPEZÓ A FASTIDIARME OTRA VEZ CON LO DE LA FRAZADA Y LE CANTÉ LAS CUARENTA..
"BUENO, ABUELA", LE DIJE, "DEJO MI FRAZADA SI TÚ DEJAS DE FUMAR"
¡PUES VAA DE-JAR DE FUMAR, PARA QUE LO SEPAS!
¡OH, NO!
SCHULZ

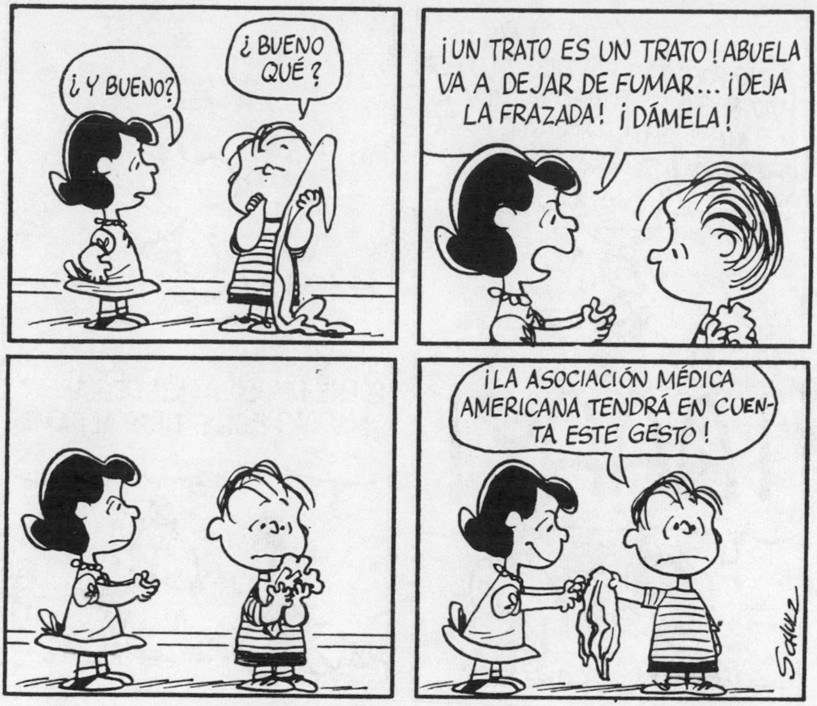
¿Y BUENO?
¿BUENO QUÉ?
¡UN TRATO ES UN TRATO! ABUELA VA A DEJAR DE FUMAR... ¡DEJA LA FRAZADA! ¡DÁMELA!
¡LA ASOCIACIÓN MÉDICA AMERICANA TENDRÁ EN CUENTA ESTE GESTO!
SCHULZ

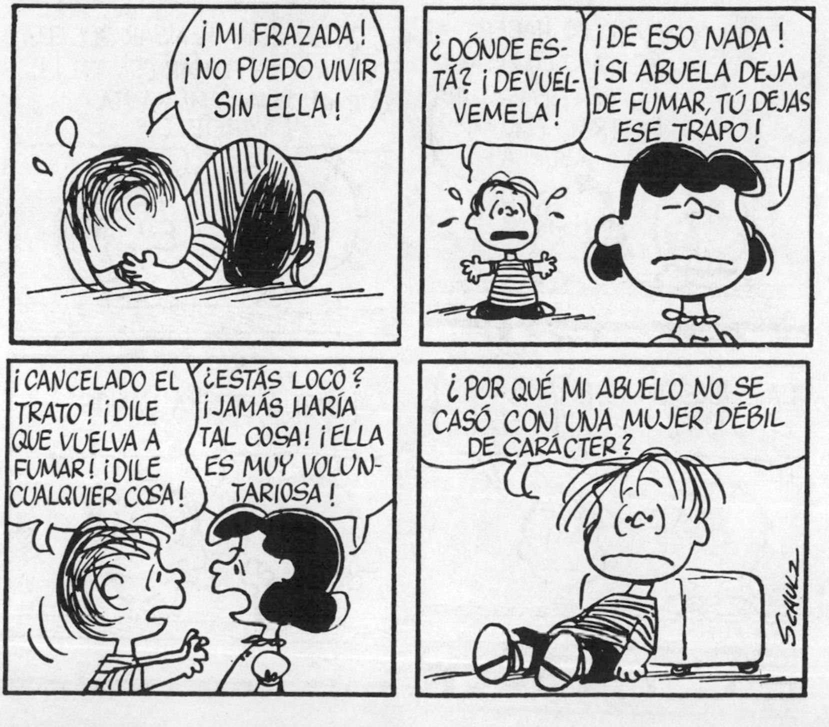
¡MI FRAZADA! ¡NO PUEDO VIVIR SIN ELLA!
¿DÓNDE ESTÁ? ¡DEVUÉLVEMELA!
¡DE ESO NADA! ¡SI ABUELA DEJA DE FUMAR, TÚ DEJAS ESE TRAPO!
¡CANCELADO EL TRATO! ¡DILE QUE VUELVA A FUMAR! ¡DILE CUALQUIER COSA!
¿ESTÁS LOCO? ¡JAMÁS HARÍA TAL COSA! ¡ELLA ES MUY VOLUNTARIOSA!
¿POR QUÉ MI ABUELO NO SE CASÓ CON UNA MUJER DÉBIL DE CARÁCTER?
SCHULZ

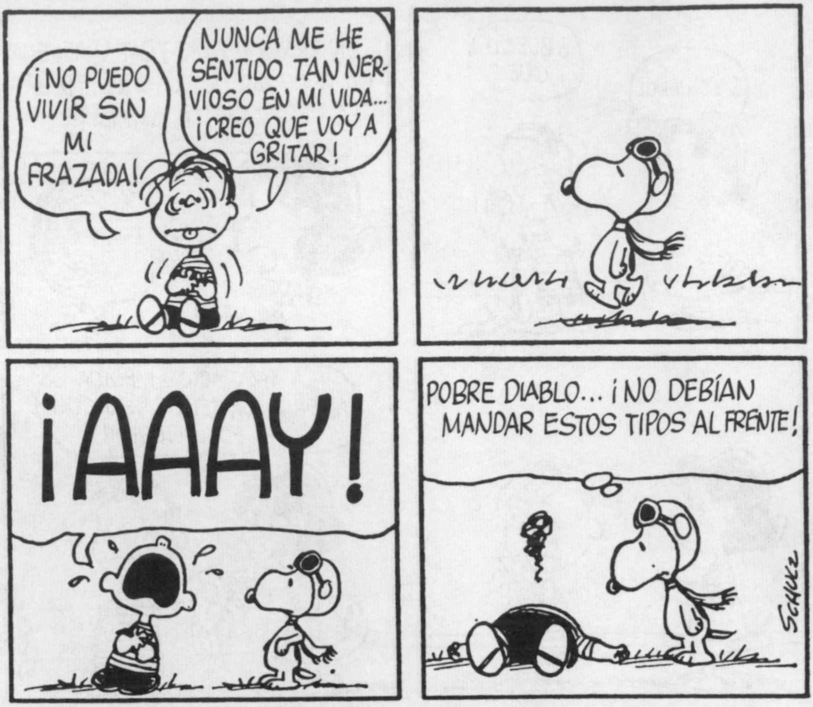
¡NO PUEDO VIVIR SIN MI FRAZADA!
NUNCA ME HE SENTIDO TAN NERVIOSO EN MI VIDA... ¡CREO QUE VOY A GRITAR!
¡AAAY!
POBRE DIABLO... ¡NO DEBÍAN MANDAR ESTOS TIPOS AL FRENTE!
SCHULZ

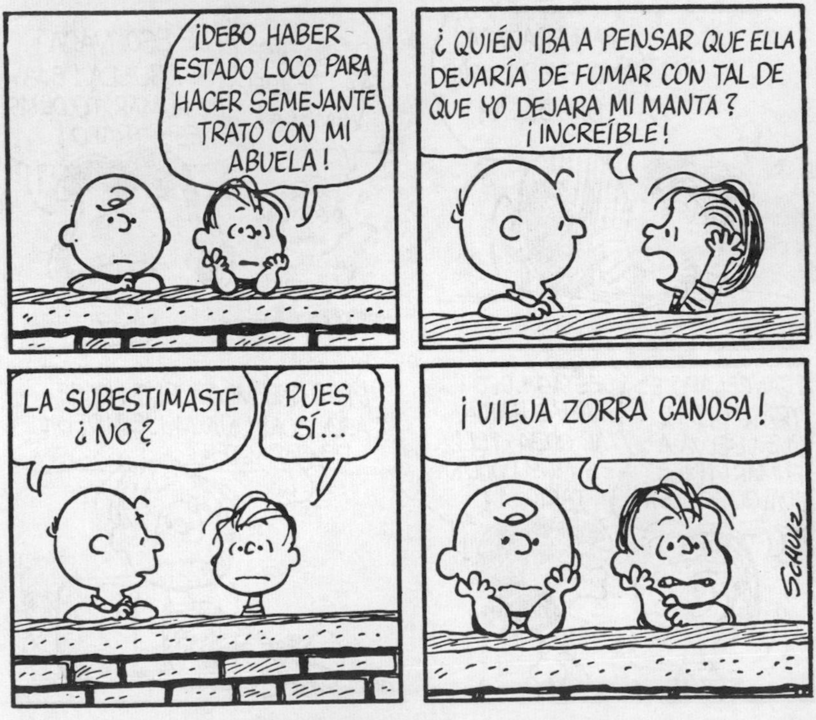
¡DEBO HABER ESTADO LOCO PARA HACER SEMEJANTE TRATO CON MI ABUELA!
¿QUIÉN IBA A PENSAR QUE ELLA DEJARÍA DE FUMAR CON TAL DE QUE YO DEJARA MI MANTA? ¡INCREÍBLE!
LA SUBESTIMASTE ¿NO?
PUES SÍ...
¡VIEJA ZORRA CANOSA!
SCHULZ

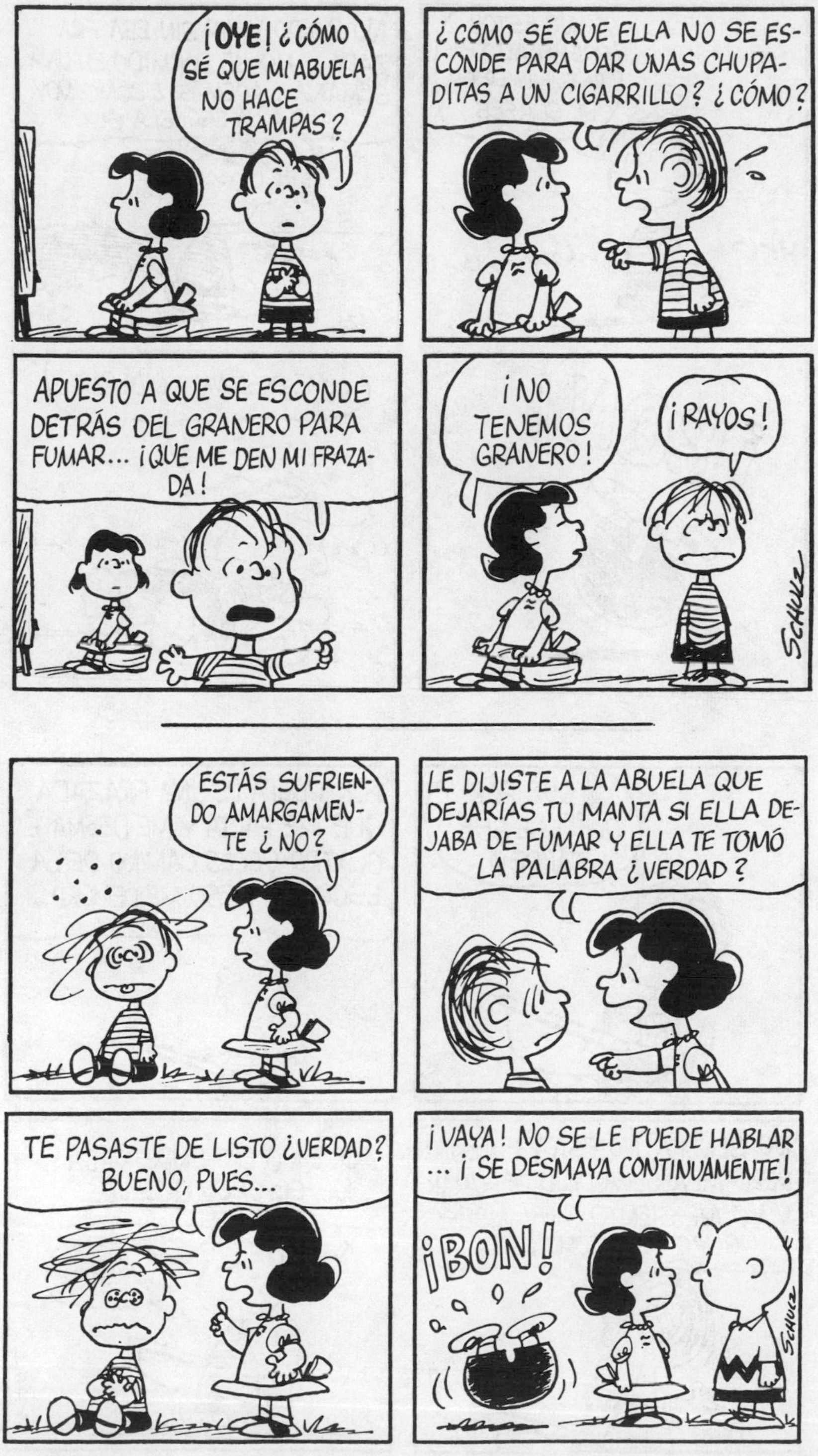

¡OYE! ¿CÓMO SÉ QUE MI ABUELA NO HACE TRAMPAS?
¿CÓMO SÉ QUE ELLA NO SE ESCONDE PARA DAR UNAS CHUPADITAS A UN CIGARRILLO? ¿CÓMO?
APUESTO A QUE SE ESCONDE DETRÁS DEL GRANERO PARA FUMAR... ¡QUE ME DEN MI FRAZADA!
¡NO TENEMOS GRANERO!
¡RAYOS!
SCHULZ
ESTÁS SUFRIENDO AMARGAMENTE ¿NO?
LE DIJISTE A LA ABUELA QUE DEJARÍAS TU MANTA SI ELLA DEJABA DE FUMAR Y ELLA TE TOMÓ LA PALABRA ¿VERDAD?
TE PASASTE DE LISTO ¿VERDAD? BUENO, PUES...
¡VAYA! NO SE LE PUEDE HABLAR ... ¡SE DESMAYA CONTINUAMENTE!
¡BON!
SCHULZ

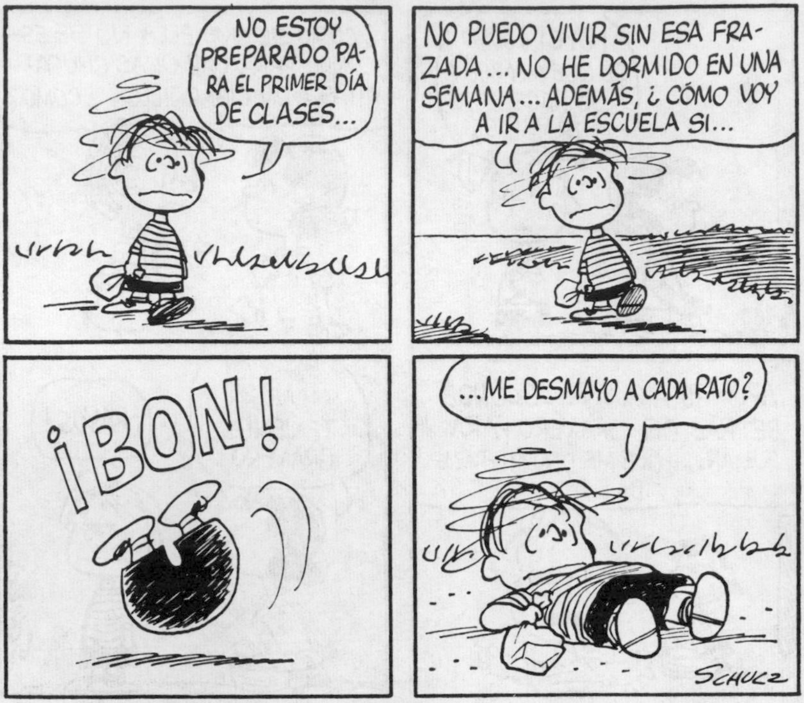
NO ESTOY PREPARADO PARA EL PRIMER DÍA DE CLASES...
NO PUEDO VIVIR SIN ESA FRAZADA... NO HE DORMIDO EN UNA SEMANA... ADEMÁS, ¿CÓMO VOY A IR A LA ESCUELA SI...
¡BON!
...ME DESMAYO A CADA RATO?
SCHULZ

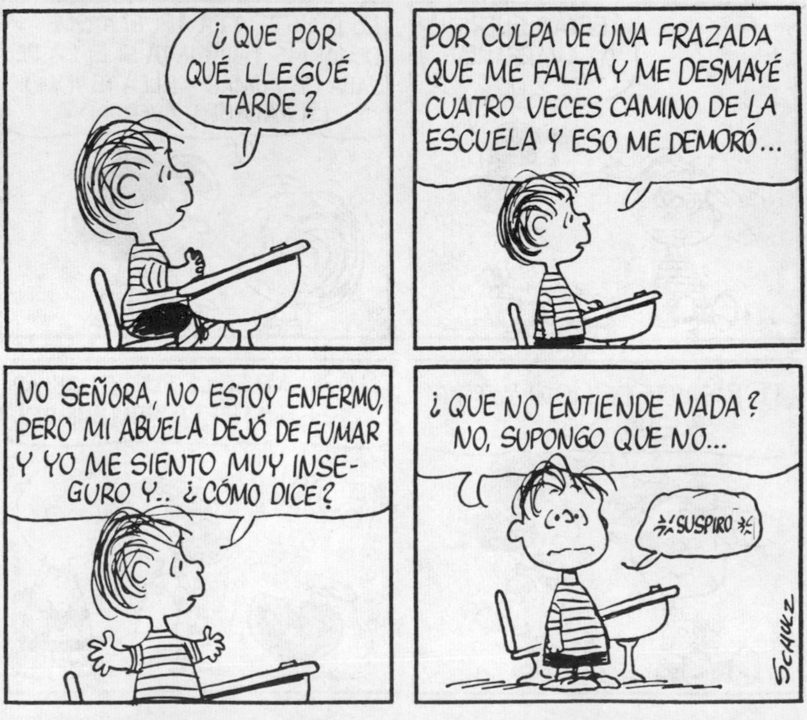
¿QUE POR QUÉ LLEGUÉ TARDE?
POR CULPA DE UNA FRAZADA QUE ME FALTA Y ME DESMAYÉ CUATRO VECES CAMINO DE LA ESCUELA Y ESO ME DEMORÓ...
NO SEÑORA, NO ESTOY ENFERMO, PERO MI ABUELA DEJÓ DE FUMAR Y YO ME SIENTO MUY INSEGURO Y.. ¿CÓMO DICE?
¿QUE NO ENTIENDE NADA? NO, SUPONGO QUE NO...
SUSPIRO
SCHULZ

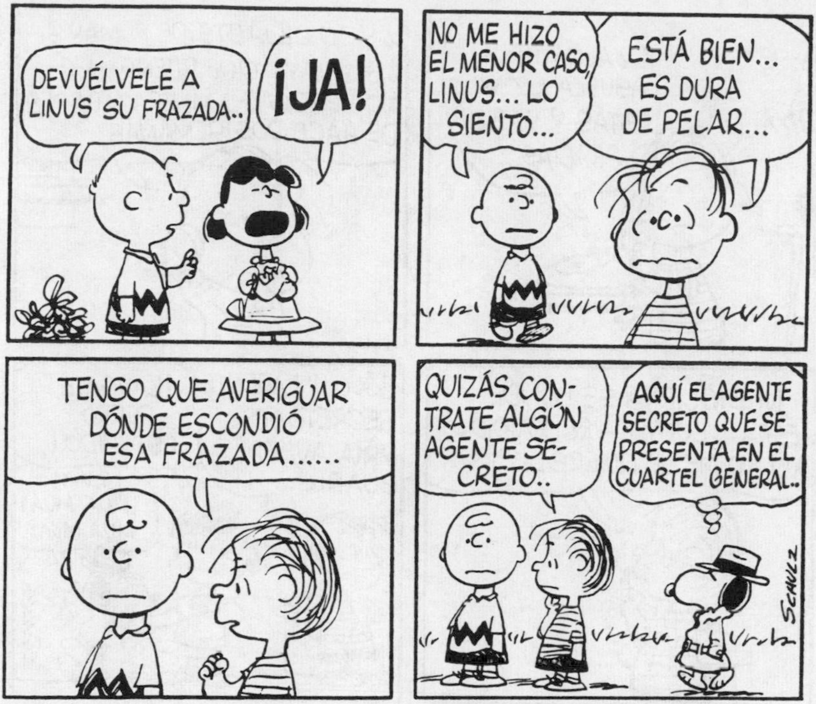
DEVUÉLVELE A LINUS SU FRAZADA..
¡JA!
NO ME HIZO EL MENOR CASO, LINUS... LO SIENTO...
ESTÁ BIEN... ES DURA DE PELAR...
TENGO QUE AVERIGUAR DÓNDE ESCONDIÓ ESA FRAZADA......
QUIZÁS CONTRATE ALGÚN AGENTE SECRETO..
AQUÍ EL AGENTE SECRETO QUE SE PRESENTA EN EL CUARTEL GENERAL..
SCHULZ

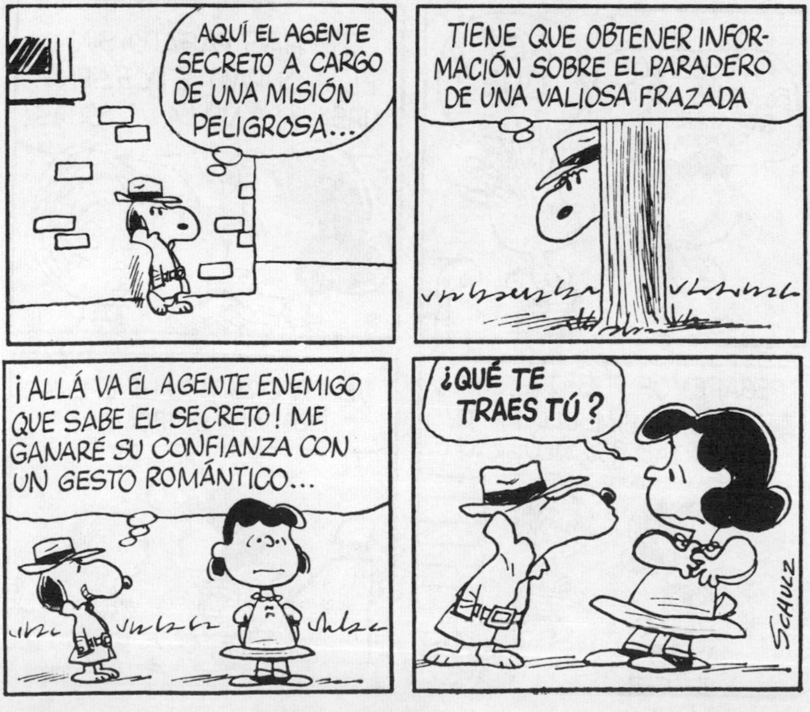
AQUÍ EL AGENTE SECRETO A CARGO DE UNA MISIÓN PELIGROSA...
TIENE QUE OBTENER INFORMACIÓN SOBRE EL PARADERO DE UNA VALIOSA FRAZADA
¡ALLÁ VA EL AGENTE ENEMIGO QUE SABE EL SECRETO! ME GANARÉ SU CONFIANZA CON UN GESTO ROMÁNTICO...
¿QUÉ TE TRAES TÚ?
SCHULZ

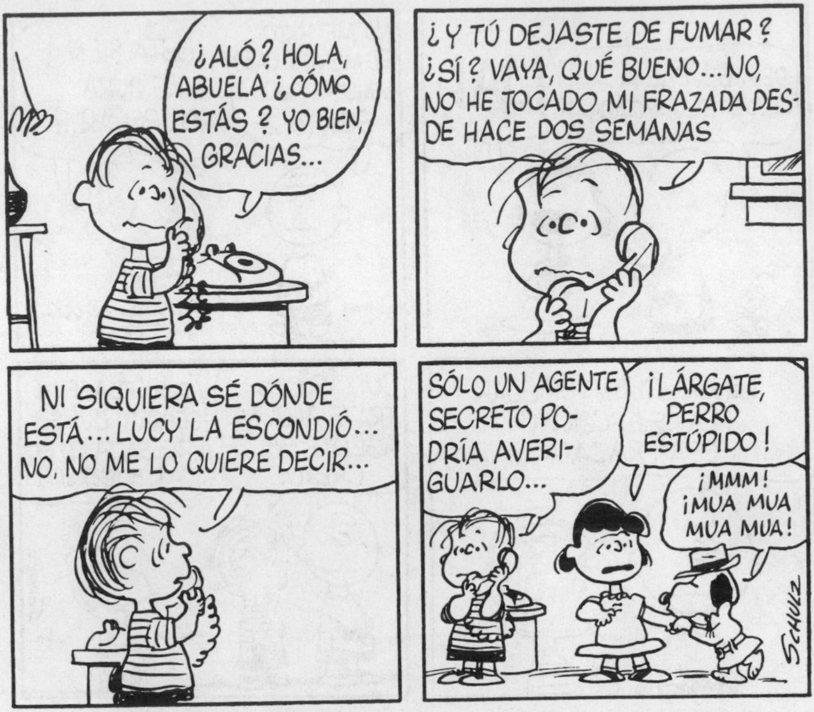
¿ALÓ? HOLA, ABUELA ¿CÓMO ESTÁS? YO BIEN, GRACIAS...
¿Y TÚ DEJASTE DE FUMAR? ¿SÍ? VAYA, QUÉ BUENO... NO, NO HE TOCADO MI FRAZADA DESDE HACE DOS SEMANAS
NI SIQUIERA SÉ DÓNDE ESTÁ... LUCY LA ESCONDIÓ... NO, NO ME LO QUIERE DECIR...
SÓLO UN AGENTE SECRETO PODRÍA AVERIGUARLO...
¡LÁRGATE, PERRO ESTÚPIDO!
¡MMM! ¡MUA MUA MUA MUA!
SCHULZ

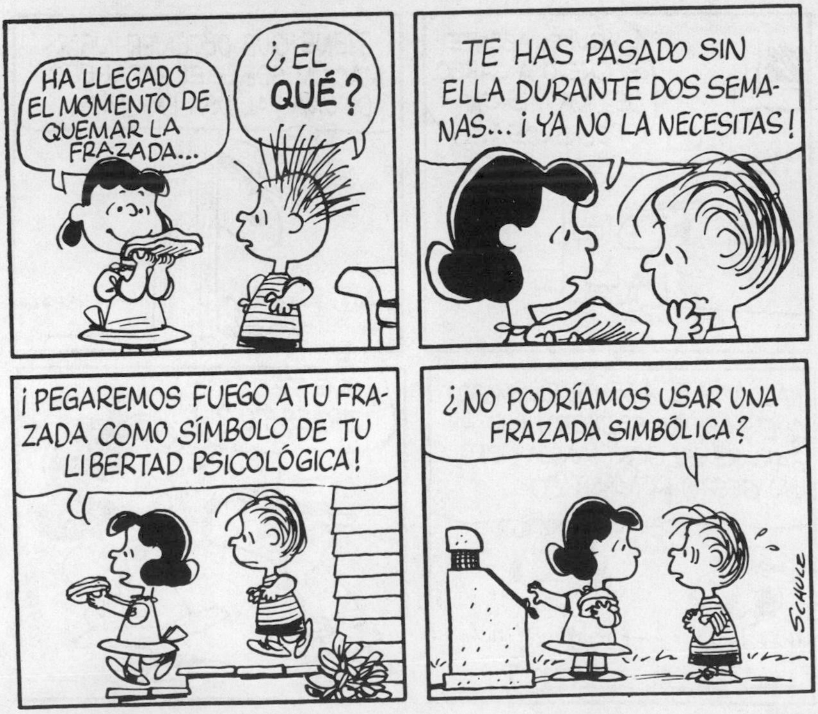
HA LLEGADO EL MOMENTO DE QUEMAR LA FRAZADA...
¿EL **QUÉ**?
TE HAS PASADO SIN ELLA DURANTE DOS SEMANAS... ¡YA NO LA NECESITAS!
¡PEGAREMOS FUEGO A TU FRAZADA COMO SÍMBOLO DE TU LIBERTAD PSICOLÓGICA!
¿NO PODRÍAMOS USAR UNA FRAZADA SIMBÓLICA?
SCHULZ

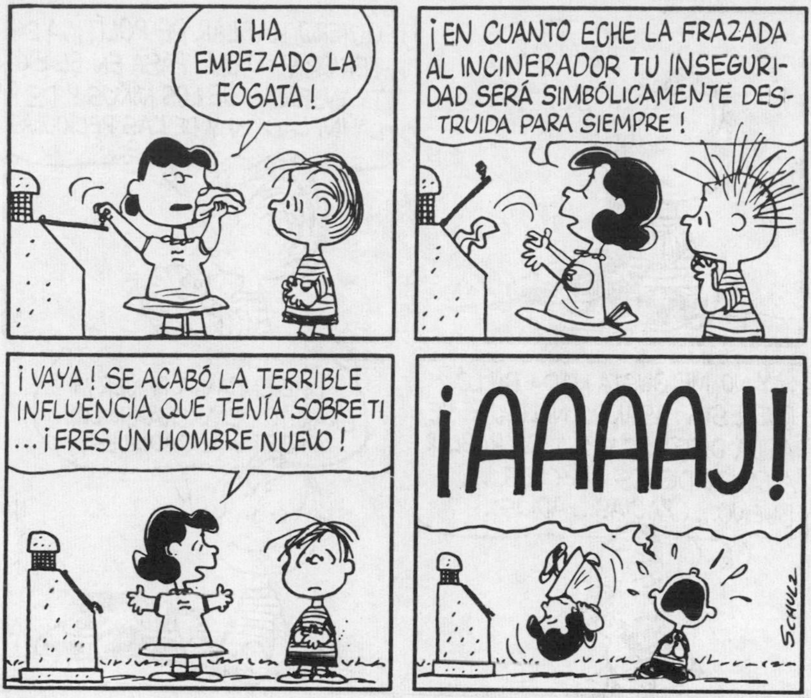
¡HA EMPEZADO LA FOGATA!
¡EN CUANTO ECHE LA FRAZADA AL INCINERADOR TU INSEGURIDAD SERÁ SIMBÓLICAMENTE DESTRUIDA PARA SIEMPRE!
¡VAYA! SE ACABÓ LA TERRIBLE INFLUENCIA QUE TENÍA SOBRE TI ...¡ERES UN HOMBRE NUEVO!
¡AAAAJ!
SCHULZ

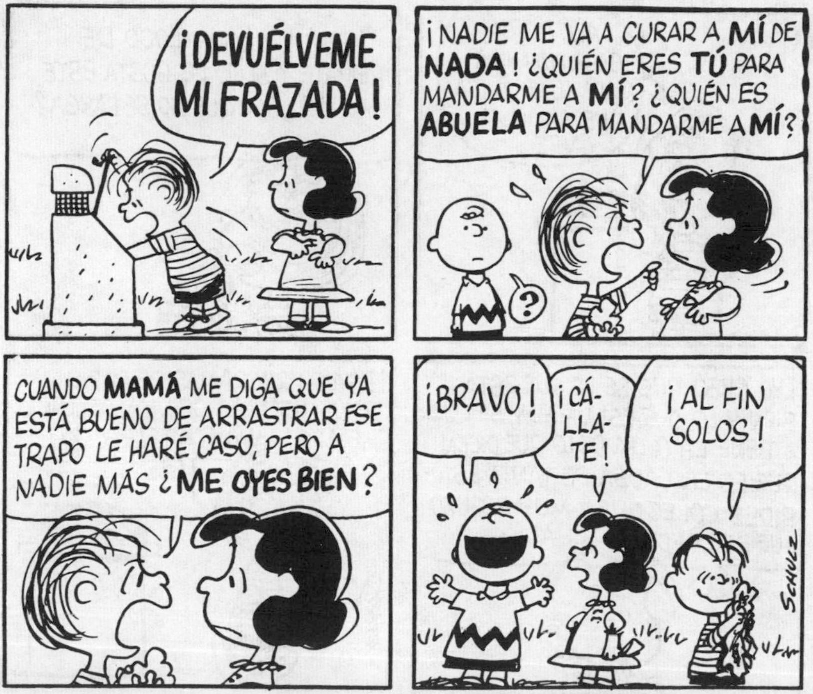
¡DEVUÉLVEME MI FRAZADA!
¡NADIE ME VA A CURAR A **MÍ** DE **NADA**! ¿QUIÉN ERES **TÚ** PARA MANDARME A **MÍ**? ¿QUIÉN ES **ABUELA** PARA MANDARME A **MÍ**?
?
CUANDO **MAMÁ** ME DIGA QUE YA ESTÁ BUENO DE ARRASTRAR ESE TRAPO LE HARÉ CASO, PERO A NADIE MÁS ¿**ME OYES BIEN**?
¡BRAVO!
¡CÁLLATE!
¡AL FIN SOLOS!
SCHULZ

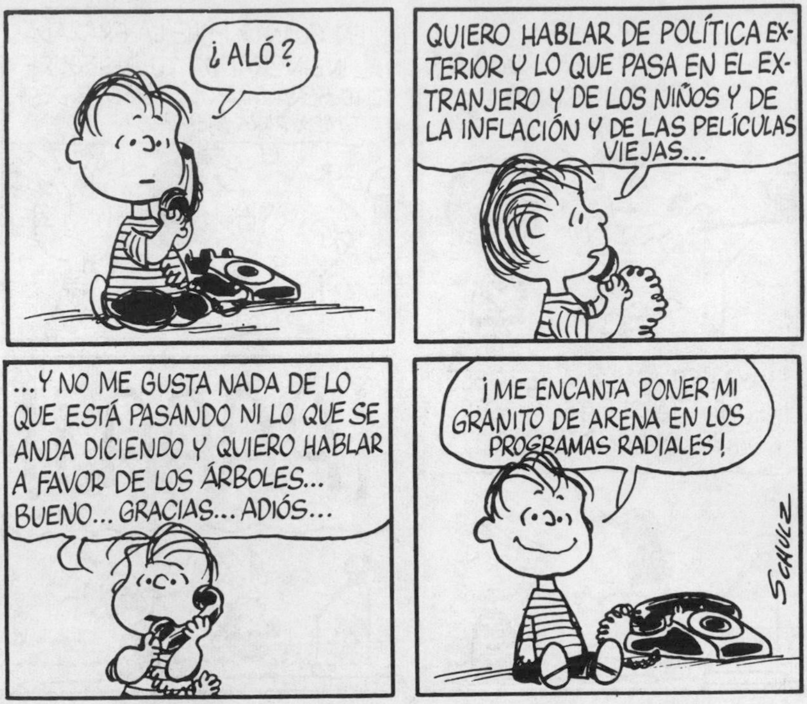
¿ALÓ?
QUIERO HABLAR DE POLÍTICA EXTERIOR Y LO QUE PASA EN EL EXTRANJERO Y DE LOS NIÑOS Y DE LA INFLACIÓN Y DE LAS PELÍCULAS VIEJAS...
...Y NO ME GUSTA NADA DE LO QUE ESTÁ PASANDO NI LO QUE SE ANDA DICIENDO Y QUIERO HABLAR A FAVOR DE LOS ÁRBOLES... BUENO... GRACIAS... ADIÓS...
¡ME ENCANTA PONER MI GRANITO DE ARENA EN LOS PROGRAMAS RADIALES!
SCHULZ

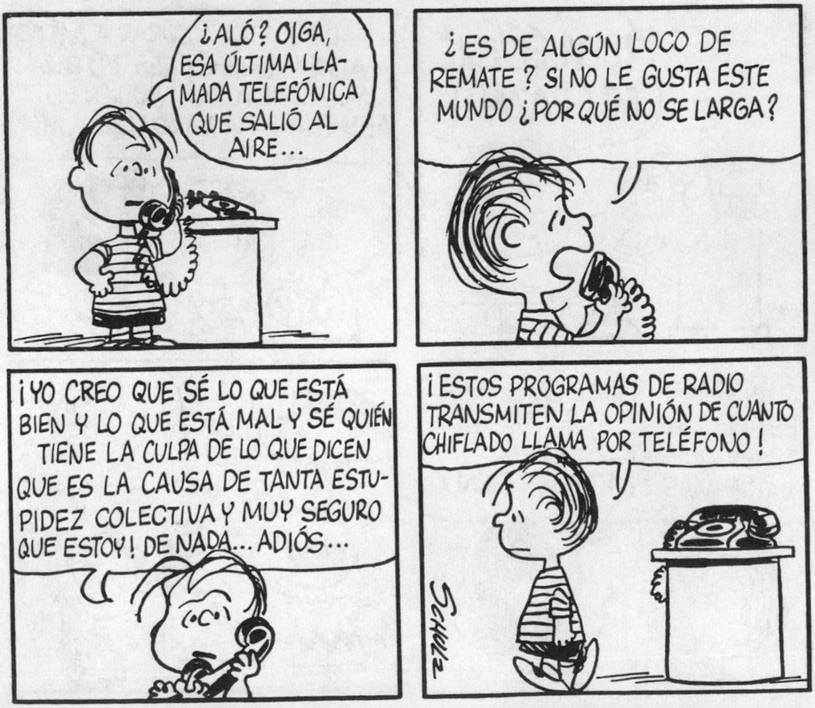
¿ALÓ? OIGA, ESA ÚLTIMA LLAMADA TELEFÓNICA QUE SALIÓ AL AIRE...
¿ES DE ALGÚN LOCO DE REMATE? SI NO LE GUSTA ESTE MUNDO ¿POR QUÉ NO SE LARGA?
¡YO CREO QUE SÉ LO QUE ESTÁ BIEN Y LO QUE ESTÁ MAL Y SÉ QUIÉN TIENE LA CULPA DE LO QUE DICEN QUE ES LA CAUSA DE TANTA ESTUPIDEZ COLECTIVA Y MUY SEGURO QUE ESTOY! DE NADA... ADIÓS...
¡ESTOS PROGRAMAS DE RADIO TRANSMITEN LA OPINIÓN DE CUANTO CHIFLADO LLAMA POR TELÉFONO!
SCHULZ

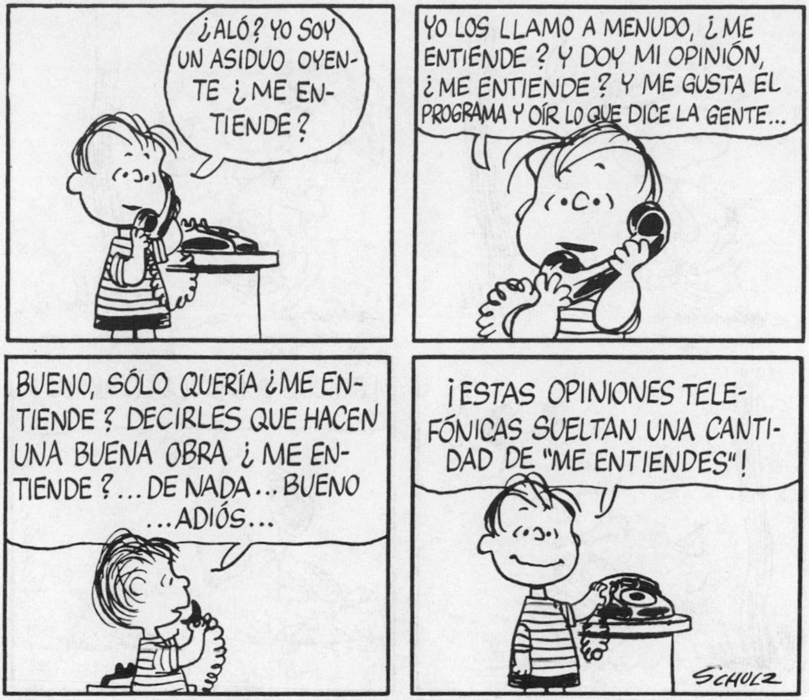
¿ALÓ? YO SOY UN ASIDUO OYENTE ¿ME ENTIENDE?
YO LOS LLAMO A MENUDO, ¿ME ENTIENDE? Y DOY MI OPINIÓN, ¿ME ENTIENDE? Y ME GUSTA EL PROGRAMA Y OÍR LO QUE DICE LA GENTE...
BUENO, SÓLO QUERÍA ¿ME ENTIENDE? DECIRLES QUE HACEN UNA BUENA OBRA ¿ME ENTIENDE?... DE NADA... BUENO ...ADIÓS...
¡ESTAS OPINIONES TELEFÓNICAS SUELTAN UNA CANTIDAD DE "ME ENTIENDES"!
SCHULZ

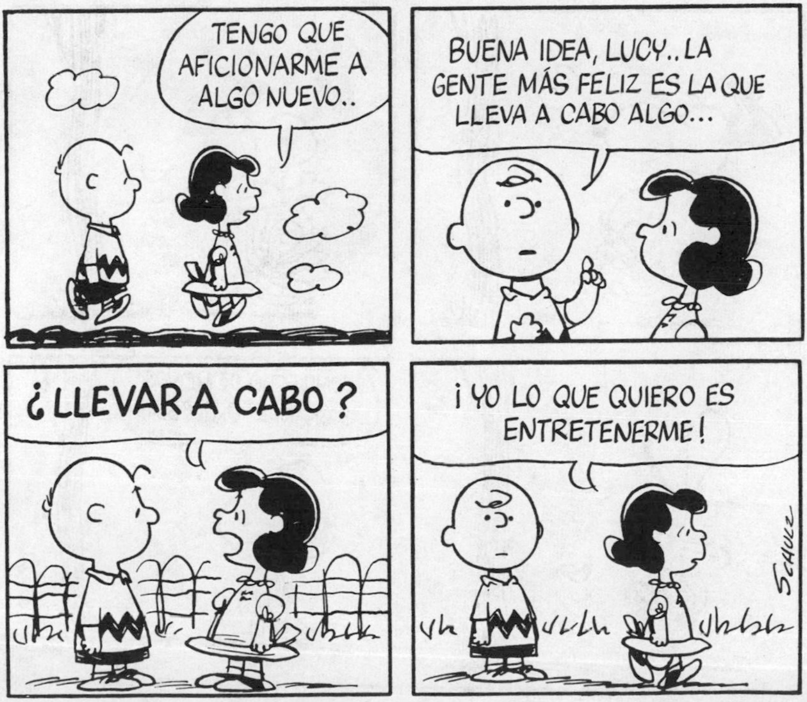
TENGO QUE AFICIONARME A ALGO NUEVO..
BUENA IDEA, LUCY.. LA GENTE MÁS FELIZ ES LA QUE LLEVA A CABO ALGO...
¿LLEVAR A CABO?
¡YO LO QUE QUIERO ES ENTRETENERME!
SCHULZ

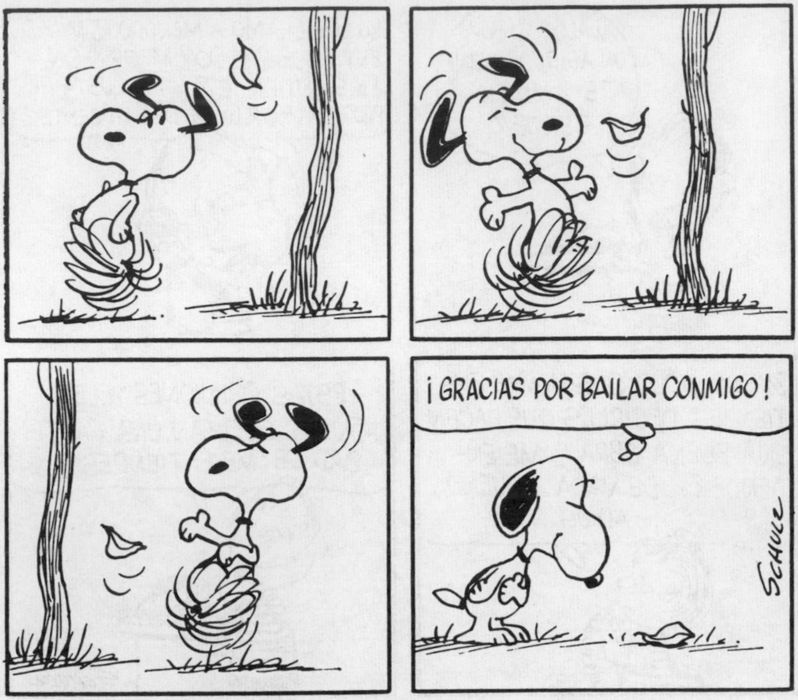
¡GRACIAS POR BAILAR CONMIGO!
SCHULZ

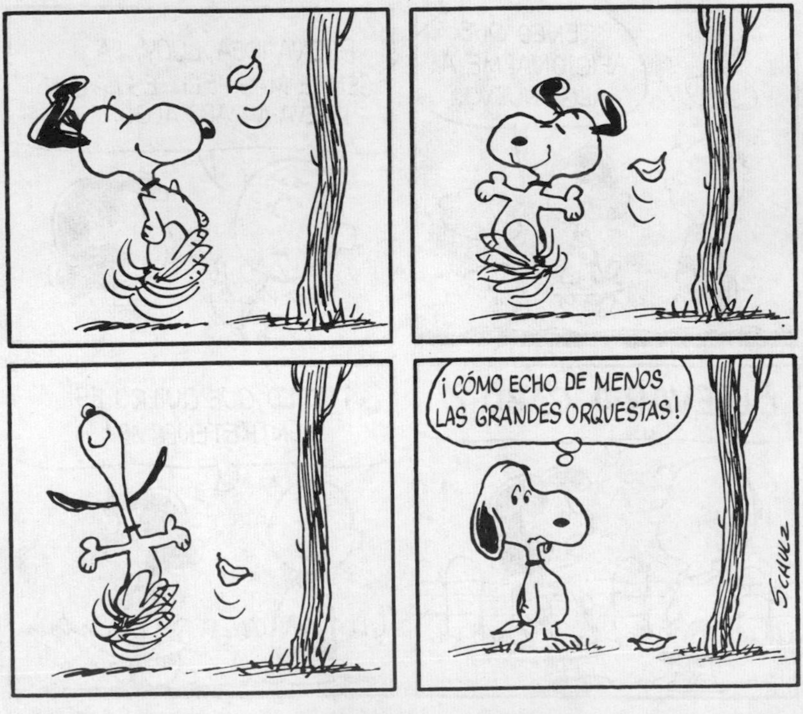
¡CÓMO ECHO DE MENOS LAS GRANDES ORQUESTAS!
SCHULZ

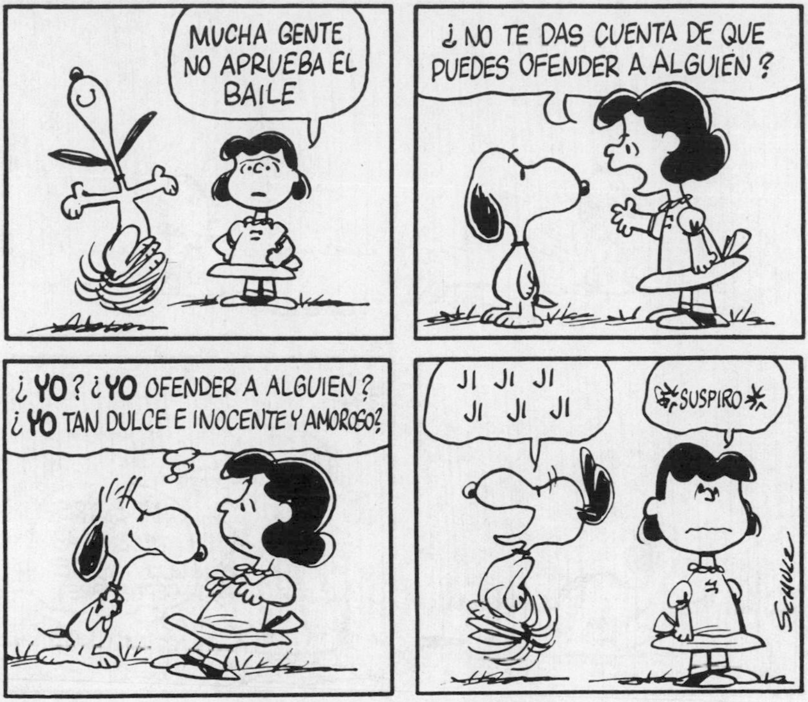
MUCHA GENTE NO APRUEBA EL BAILE
¿ NO TE DAS CUENTA DE QUE PUEDES OFENDER A ALGUIEN ?
¿ YO ? ¿ YO OFENDER A ALGUIEN ? ¿ YO TAN DULCE E INOCENTE Y AMOROSO?
JI JI JI JI JI JI
SUSPIRO
SCHULZ

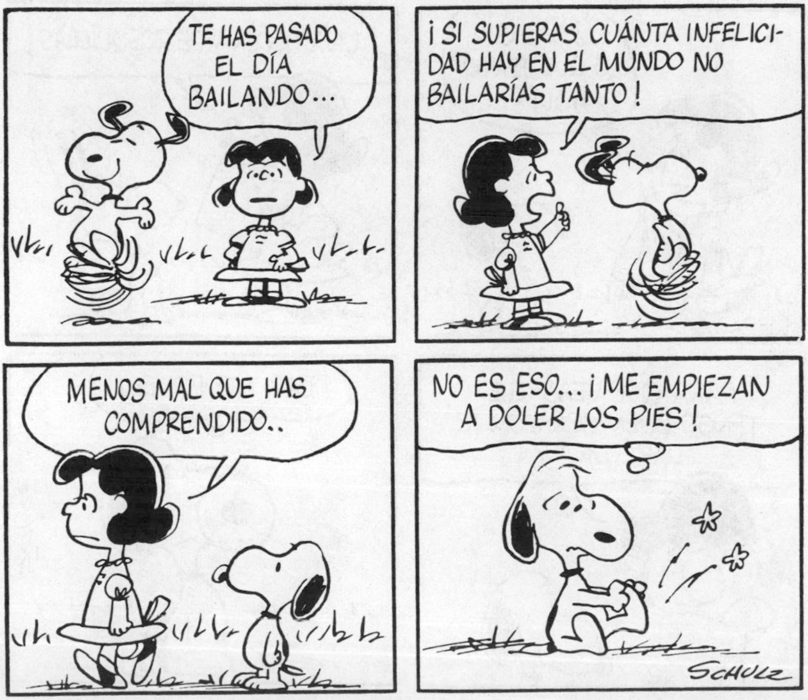
TE HAS PASADO EL DÍA BAILANDO...
¡ SI SUPIERAS CUÁNTA INFELICIDAD HAY EN EL MUNDO NO BAILARÍAS TANTO !
MENOS MAL QUE HAS COMPRENDIDO..
NO ES ESO... ¡ ME EMPIEZAN A DOLER LOS PIES !
SCHULZ

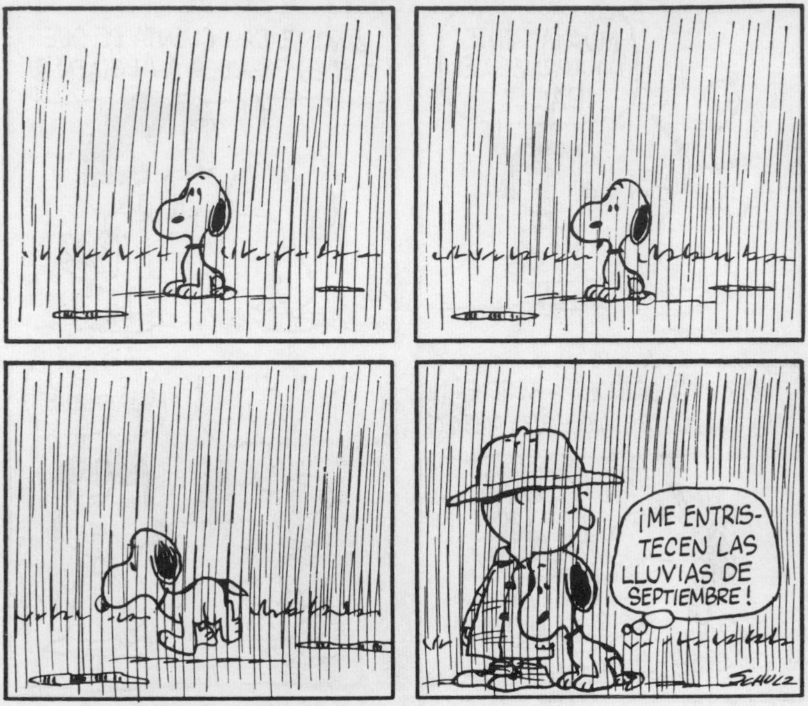
¡ME ENTRISTECEN LAS LLUVIAS DE SEPTIEMBRE!
SCHULZ

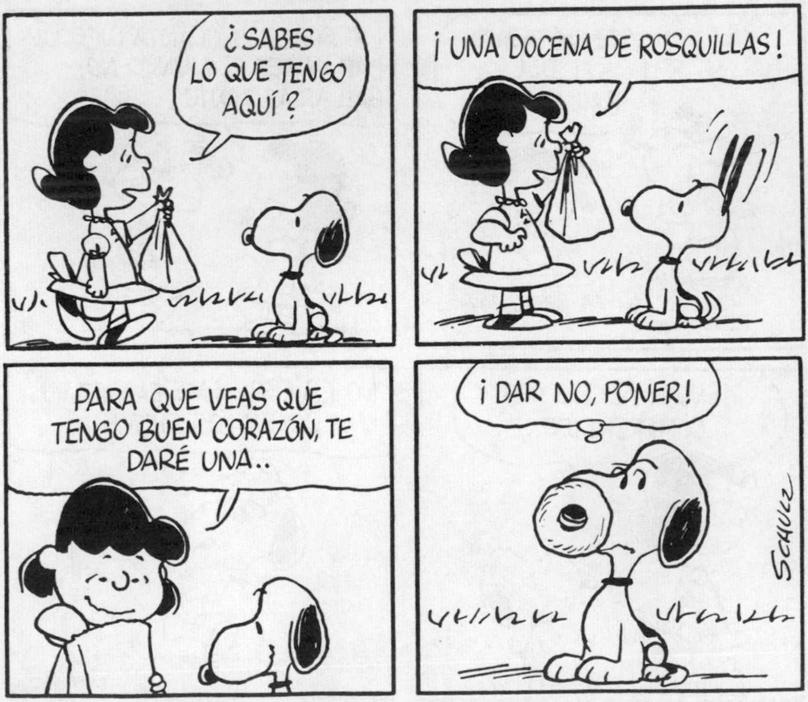
¿SABES LO QUE TENGO AQUÍ?
¡UNA DOCENA DE ROSQUILLAS!
PARA QUE VEAS QUE TENGO BUEN CORAZÓN, TE DARÉ UNA..
¡DAR NO, PONER!
SCHULZ

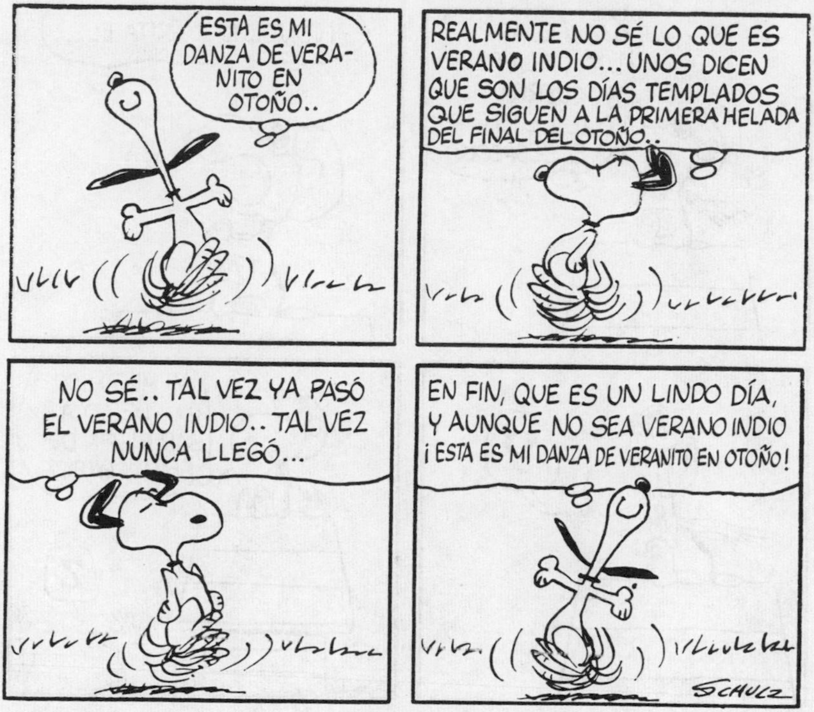
ESTA ES MI DANZA DE VERA-NITO EN OTOÑO..
REALMENTE NO SÉ LO QUE ES VERANO INDIO... UNOS DICEN QUE SON LOS DÍAS TEMPLADOS QUE SIGUEN A LA PRIMERA HELADA DEL FINAL DEL OTOÑO..
NO SÉ.. TAL VEZ YA PASÓ EL VERANO INDIO.. TAL VEZ NUNCA LLEGÓ...
EN FIN, QUE ES UN LINDO DÍA, Y AUNQUE NO SEA VERANO INDIO ¡ESTA ES MI DANZA DE VERANITO EN OTOÑO!
SCHULZ

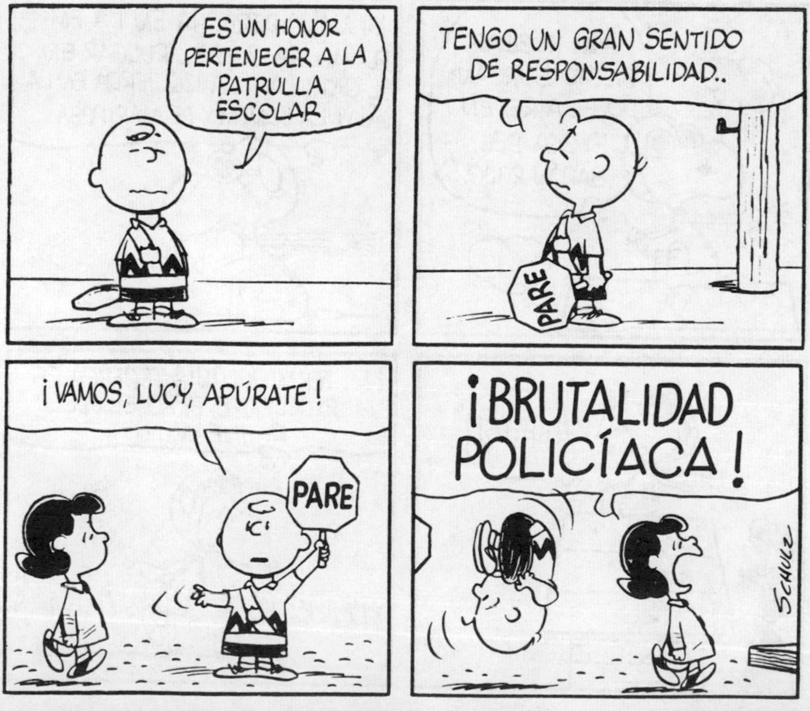
ES UN HONOR PERTENECER A LA PATRULLA ESCOLAR
TENGO UN GRAN SENTIDO DE RESPONSABILIDAD..
PARE
¡VAMOS, LUCY, APÚRATE!
PARE
¡BRUTALIDAD POLICÍACA!
SCHULZ

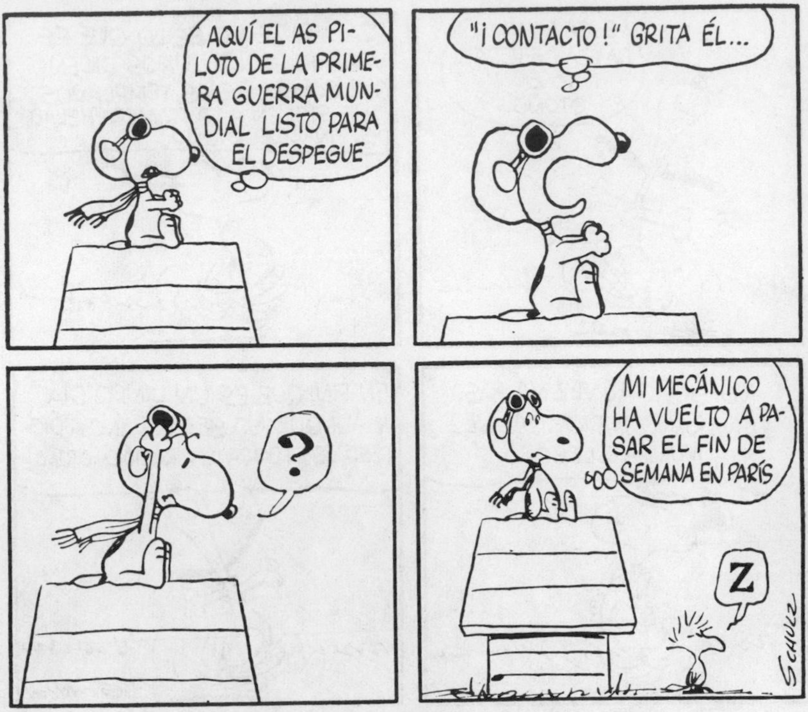
AQUÍ EL AS PILOTO DE LA PRIMERA GUERRA MUNDIAL LISTO PARA EL DESPEGUE
"¡CONTACTO!" GRITA ÉL...
?
MI MECÁNICO HA VUELTO A PASAR EL FIN DE SEMANA EN PARÍS
Z
SCHULZ

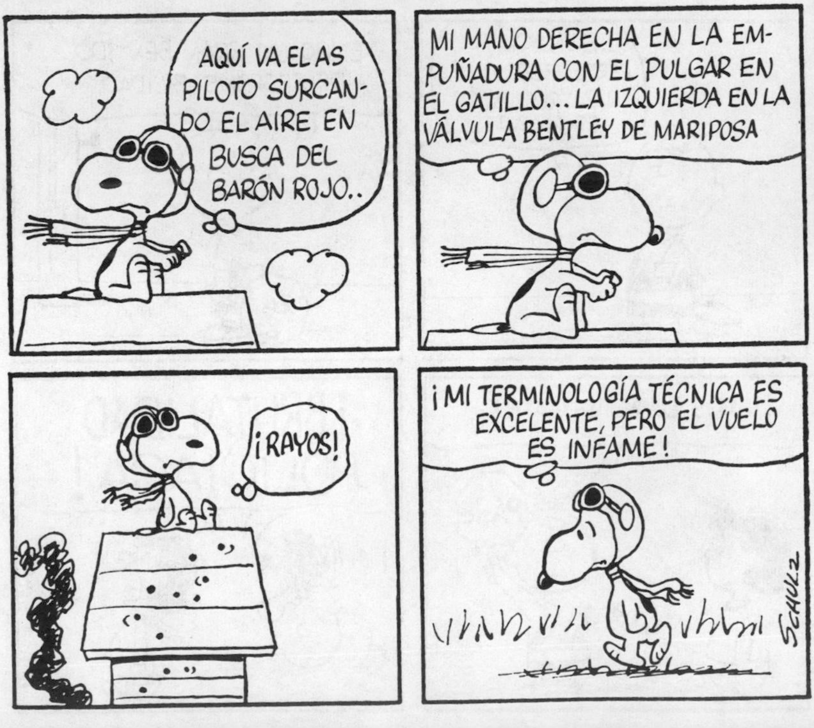
AQUÍ VA EL AS PILOTO SURCANDO EL AIRE EN BUSCA DEL BARÓN ROJO..
MI MANO DERECHA EN LA EMPUÑADURA CON EL PULGAR EN EL GATILLO... LA IZQUIERDA EN LA VÁLVULA BENTLEY DE MARIPOSA
¡RAYOS!
¡MI TERMINOLOGÍA TÉCNICA ES EXCELENTE, PERO EL VUELO ES INFAME!
SCHULZ

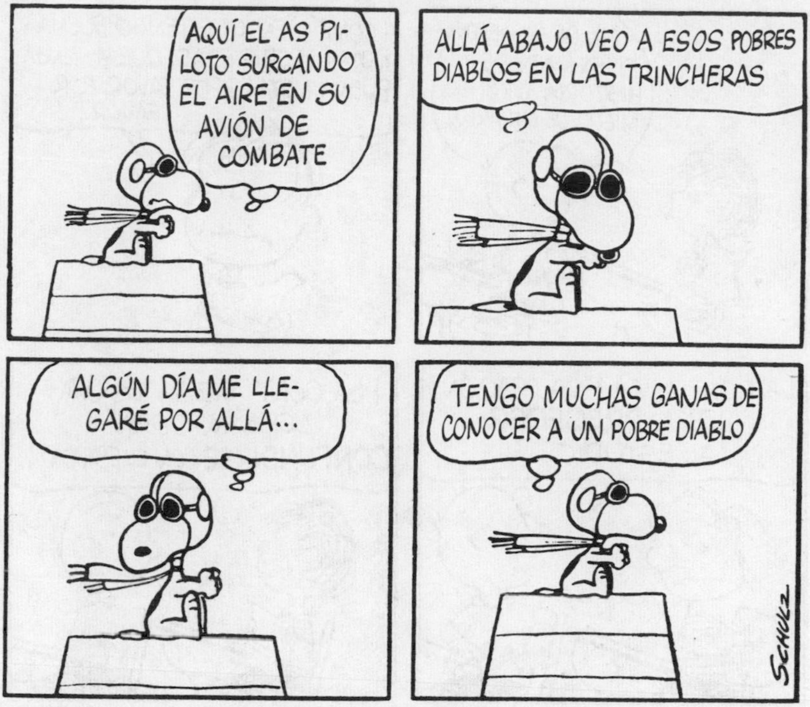
AQUÍ EL AS PILOTO SURCANDO EL AIRE EN SU AVIÓN DE COMBATE
ALLÁ ABAJO VEO A ESOS POBRES DIABLOS EN LAS TRINCHERAS
ALGÚN DÍA ME LLEGARÉ POR ALLÁ...
TENGO MUCHAS GANAS DE CONOCER A UN POBRE DIABLO

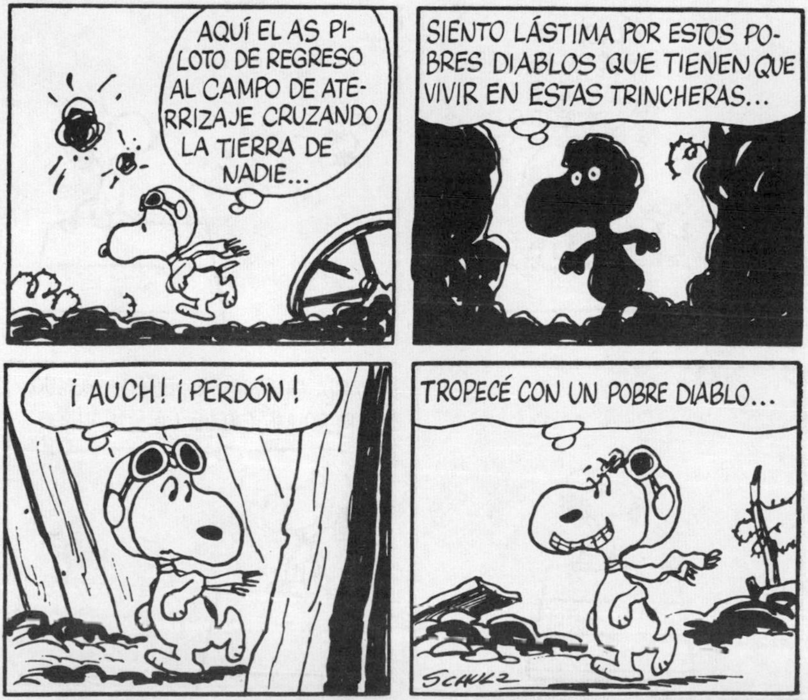
AQUÍ EL AS PILOTO DE REGRESO AL CAMPO DE ATERRIZAJE CRUZANDO LA TIERRA DE NADIE...
SIENTO LÁSTIMA POR ESTOS POBRES DIABLOS QUE TIENEN QUE VIVIR EN ESTAS TRINCHERAS...
¡AUCH! ¡PERDÓN!
TROPECÉ CON UN POBRE DIABLO...

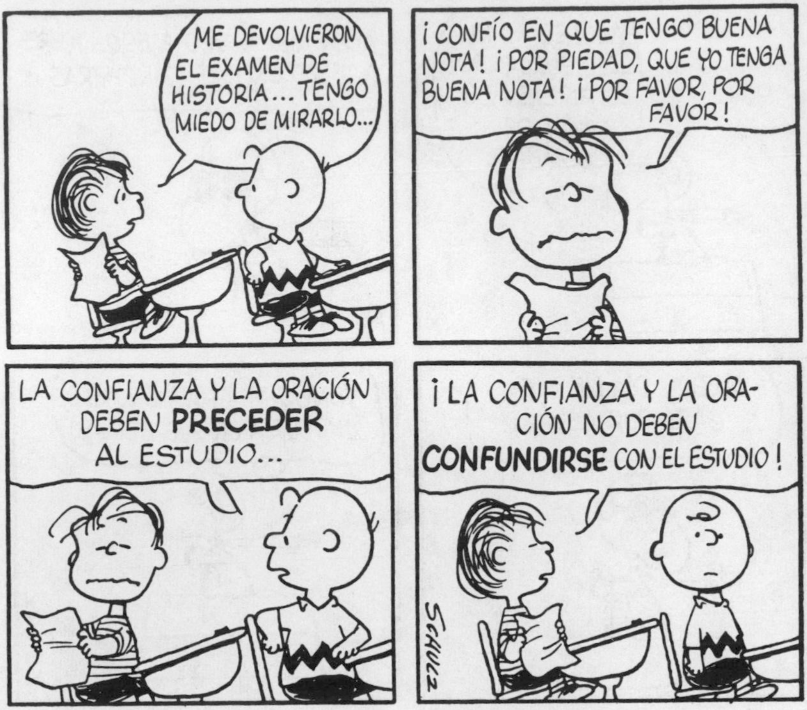
ME DEVOLVIERON EL EXAMEN DE HISTORIA... TENGO MIEDO DE MIRARLO...
¡CONFÍO EN QUE TENGO BUENA NOTA! ¡POR PIEDAD, QUE YO TENGA BUENA NOTA! ¡POR FAVOR, POR FAVOR!
LA CONFIANZA Y LA ORACIÓN DEBEN **PRECEDER** AL ESTUDIO...
¡LA CONFIANZA Y LA ORACIÓN NO DEBEN **CONFUNDIRSE** CON EL ESTUDIO!
SCHULZ

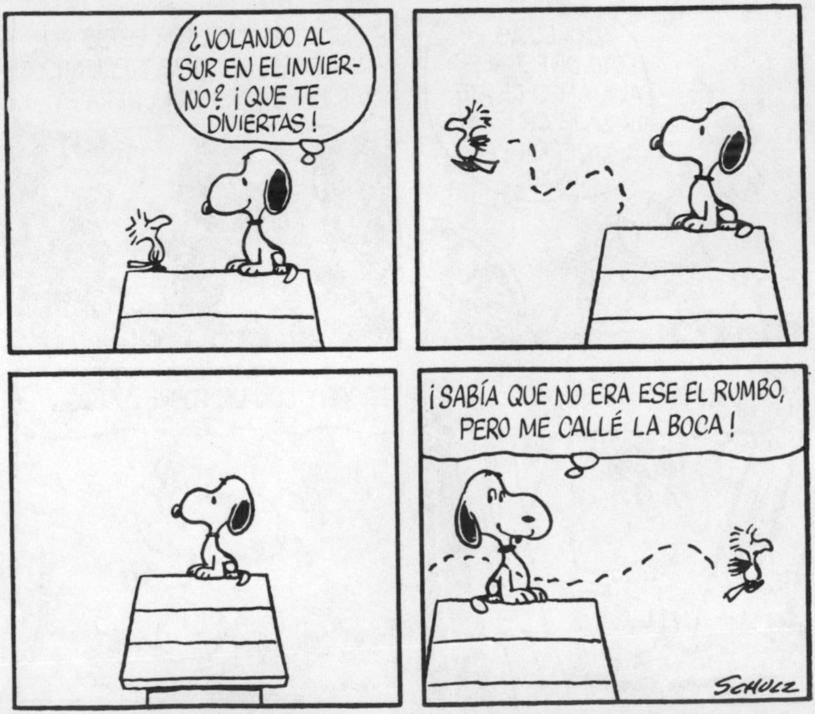
¿VOLANDO AL SUR EN EL INVIERNO? ¡QUE TE DIVIERTAS!
¡SABÍA QUE NO ERA ESE EL RUMBO, PERO ME CALLÉ LA BOCA!
SCHULZ

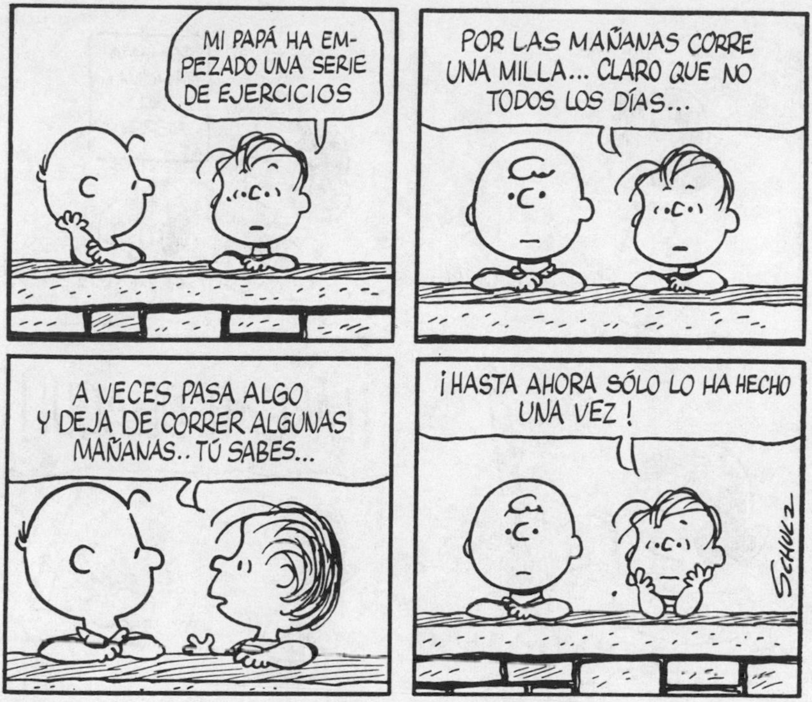
MI PAPÁ HA EMPEZADO UNA SERIE DE EJERCICIOS
POR LAS MAÑANAS CORRE UNA MILLA... CLARO QUE NO TODOS LOS DÍAS...
A VECES PASA ALGO Y DEJA DE CORRER ALGUNAS MAÑANAS.. TÚ SABES...
¡HASTA AHORA SÓLO LO HA HECHO UNA VEZ!
SCHULZ

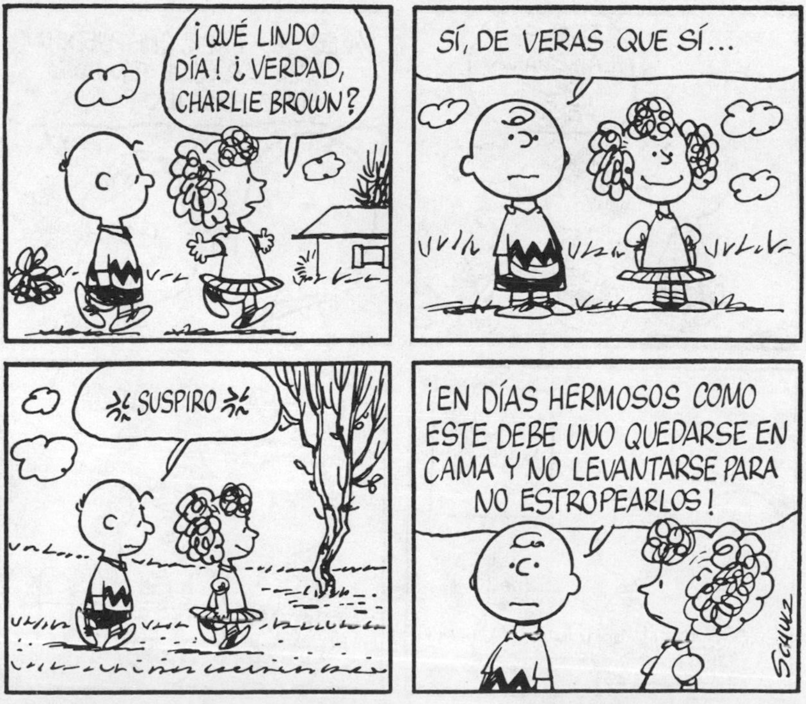
¡QUÉ LINDO DÍA! ¿VERDAD, CHARLIE BROWN?
SÍ, DE VERAS QUE SÍ...
SUSPIRO
¡EN DÍAS HERMOSOS COMO ESTE DEBE UNO QUEDARSE EN CAMA Y NO LEVANTARSE PARA NO ESTROPEARLOS!
SCHULZ

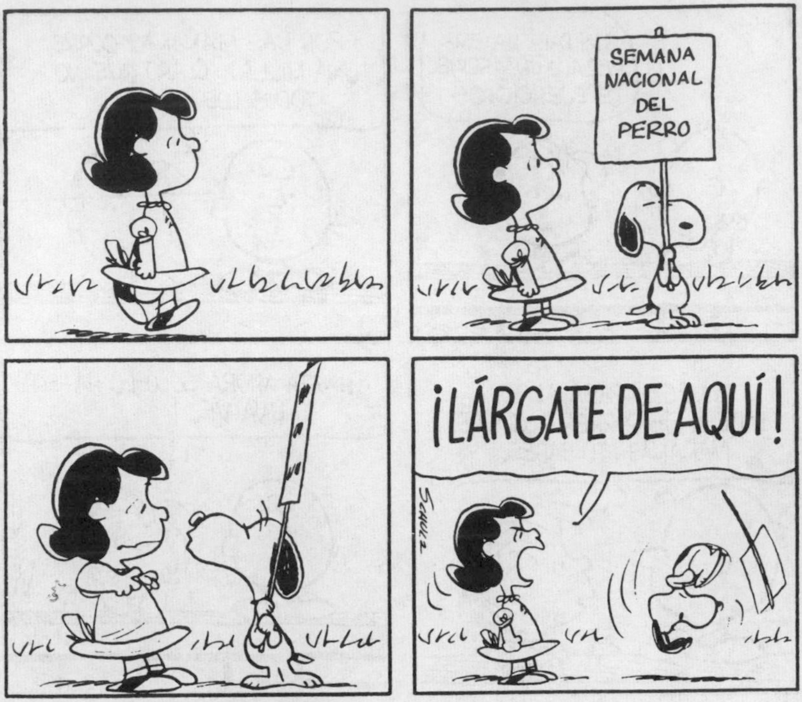
SEMANA NACIONAL DEL PERRO
¡LÁRGATE DE AQUÍ!
SCHULZ

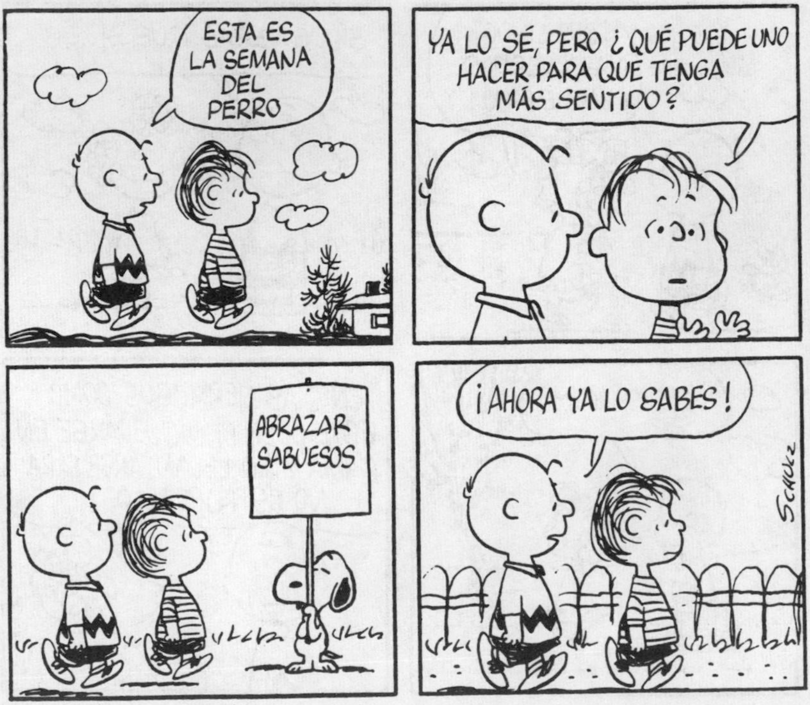
ESTA ES LA SEMANA DEL PERRO
YA LO SÉ, PERO ¿QUÉ PUEDE UNO HACER PARA QUE TENGA MÁS SENTIDO?
ABRAZAR SABUESOS
¡AHORA YA LO SABES!
SCHULZ

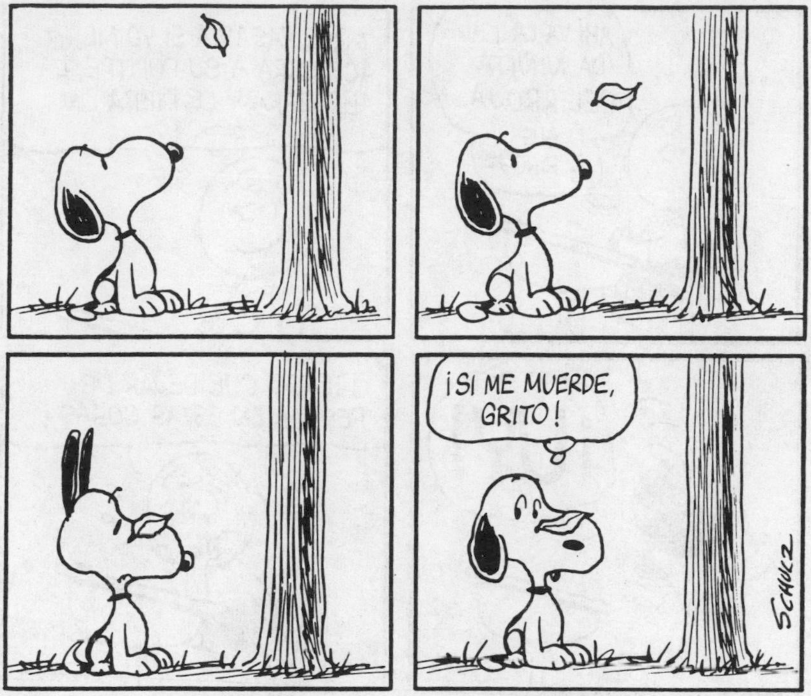
¡SI ME MUERDE, GRITO!
SCHULZ

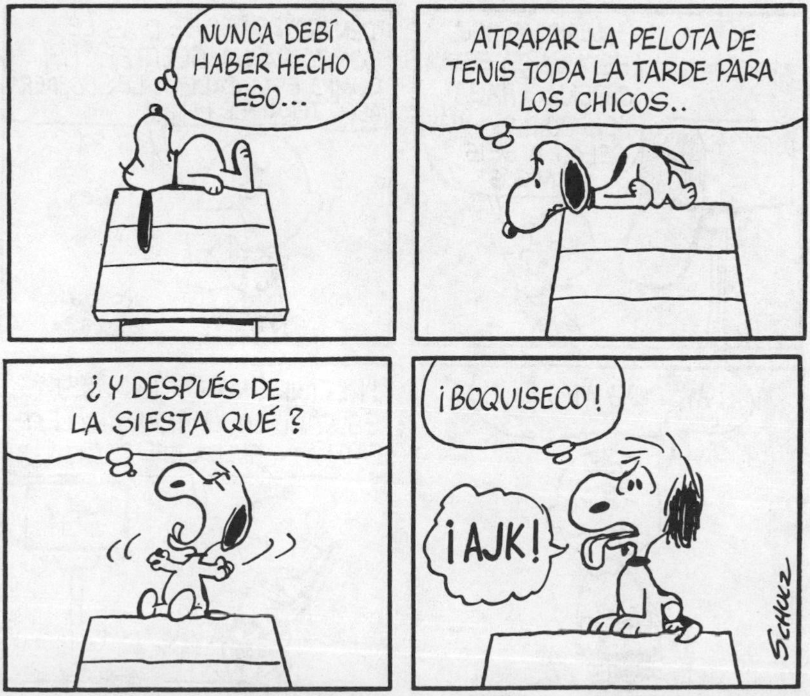
NUNCA DEBÍ HABER HECHO ESO...
ATRAPAR LA PELOTA DE TENIS TODA LA TARDE PARA LOS CHICOS..
¿Y DESPUÉS DE LA SIESTA QUÉ?
¡BOQUISECO!
¡AJK!
SCHULZ

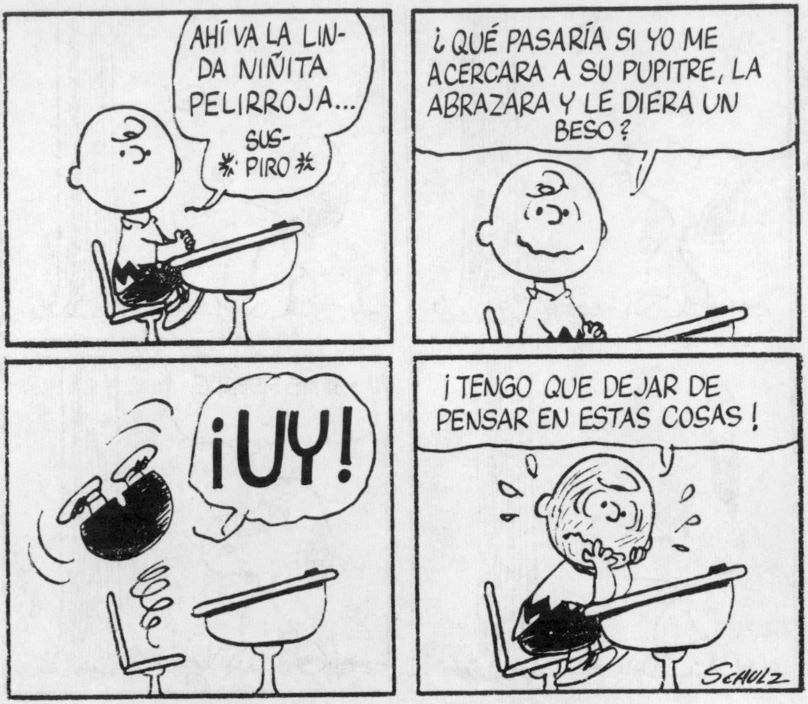
AHÍ VA LA LINDA NIÑITA PELIRROJA...
SUSPIRO
¿QUÉ PASARÍA SI YO ME ACERCARA A SU PUPITRE, LA ABRAZARA Y LE DIERA UN BESO?
¡UY!
¡TENGO QUE DEJAR DE PENSAR EN ESTAS COSAS!
SCHULZ

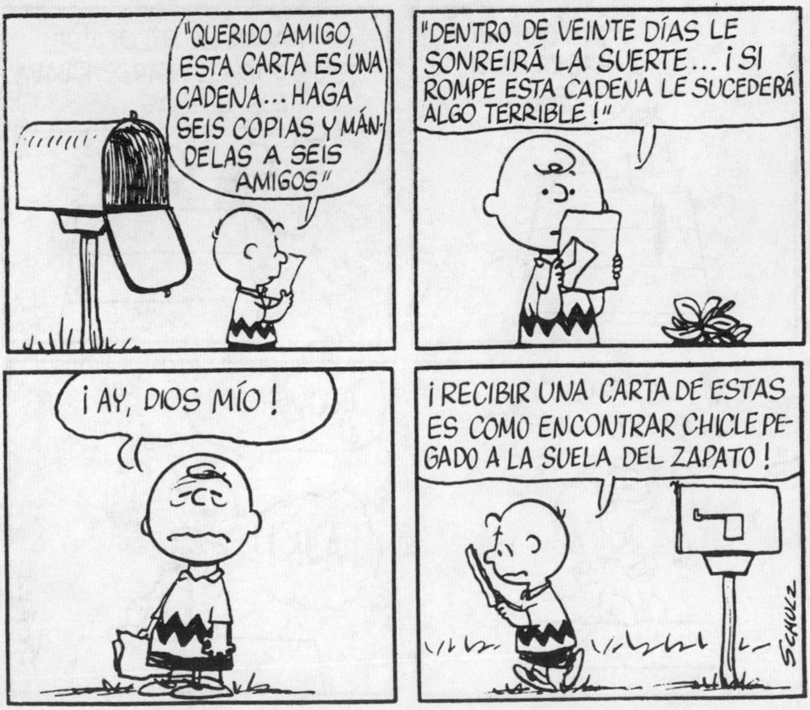
"QUERIDO AMIGO, ESTA CARTA ES UNA CADENA... HAGA SEIS COPIAS Y MÁNDELAS A SEIS AMIGOS"
"DENTRO DE VEINTE DÍAS LE SONREIRÁ LA SUERTE... ¡SI ROMPE ESTA CADENA LE SUCEDERÁ ALGO TERRIBLE!"
¡AY, DIOS MÍO!
¡RECIBIR UNA CARTA DE ESTAS ES COMO ENCONTRAR CHICLE PEGADO A LA SUELA DEL ZAPATO!
SCHULZ

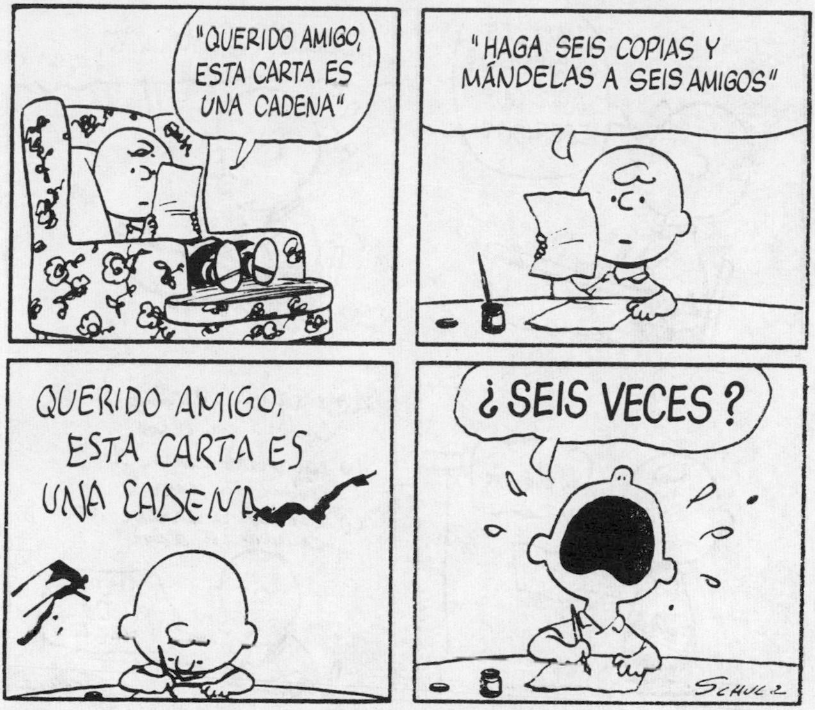
"QUERIDO AMIGO, ESTA CARTA ES UNA CADENA"
"HAGA SEIS COPIAS Y MÁNDELAS A SEIS AMIGOS"
QUERIDO AMIGO, ESTA CARTA ES UNA CADENA
¿SEIS VECES?
SCHULZ

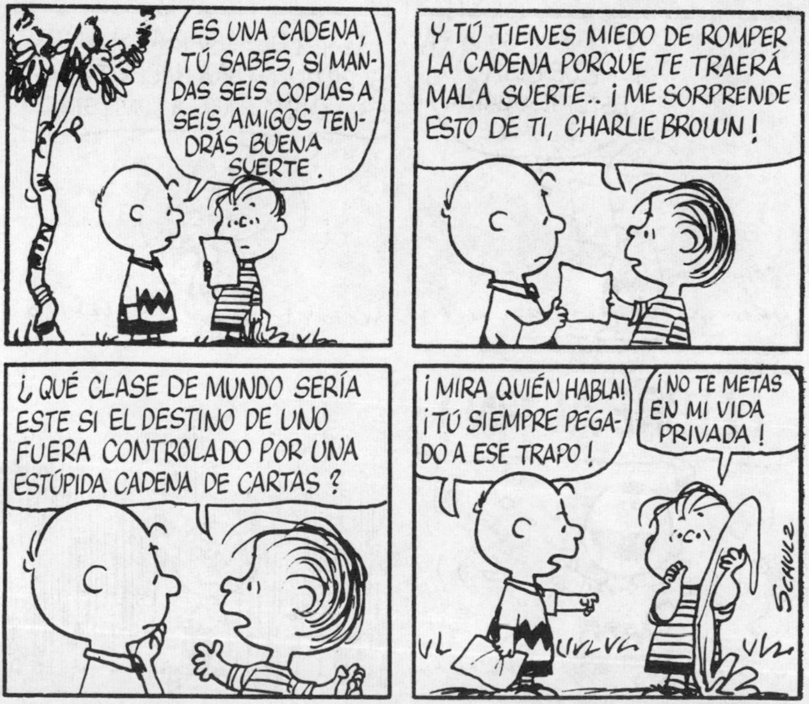
ES UNA CADENA, TÚ SABES, SI MANDAS SEIS COPIAS A SEIS AMIGOS TENDRÁS BUENA SUERTE.
Y TÚ TIENES MIEDO DE ROMPER LA CADENA PORQUE TE TRAERÁ MALA SUERTE.. ¡ME SORPRENDE ESTO DE TI, CHARLIE BROWN!
¿QUÉ CLASE DE MUNDO SERÍA ESTE SI EL DESTINO DE UNO FUERA CONTROLADO POR UNA ESTÚPIDA CADENA DE CARTAS?
¡MIRA QUIÉN HABLA! ¡TÚ SIEMPRE PEGADO A ESE TRAPO!
¡NO TE METAS EN MI VIDA PRIVADA!
SCHULZ

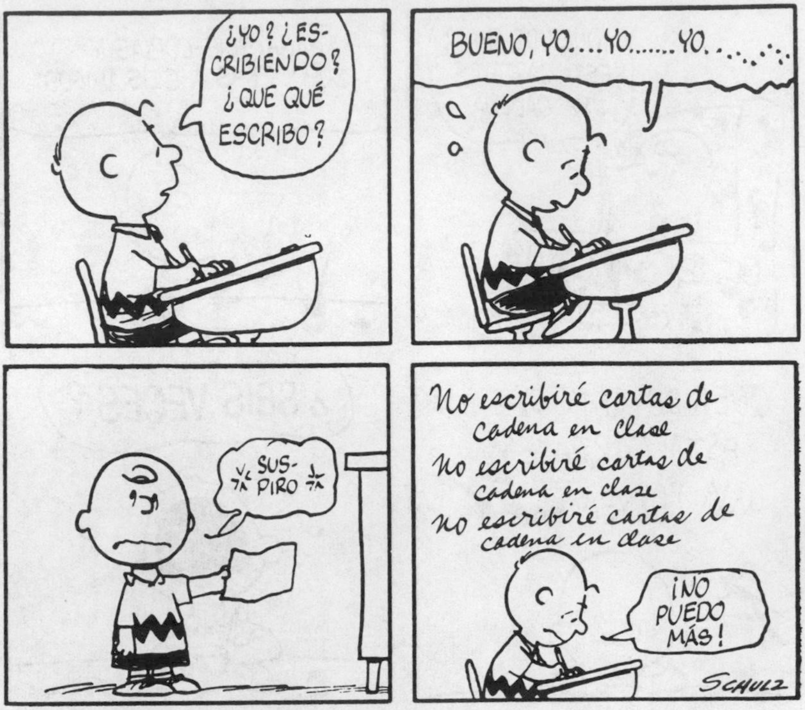

¿YO? ¿ES-CRIBIENDO? ¿QUE QUÉ ESCRIBO?
BUENO, YO.... YO....... YO.........
SUS-PIRO
No escribiré cartas de cadena en clase
no escribiré cartas de cadena en clase
no escribiré cartas de cadena en clase
¡NO PUEDO MÁS!
SCHULZ

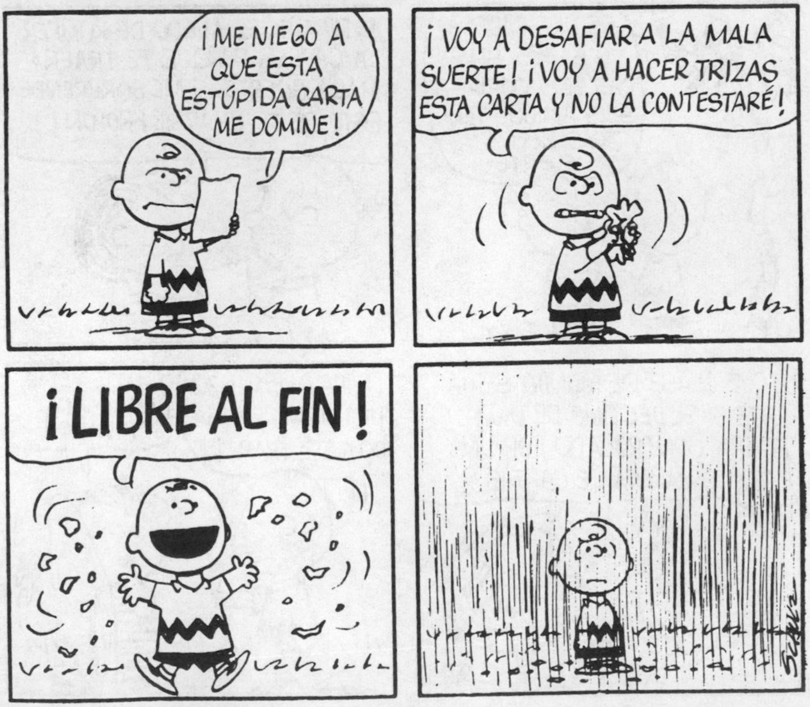

¡ME NIEGO A QUE ESTA ESTÚPIDA CARTA ME DOMINE!
¡VOY A DESAFIAR A LA MALA SUERTE! ¡VOY A HACER TRIZAS ESTA CARTA Y NO LA CONTESTARÉ!
¡LIBRE AL FIN!
SCHULZ

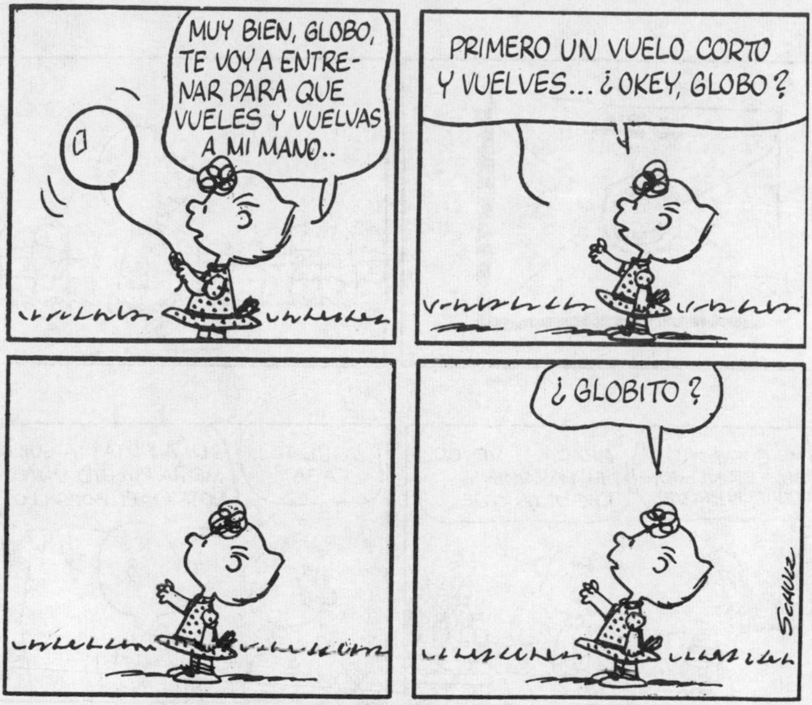
MUY BIEN, GLOBO, TE VOY A ENTRENAR PARA QUE VUELES Y VUELVAS A MI MANO..
PRIMERO UN VUELO CORTO Y VUELVES... ¿OKEY, GLOBO?
¿GLOBITO?
SCHULZ

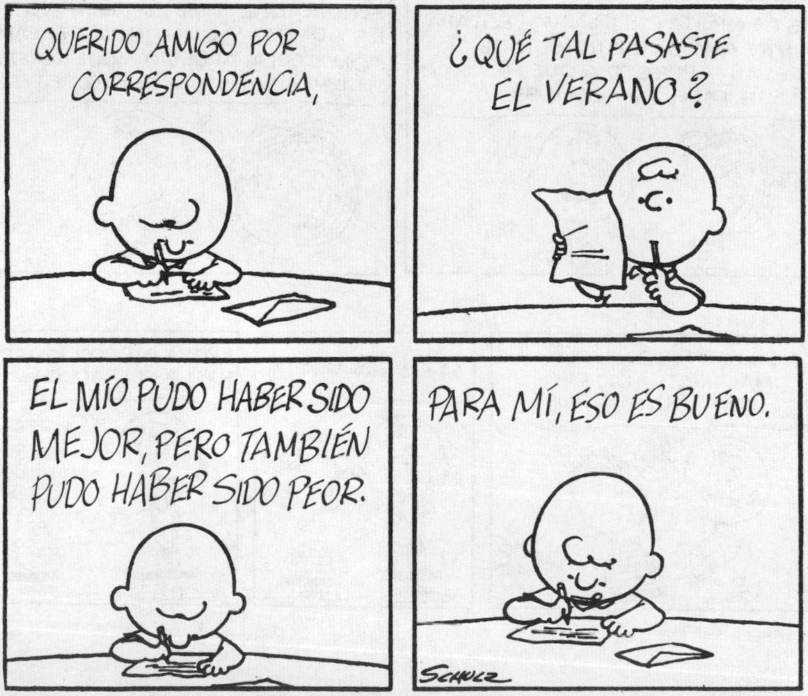
QUERIDO AMIGO POR CORRESPONDENCIA,
¿QUÉ TAL PASASTE EL VERANO?
EL MÍO PUDO HABER SIDO MEJOR, PERO TAMBIÉN PUDO HABER SIDO PEOR.
PARA MÍ, ESO ES BUENO.
SCHULZ

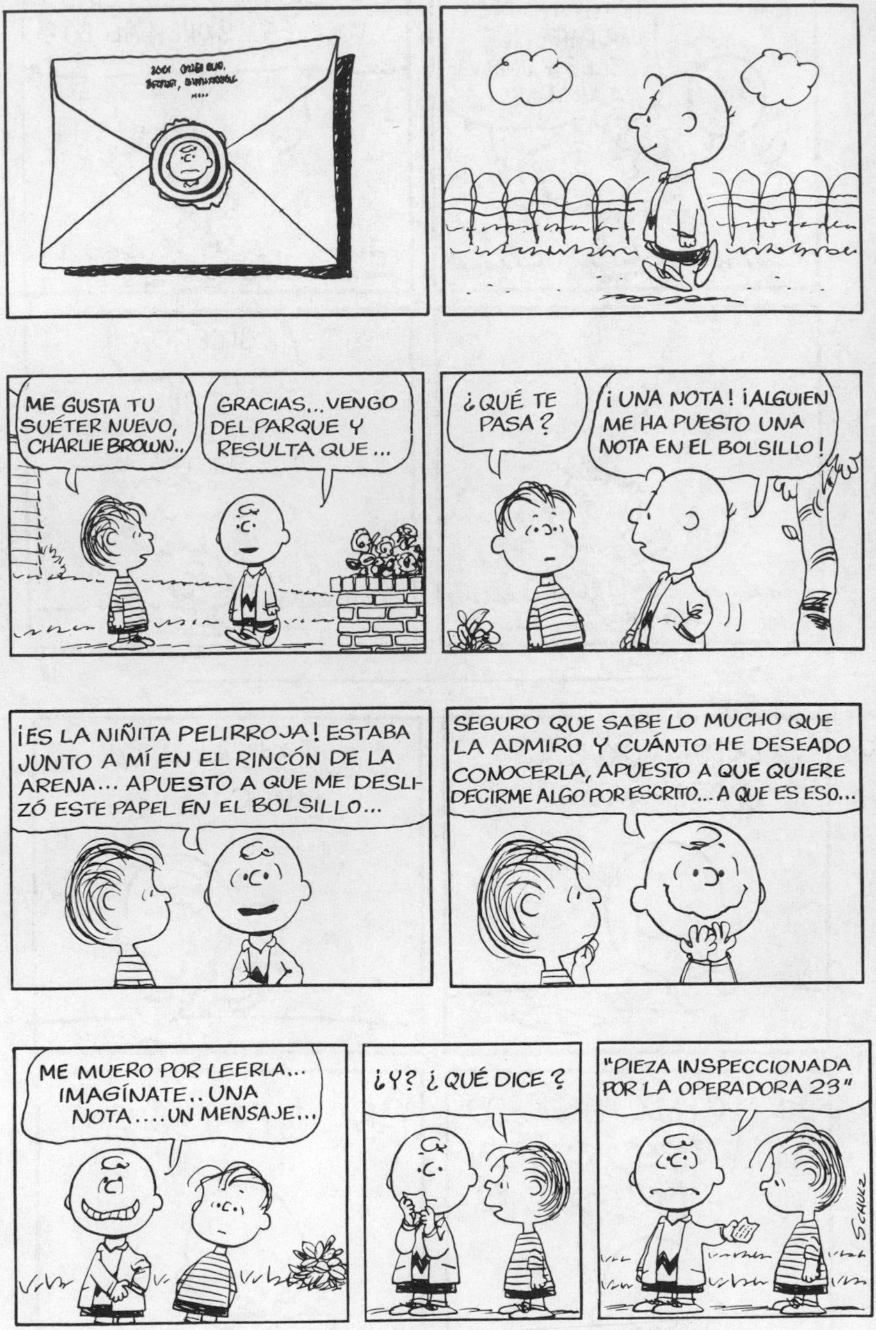
ME GUSTA TU SUÉTER NUEVO, CHARLIE BROWN..
GRACIAS...VENGO DEL PARQUE Y RESULTA QUE...
¿QUÉ TE PASA?
¡UNA NOTA! ¡ALGUIEN ME HA PUESTO UNA NOTA EN EL BOLSILLO!
¡ES LA NIÑITA PELIRROJA! ESTABA JUNTO A MÍ EN EL RINCÓN DE LA ARENA... APUESTO A QUE ME DESLIZÓ ESTE PAPEL EN EL BOLSILLO...
SEGURO QUE SABE LO MUCHO QUE LA ADMIRO Y CUÁNTO HE DESEADO CONOCERLA, APUESTO A QUE QUIERE DECIRME ALGO POR ESCRITO... A QUE ES ESO...
ME MUERO POR LEERLA... IMAGÍNATE.. UNA NOTA....UN MENSAJE...
¿Y? ¿QUÉ DICE?
"PIEZA INSPECCIONADA POR LA OPERADORA 23"
SCHULZ

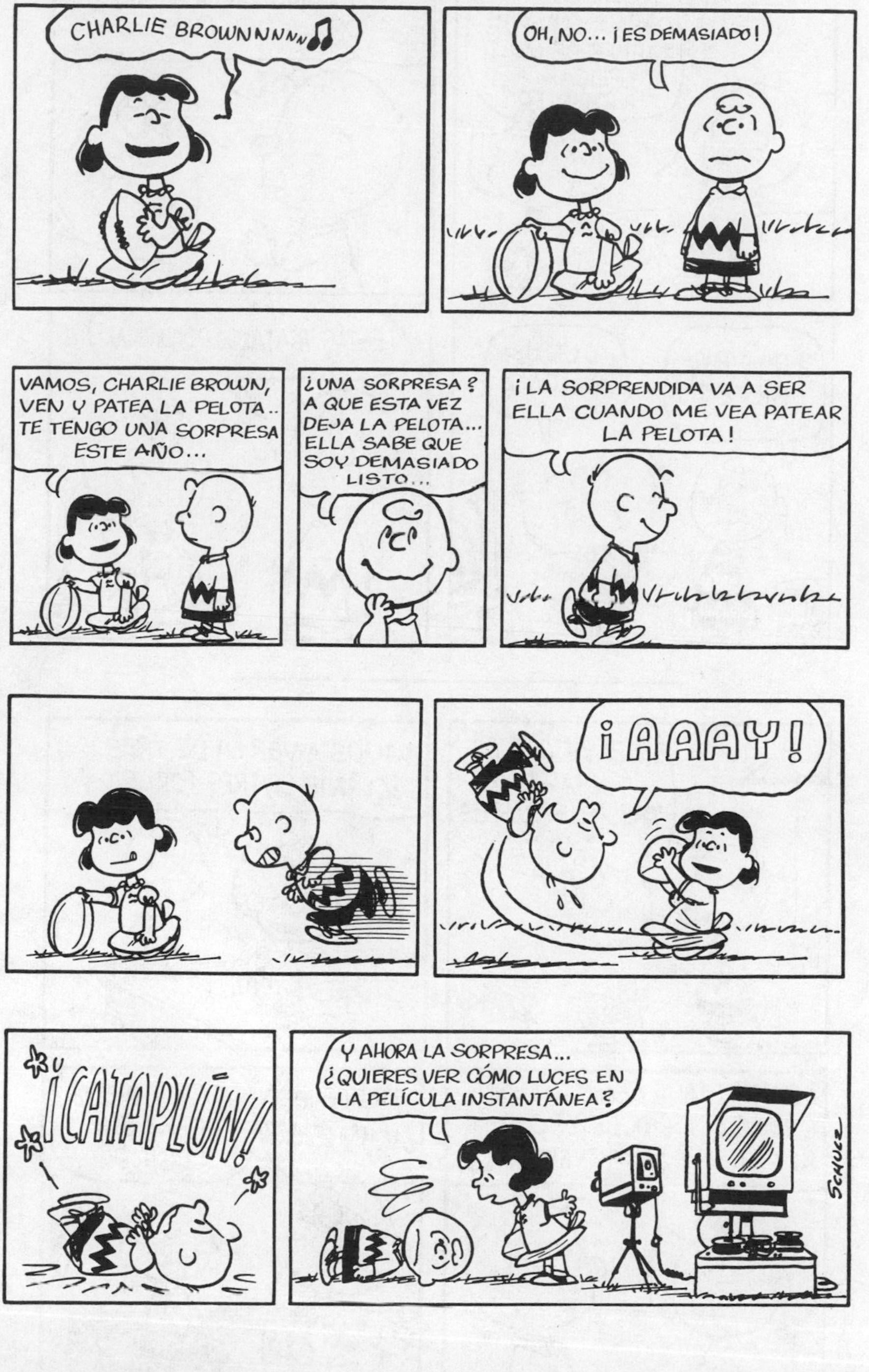
CHARLIE BROWNNNNN
OH, NO... ¡ES DEMASIADO!
VAMOS, CHARLIE BROWN, VEN Y PATEA LA PELOTA.. TE TENGO UNA SORPRESA ESTE AÑO...
¿UNA SORPRESA? A QUE ESTA VEZ DEJA LA PELOTA... ELLA SABE QUE SOY DEMASIADO LISTO...
¡LA SORPRENDIDA VA A SER ELLA CUANDO ME VEA PATEAR LA PELOTA!
¡AAAY!
¡CATAPLÚN!
Y AHORA LA SORPRESA... ¿QUIERES VER CÓMO LUCES EN LA PELÍCULA INSTANTÁNEA?
SCHULZ

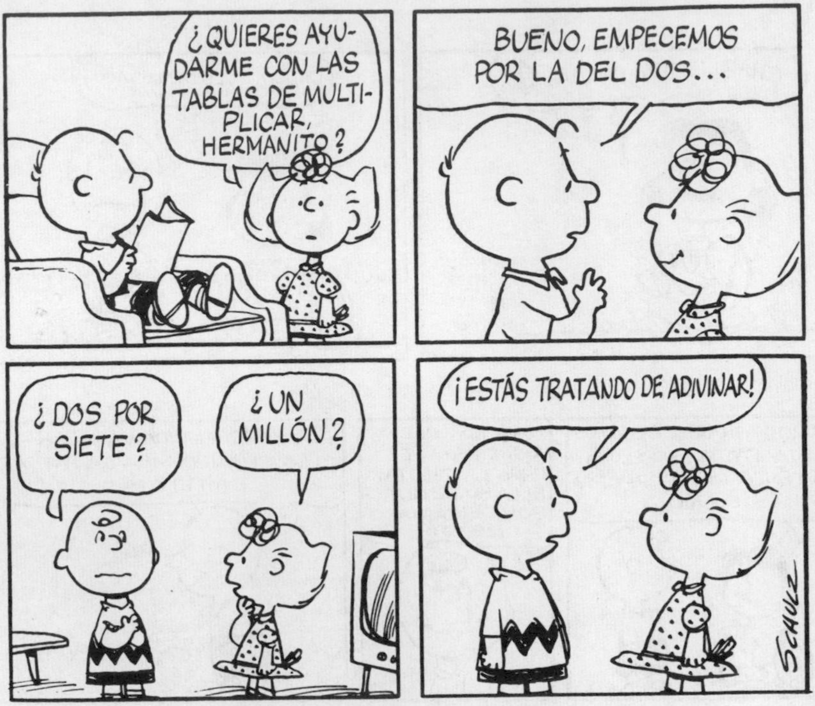
¿QUIERES AYUDARME CON LAS TABLAS DE MULTIPLICAR, HERMANITO?
BUENO, EMPECEMOS POR LA DEL DOS...
¿DOS POR SIETE?
¿UN MILLÓN?
¡ESTÁS TRATANDO DE ADIVINAR!
SCHULZ

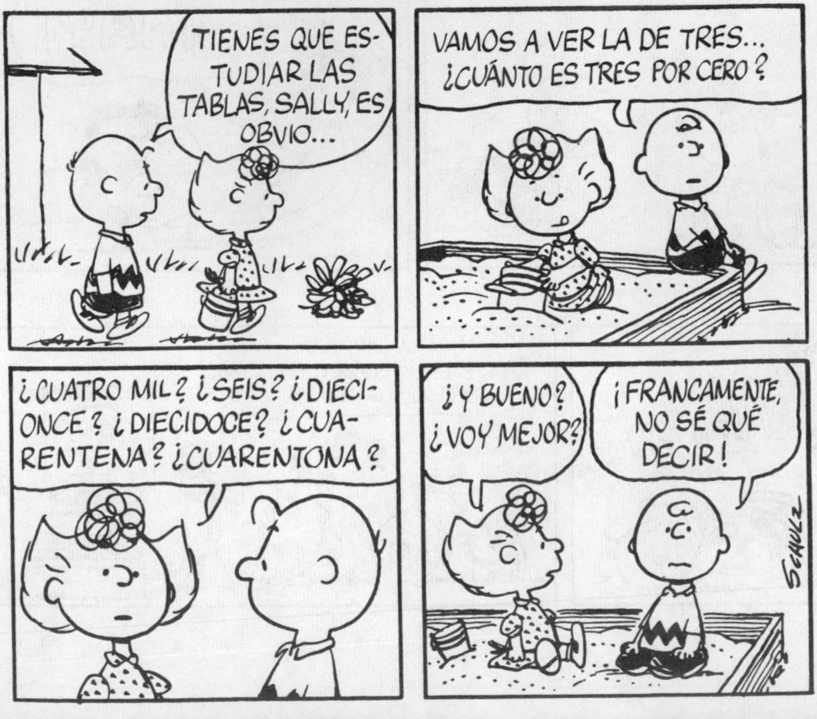
TIENES QUE ESTUDIAR LAS TABLAS, SALLY, ES OBVIO...
VAMOS A VER LA DE TRES... ¿CUÁNTO ES TRES POR CERO?
¿CUATRO MIL? ¿SEIS? ¿DIECIONCE? ¿DIECIDOCE? ¿CUARENTENA? ¿CUARENTONA?
¿Y BUENO? ¿VOY MEJOR?
¡FRANCAMENTE, NO SÉ QUÉ DECIR!
SCHULZ

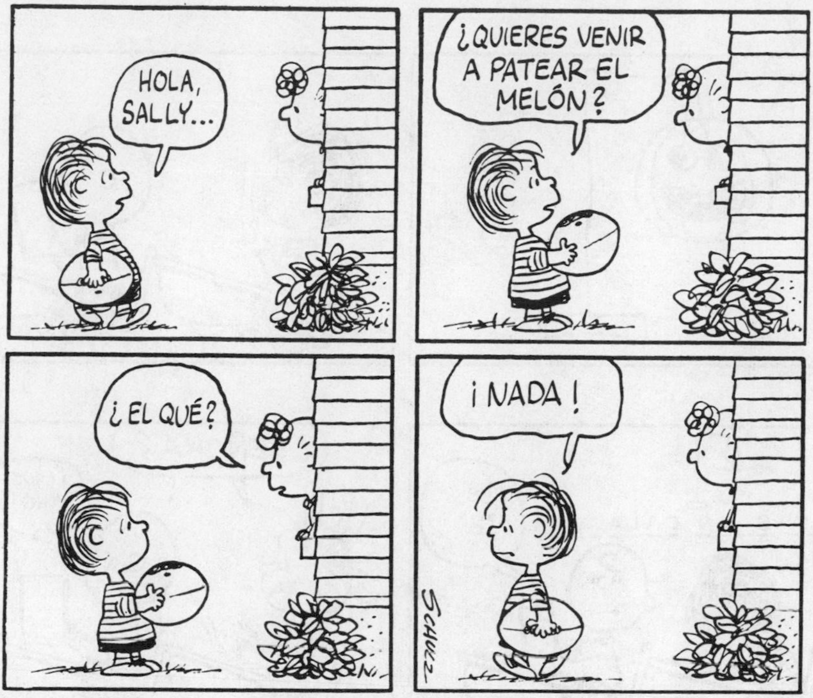
HOLA, SALLY...
¿QUIERES VENIR A PATEAR EL MELÓN?
¿EL QUÉ?
¡NADA!
SCHULZ

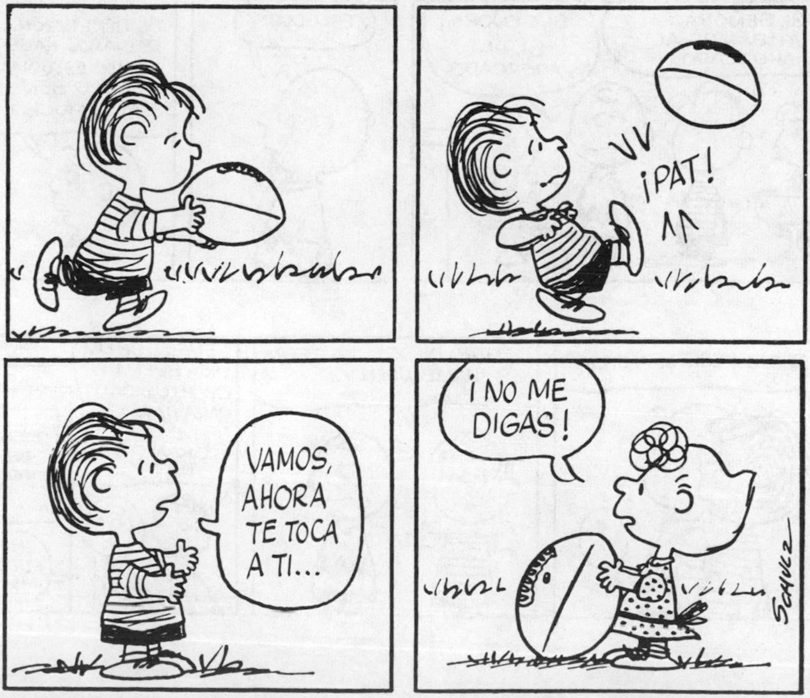
¡PAT!
VAMOS, AHORA TE TOCA A TI...
¡NO ME DIGAS!
SCHULZ

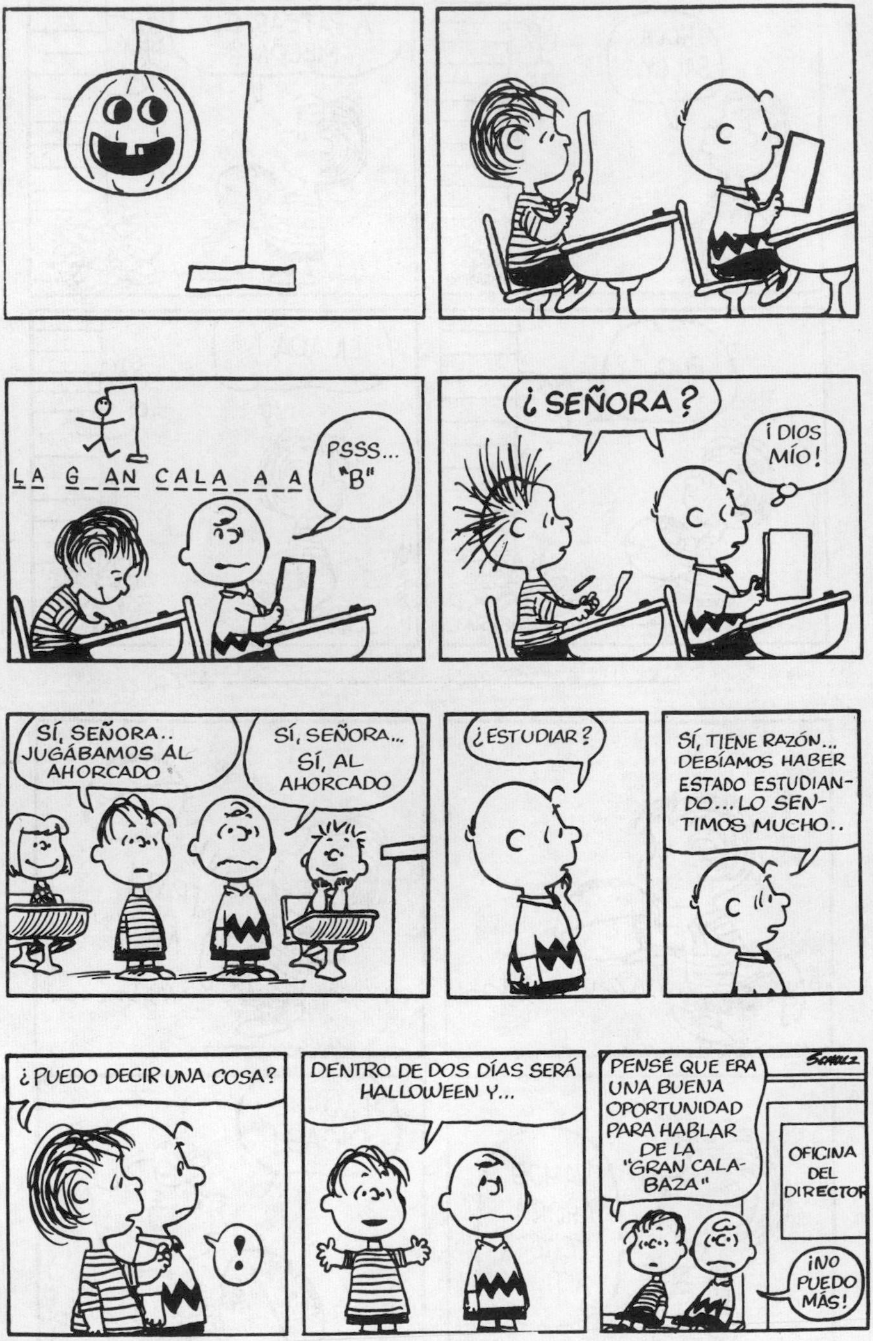

LA G_AN CALA_A_A
PSSS... "B"
¿SEÑORA?
¡DIOS MÍO!
SÍ, SEÑORA.. JUGÁBAMOS AL AHORCADO
SÍ, SEÑORA... SÍ, AL AHORCADO
¿ESTUDIAR?
SÍ, TIENE RAZÓN... DEBÍAMOS HABER ESTADO ESTUDIANDO... LO SENTIMOS MUCHO..
¿PUEDO DECIR UNA COSA?
!
DENTRO DE DOS DÍAS SERÁ HALLOWEEN Y...
SCHULZ
PENSÉ QUE ERA UNA BUENA OPORTUNIDAD PARA HABLAR DE LA "GRAN CALABAZA"
OFICINA DEL DIRECTOR
¡NO PUEDO MÁS!

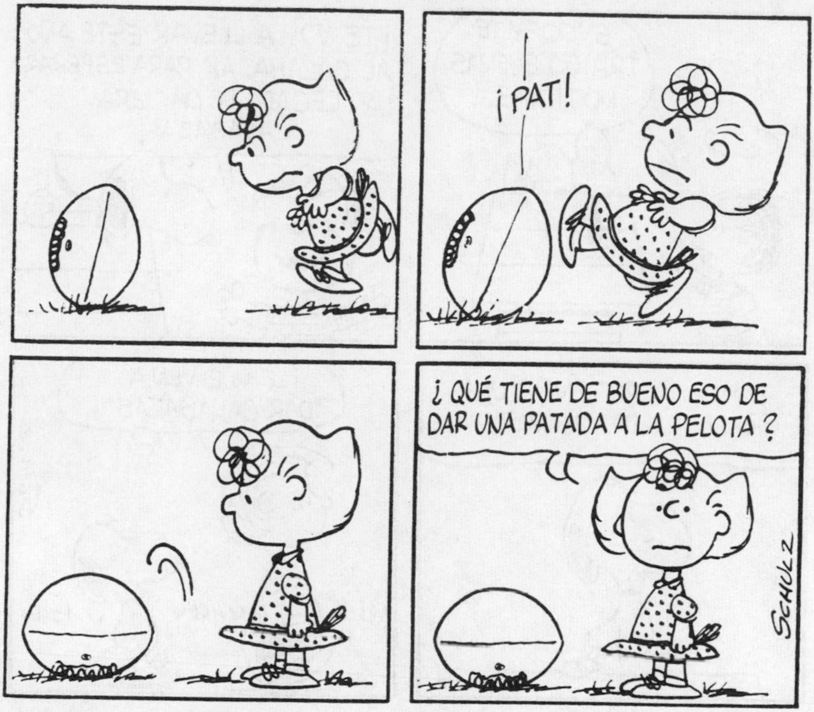
¡PAT!
¿QUÉ TIENE DE BUENO ESO DE DAR UNA PATADA A LA PELOTA?
SCHULZ

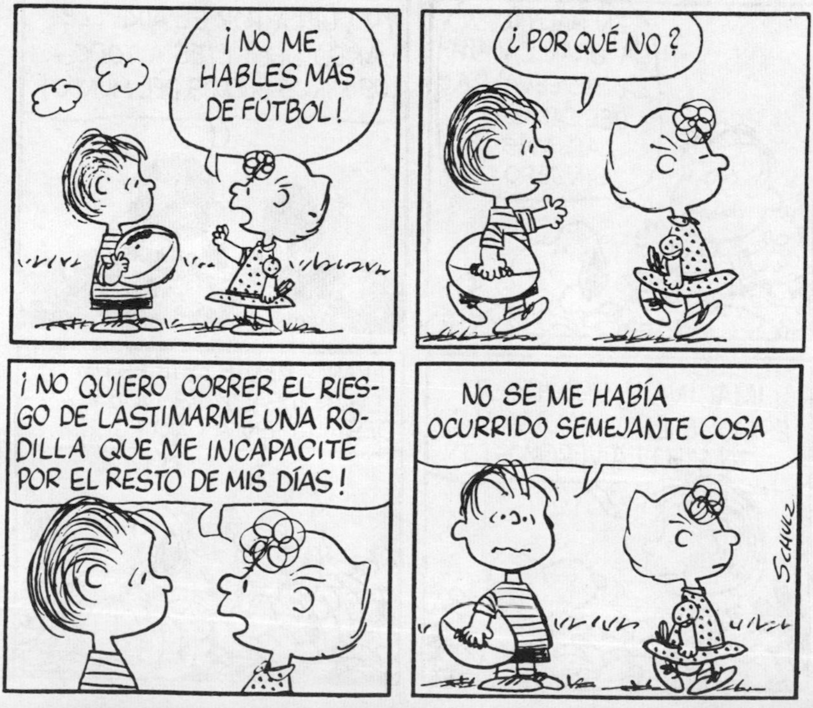
¡NO ME HABLES MÁS DE FÚTBOL!
¿POR QUÉ NO?
¡NO QUIERO CORRER EL RIESGO DE LASTIMARME UNA RODILLA QUE ME INCAPACITE POR EL RESTO DE MIS DÍAS!
NO SE ME HABÍA OCURRIDO SEMEJANTE COSA
SCHULZ

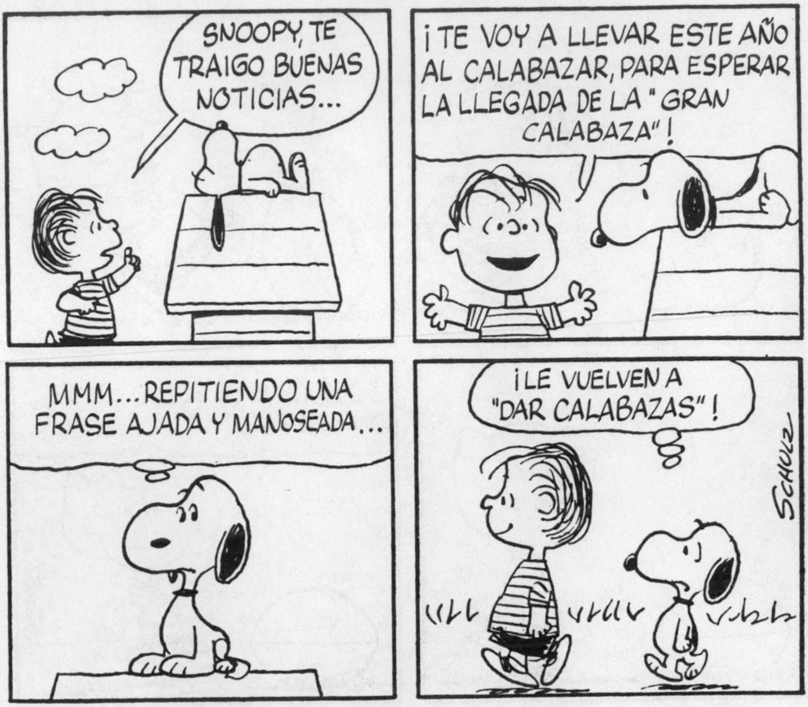
SNOOPY, TE TRAIGO BUENAS NOTICIAS...
¡TE VOY A LLEVAR ESTE AÑO AL CALABAZAR, PARA ESPERAR LA LLEGADA DE LA "GRAN CALABAZA"!
MMM... REPITIENDO UNA FRASE AJADA Y MANOSEADA...
¡LE VUELVEN A "DAR CALABAZAS"!
SCHULZ

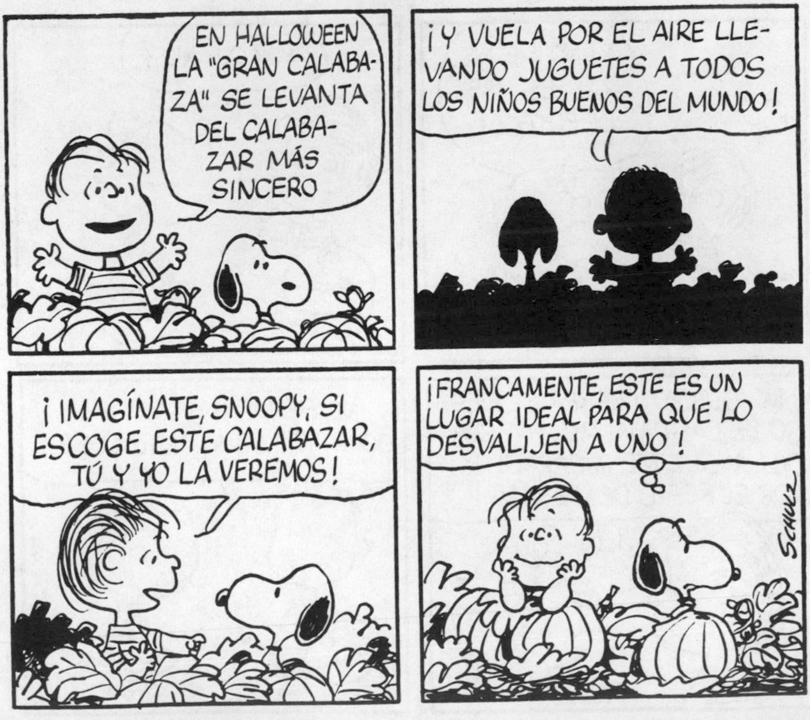
EN HALLOWEEN LA "GRAN CALABAZA" SE LEVANTA DEL CALABAZAR MÁS SINCERO
¡Y VUELA POR EL AIRE LLEVANDO JUGUETES A TODOS LOS NIÑOS BUENOS DEL MUNDO!
¡IMAGÍNATE, SNOOPY, SI ESCOGE ESTE CALABAZAR, TÚ Y YO LA VEREMOS!
¡FRANCAMENTE, ESTE ES UN LUGAR IDEAL PARA QUE LO DESVALIJEN A UNO!
SCHULZ

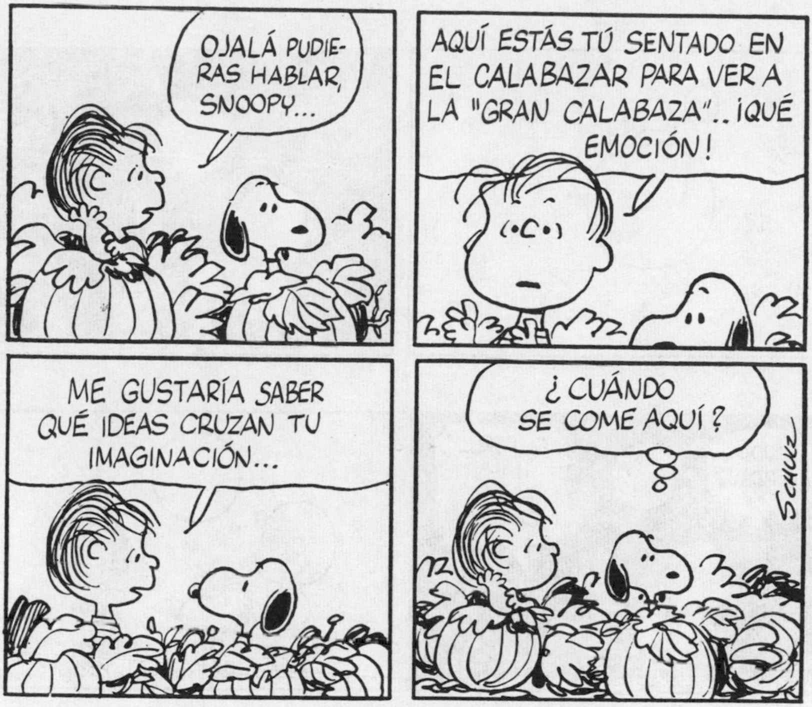
OJALÁ PUDIERAS HABLAR, SNOOPY...
AQUÍ ESTÁS TÚ SENTADO EN EL CALABAZAR PARA VER A LA "GRAN CALABAZA".. ¡QUÉ EMOCIÓN!
ME GUSTARÍA SABER QUÉ IDEAS CRUZAN TU IMAGINACIÓN...
¿CUÁNDO SE COME AQUÍ?
SCHULZ

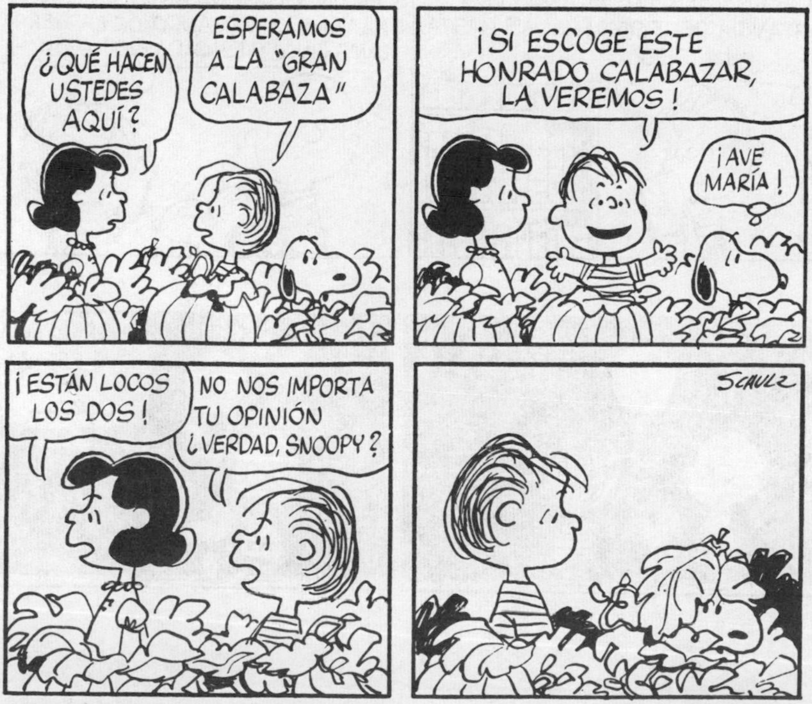
¿QUÉ HACEN USTEDES AQUÍ?
ESPERAMOS A LA "GRAN CALABAZA"
¡SI ESCOGE ESTE HONRADO CALABAZAR, LA VEREMOS!
¡AVE MARÍA!
¡ESTÁN LOCOS LOS DOS!
NO NOS IMPORTA TU OPINIÓN ¿VERDAD, SNOOPY?
SCHULZ

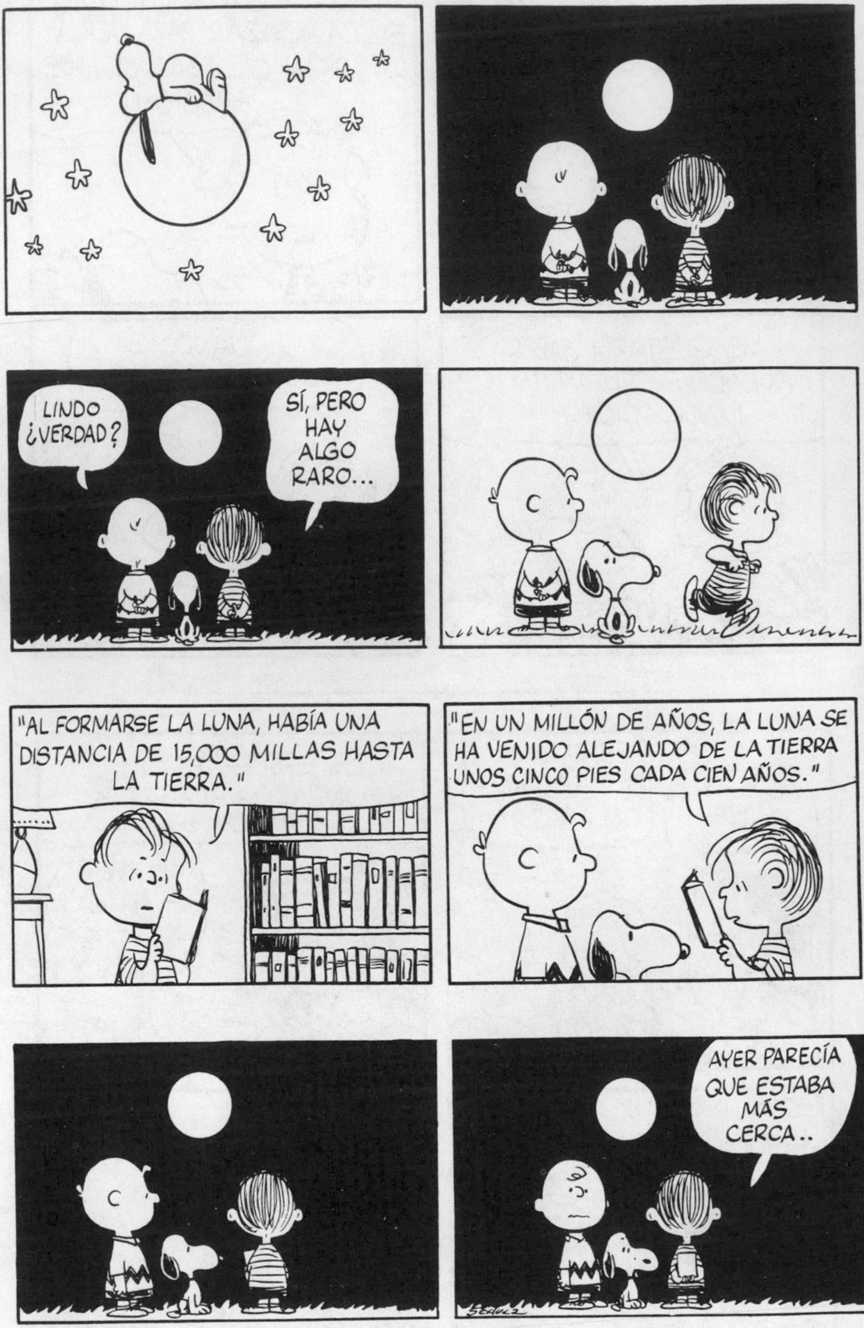
LINDO ¿VERDAD?
SÍ, PERO HAY ALGO RARO...
"AL FORMARSE LA LUNA, HABÍA UNA DISTANCIA DE 15,000 MILLAS HASTA LA TIERRA."
"EN UN MILLÓN DE AÑOS, LA LUNA SE HA VENIDO ALEJANDO DE LA TIERRA UNOS CINCO PIES CADA CIEN AÑOS."
AYER PARECÍA QUE ESTABA MÁS CERCA..
SCHULZ

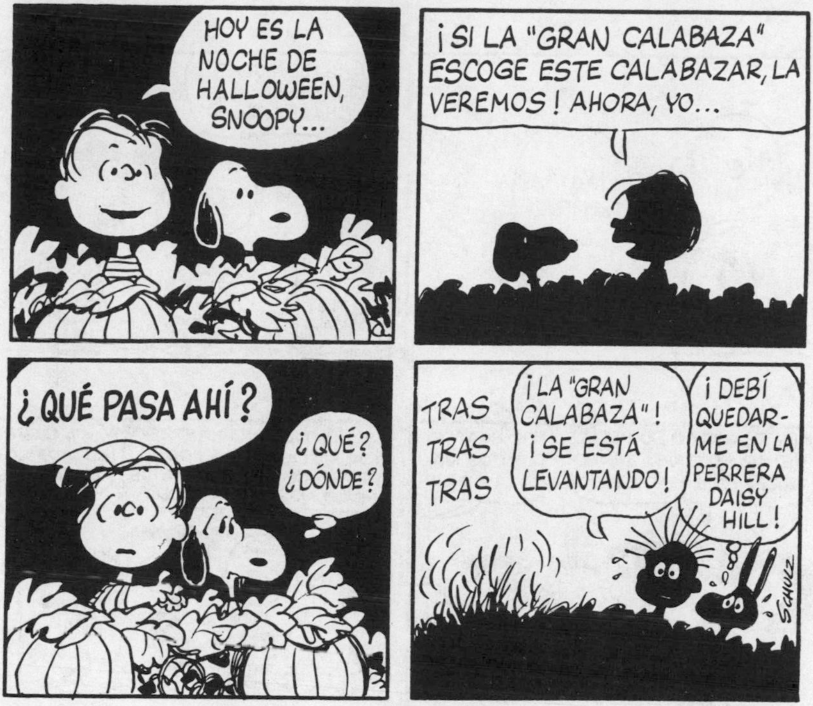
HOY ES LA NOCHE DE HALLOWEEN, SNOOPY...
¡SI LA "GRAN CALABAZA" ESCOGE ESTE CALABAZAR, LA VEREMOS! AHORA, YO...
¿QUÉ PASA AHÍ?
¿QUÉ? ¿DÓNDE?
TRAS TRAS TRAS
¡LA "GRAN CALABAZA"! ¡SE ESTÁ LEVANTANDO!
¡DEBÍ QUEDARME EN LA PERRERA DAISY HILL!
SCHULZ

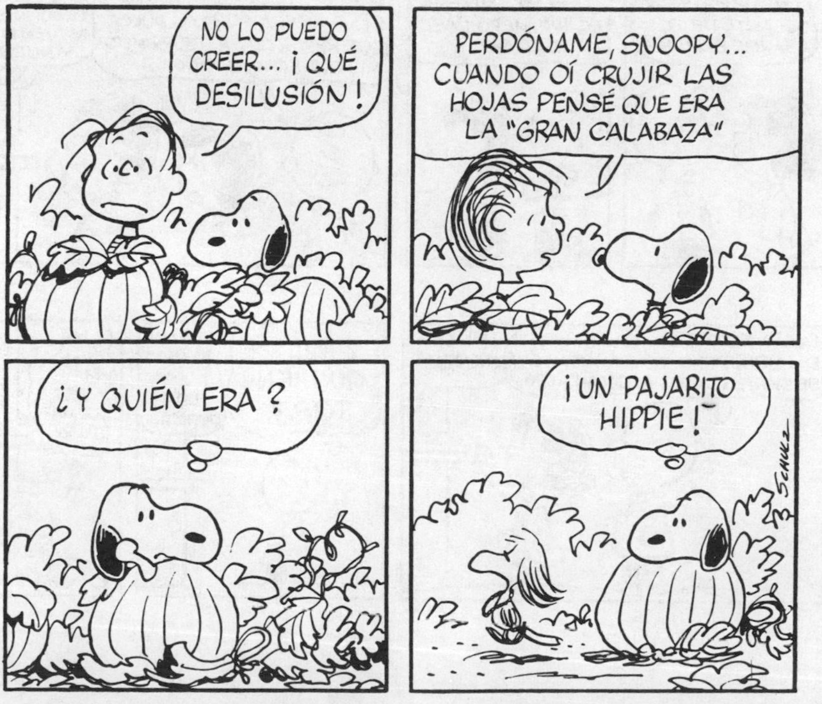
NO LO PUEDO CREER... ¡QUÉ DESILUSIÓN!
PERDÓNAME, SNOOPY... CUANDO OÍ CRUJIR LAS HOJAS PENSÉ QUE ERA LA "GRAN CALABAZA"
¿Y QUIÉN ERA?
¡UN PAJARITO HIPPIE!
SCHULZ

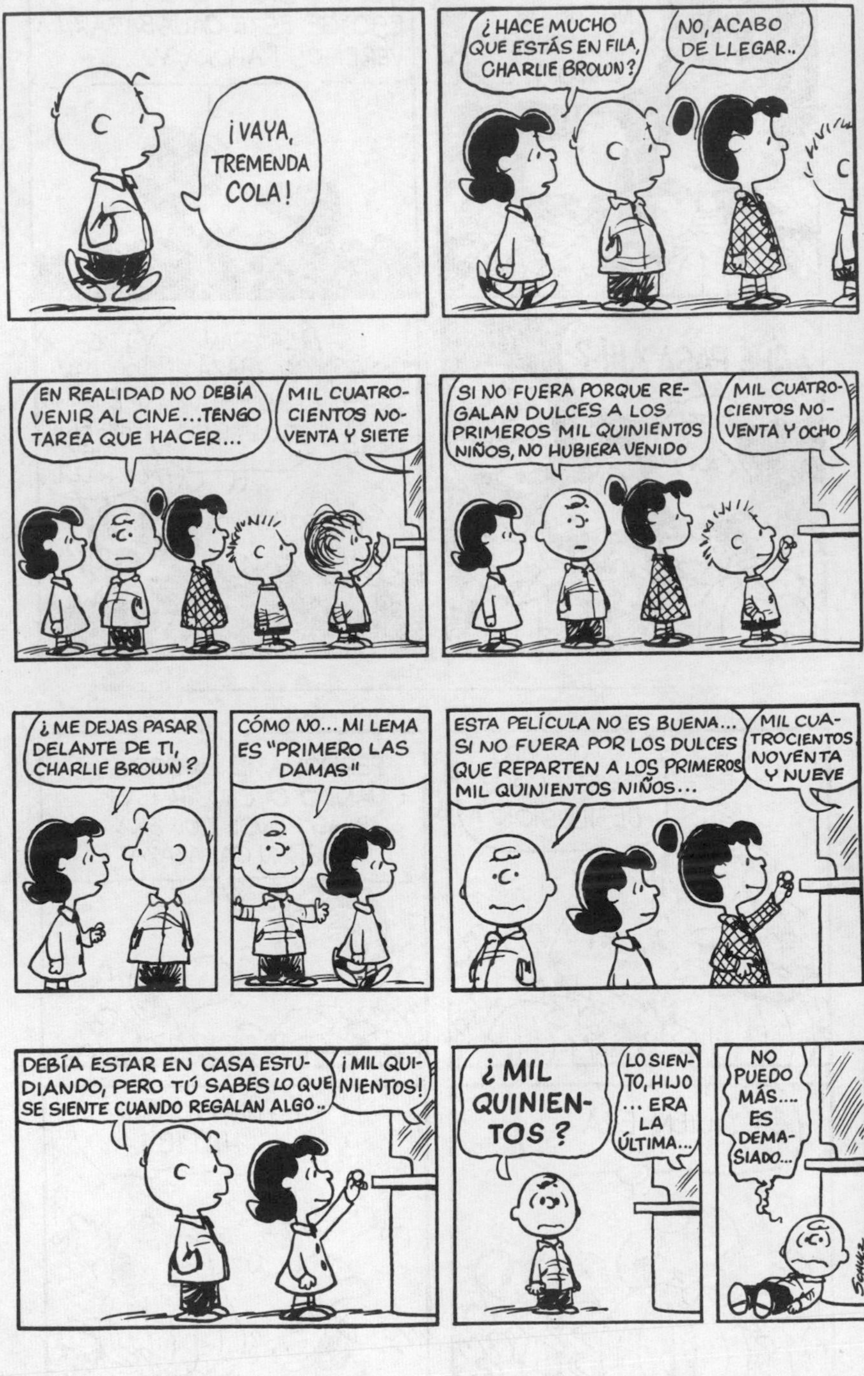

¡VAYA, TREMENDA COLA!
¿HACE MUCHO QUE ESTÁS EN FILA, CHARLIE BROWN?
NO, ACABO DE LLEGAR..
EN REALIDAD NO DEBÍA VENIR AL CINE...TENGO TAREA QUE HACER...
MIL CUATRO-CIENTOS NO-VENTA Y SIETE
SI NO FUERA PORQUE RE-GALAN DULCES A LOS PRIMEROS MIL QUINIENTOS NIÑOS, NO HUBIERA VENIDO
MIL CUATRO-CIENTOS NO-VENTA Y OCHO
¿ME DEJAS PASAR DELANTE DE TI, CHARLIE BROWN?
CÓMO NO... MI LEMA ES "PRIMERO LAS DAMAS"
ESTA PELÍCULA NO ES BUENA... SI NO FUERA POR LOS DULCES QUE REPARTEN A LOS PRIMEROS MIL QUINIENTOS NIÑOS...
MIL CUA-TROCIENTOS NOVENTA Y NUEVE
DEBÍA ESTAR EN CASA ESTU-DIANDO, PERO TÚ SABES LO QUE SE SIENTE CUANDO REGALAN ALGO..
¡MIL QUI-NIENTOS!
¿MIL QUINIEN-TOS?
LO SIEN-TO, HIJO ... ERA LA ÚLTIMA...
NO PUEDO MÁS.... ES DEMA-SIADO...
SCHULZ

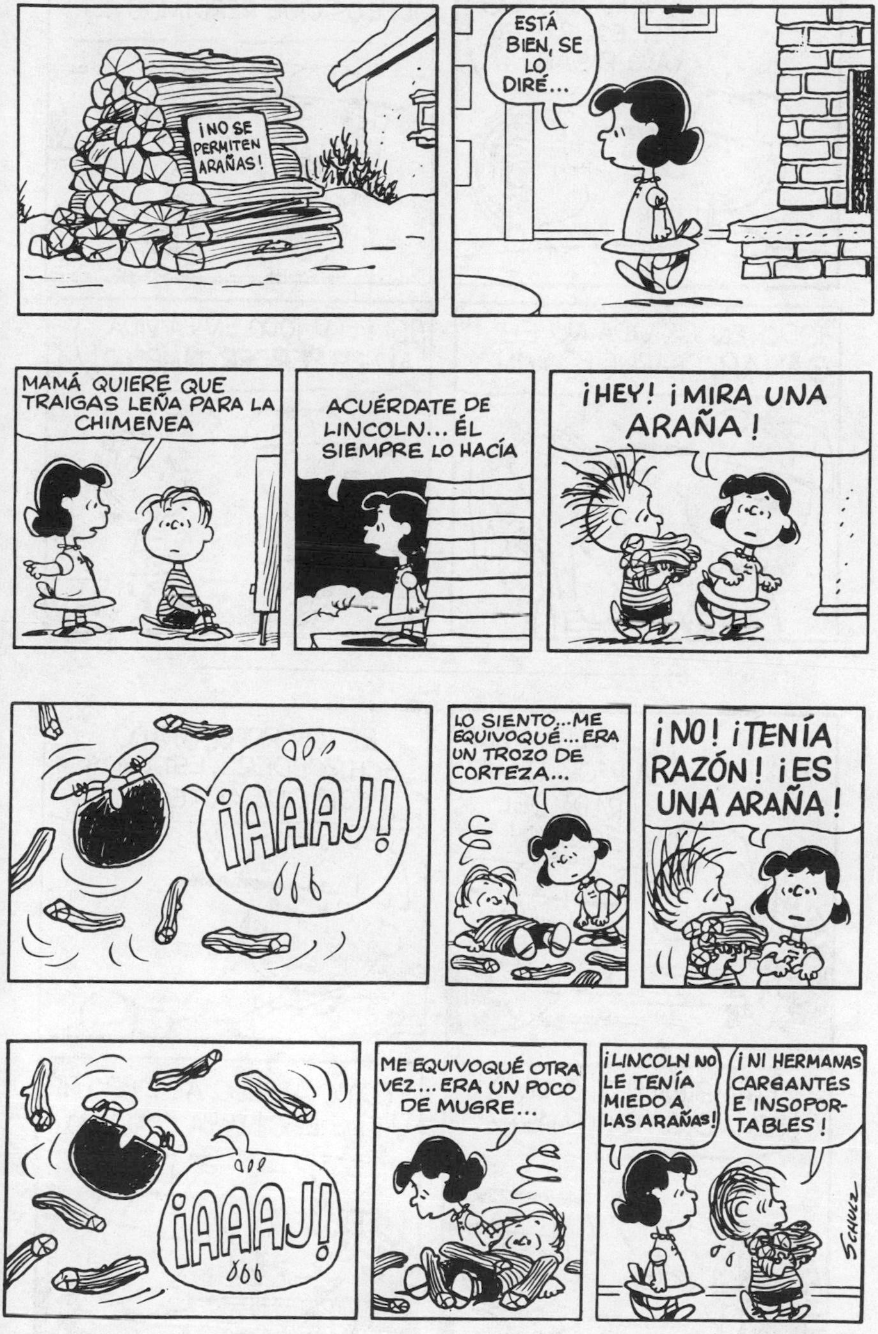
¡NO SE PERMITEN ARAÑAS!
ESTÁ BIEN, SE LO DIRÉ...
MAMÁ QUIERE QUE TRAIGAS LEÑA PARA LA CHIMENEA
ACUÉRDATE DE LINCOLN... ÉL SIEMPRE LO HACÍA
¡HEY! ¡MIRA UNA ARAÑA!
¡AAAJ!
LO SIENTO...ME EQUIVOQUÉ... ERA UN TROZO DE CORTEZA...
¡NO! ¡TENÍA RAZÓN! ¡ES UNA ARAÑA!
¡AAAJ!
ME EQUIVOQUÉ OTRA VEZ... ERA UN POCO DE MUGRE...
¡LINCOLN NO LE TENÍA MIEDO A LAS ARAÑAS!
¡NI HERMANAS CARGANTES E INSOPORTABLES!
SCHULZ

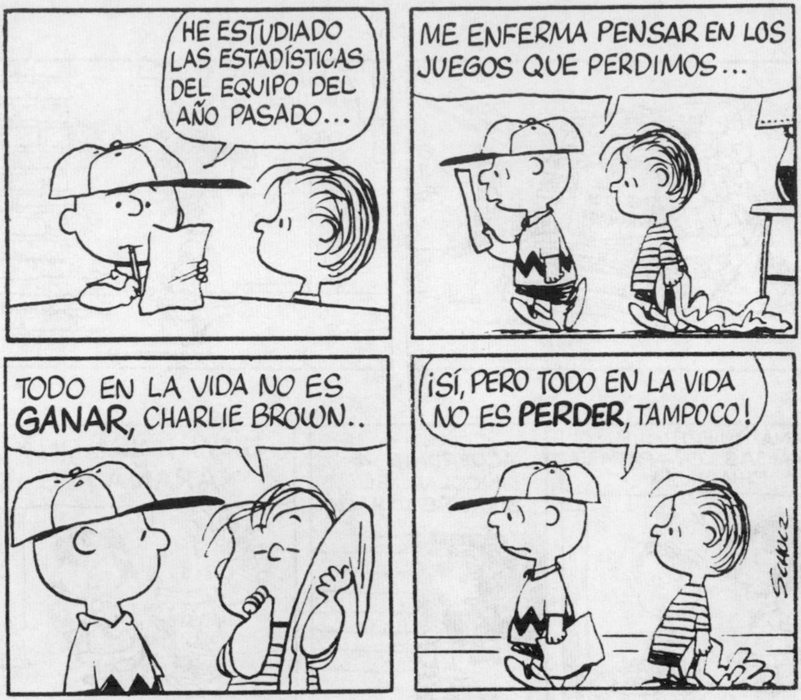
HE ESTUDIADO LAS ESTADÍSTICAS DEL EQUIPO DEL AÑO PASADO...
ME ENFERMA PENSAR EN LOS JUEGOS QUE PERDIMOS...
TODO EN LA VIDA NO ES **GANAR**, CHARLIE BROWN..
¡SÍ, PERO TODO EN LA VIDA NO ES **PERDER**, TAMPOCO!
SCHULZ

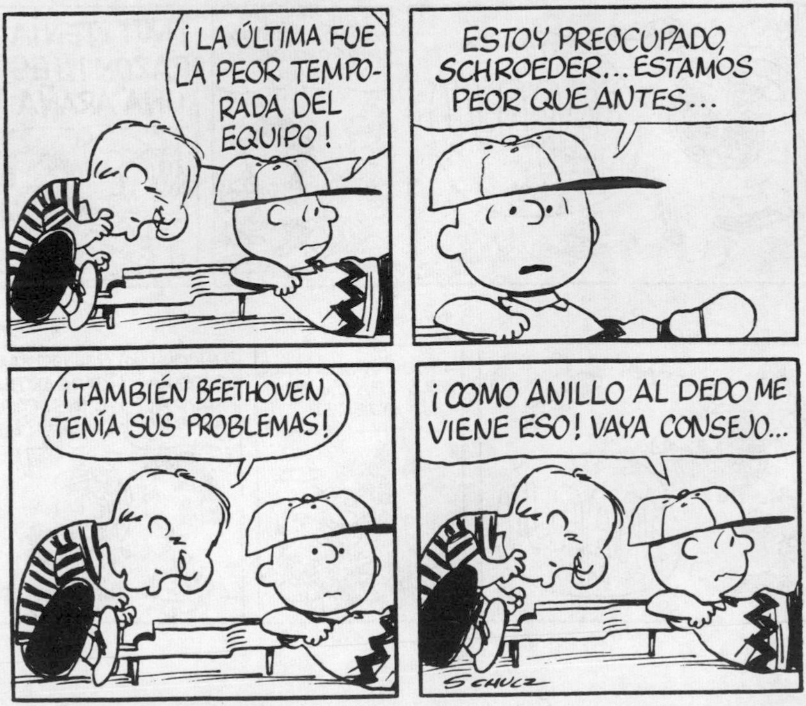
¡LA ÚLTIMA FUE LA PEOR TEMPORADA DEL EQUIPO!
ESTOY PREOCUPADO, SCHROEDER... ESTAMOS PEOR QUE ANTES...
¡TAMBIÉN BEETHOVEN TENÍA SUS PROBLEMAS!
¡COMO ANILLO AL DEDO ME VIENE ESO! VAYA CONSEJO...
SCHULZ

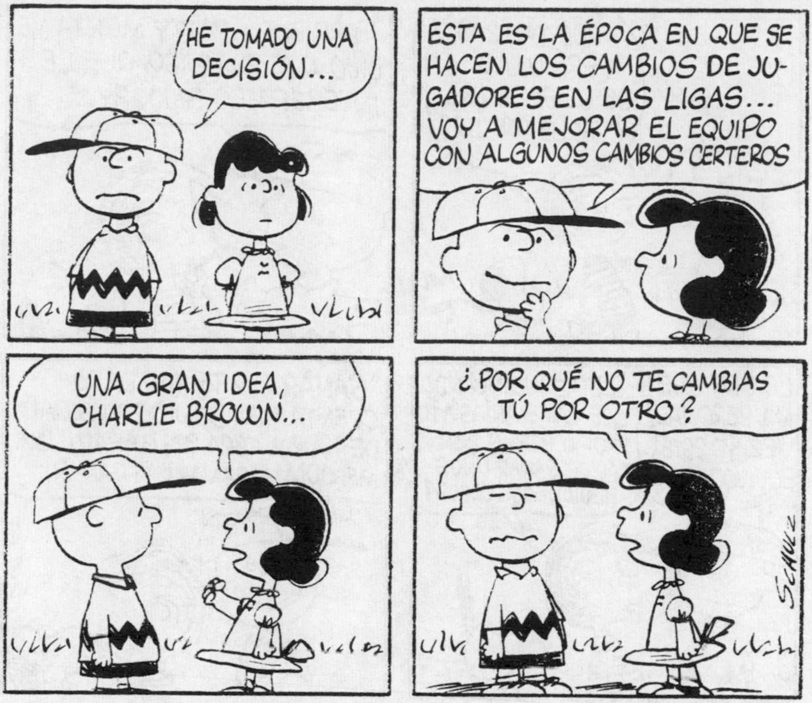
HE TOMADO UNA DECISIÓN...
ESTA ES LA ÉPOCA EN QUE SE HACEN LOS CAMBIOS DE JUGADORES EN LAS LIGAS... VOY A MEJORAR EL EQUIPO CON ALGUNOS CAMBIOS CERTEROS
UNA GRAN IDEA, CHARLIE BROWN...
¿POR QUÉ NO TE CAMBIAS TÚ POR OTRO?
SCHULZ

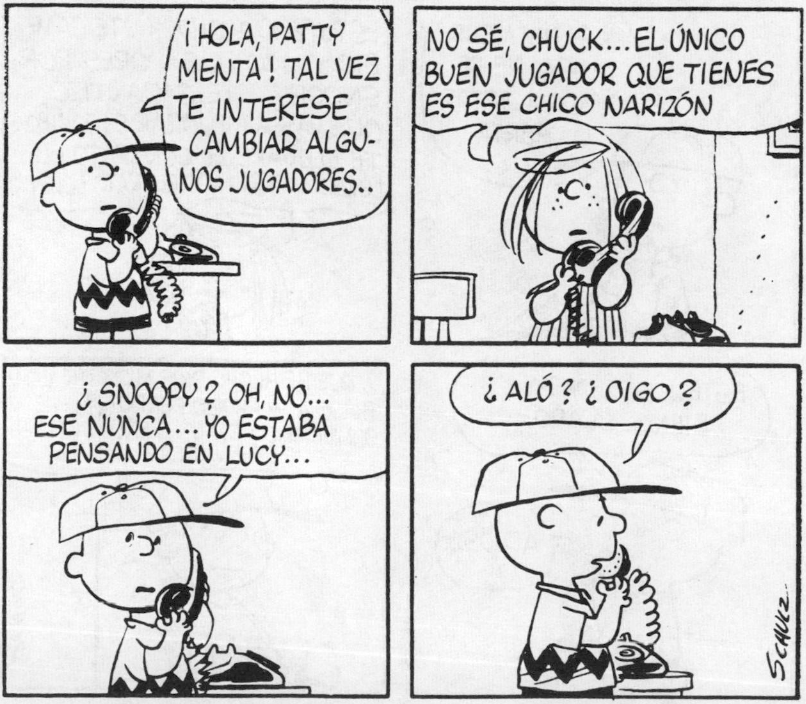
¡HOLA, PATTY MENTA! TAL VEZ TE INTERESE CAMBIAR ALGUNOS JUGADORES..
NO SÉ, CHUCK... EL ÚNICO BUEN JUGADOR QUE TIENES ES ESE CHICO NARIZÓN
¿SNOOPY? OH, NO... ESE NUNCA... YO ESTABA PENSANDO EN LUCY...
¿ALÓ? ¿OIGO?
SCHULZ

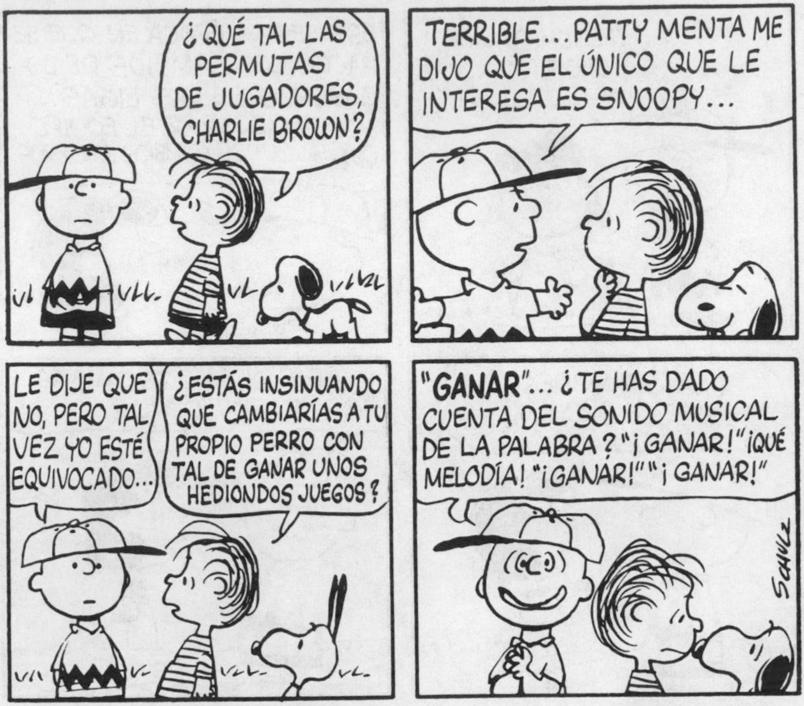
¿QUÉ TAL LAS PERMUTAS DE JUGADORES, CHARLIE BROWN?
TERRIBLE... PATTY MENTA ME DIJO QUE EL ÚNICO QUE LE INTERESA ES SNOOPY...
LE DIJE QUE NO, PERO TAL VEZ YO ESTÉ EQUIVOCADO...
¿ESTÁS INSINUANDO QUE CAMBIARÍAS A TU PROPIO PERRO CON TAL DE GANAR UNOS HEDIONDOS JUEGOS?
"GANAR"... ¿TE HAS DADO CUENTA DEL SONIDO MUSICAL DE LA PALABRA? "¡GANAR!" ¡QUÉ MELODÍA! "¡GANAR!" "¡GANAR!"
SCHULZ

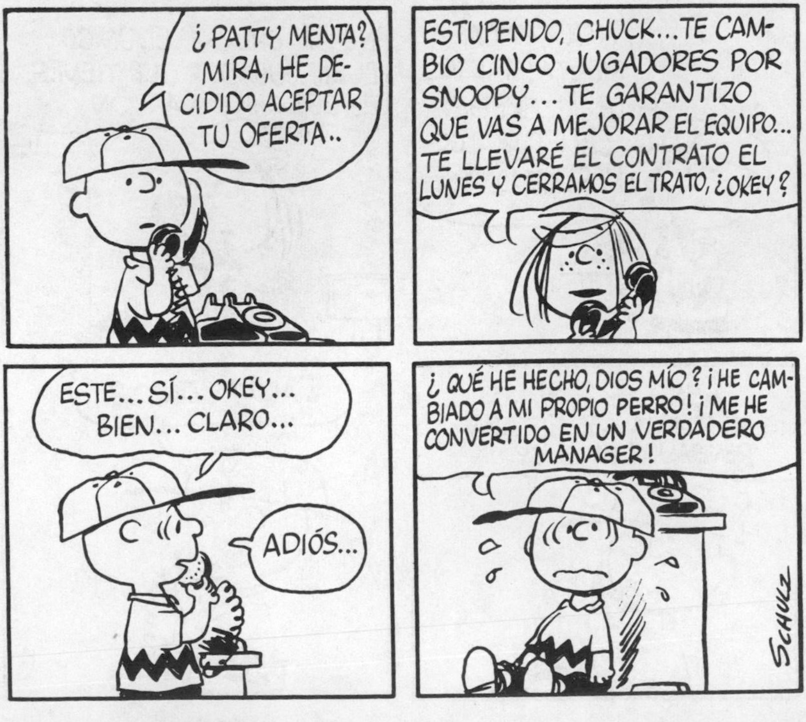
¿PATTY MENTA? MIRA, HE DECIDIDO ACEPTAR TU OFERTA..
ESTUPENDO, CHUCK... TE CAMBIO CINCO JUGADORES POR SNOOPY... TE GARANTIZO QUE VAS A MEJORAR EL EQUIPO... TE LLEVARÉ EL CONTRATO EL LUNES Y CERRAMOS EL TRATO, ¿OKEY?
ESTE... SÍ... OKEY... BIEN... CLARO...
ADIÓS...
¿QUÉ HE HECHO, DIOS MÍO? ¡HE CAMBIADO A MI PROPIO PERRO! ¡ME HE CONVERTIDO EN UN VERDADERO MANAGER!
SCHULZ

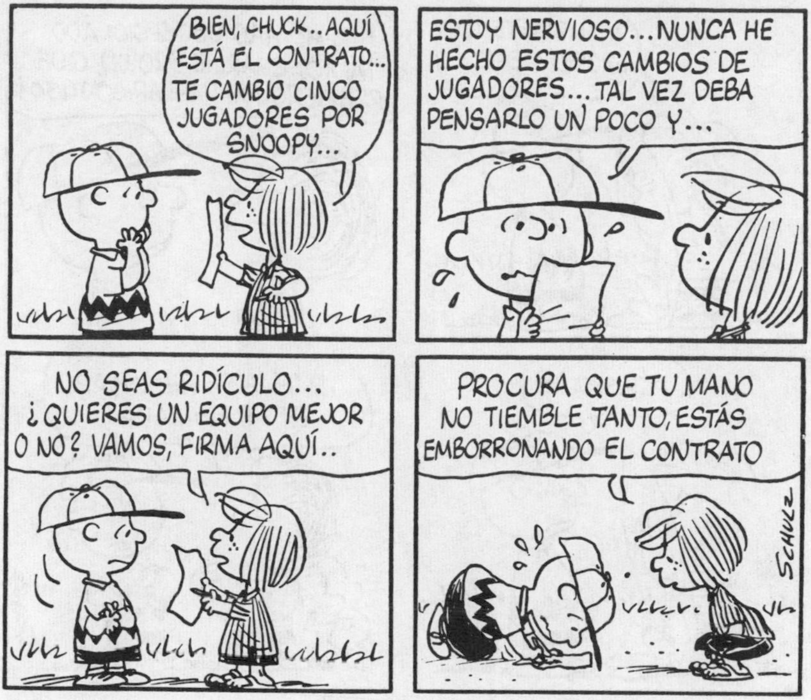

BIEN, CHUCK.. AQUÍ ESTÁ EL CONTRATO... TE CAMBIO CINCO JUGADORES POR SNOOPY...
ESTOY NERVIOSO... NUNCA HE HECHO ESTOS CAMBIOS DE JUGADORES... TAL VEZ DEBA PENSARLO UN POCO Y...
NO SEAS RIDÍCULO... ¿QUIERES UN EQUIPO MEJOR O NO? VAMOS, FIRMA AQUÍ..
PROCURA QUE TU MANO NO TIEMBLE TANTO, ESTÁS EMBORRONANDO EL CONTRATO
SCHULZ

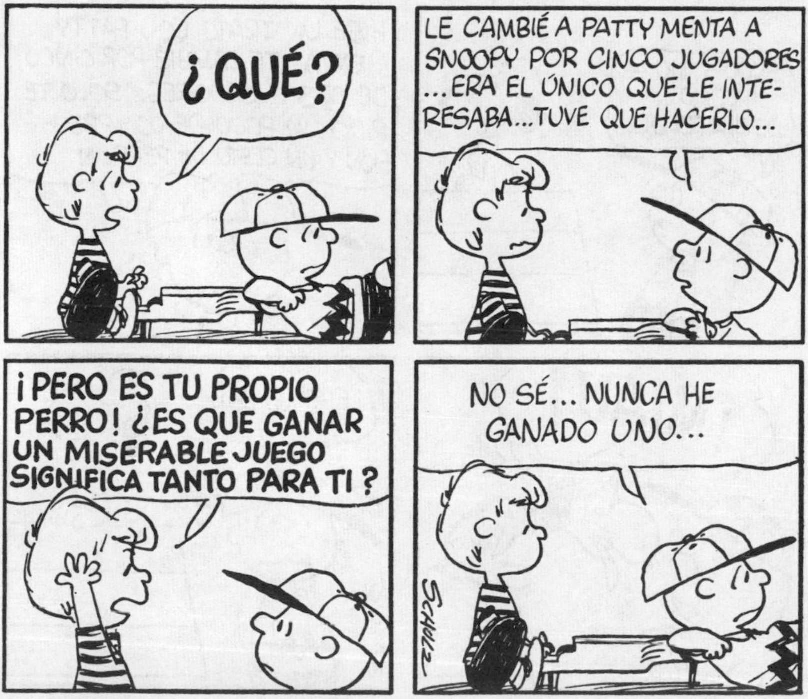

¿QUÉ?
LE CAMBIÉ A PATTY MENTA A SNOOPY POR CINCO JUGADORES ...ERA EL ÚNICO QUE LE INTERESABA... TUVE QUE HACERLO...
¡PERO ES TU PROPIO PERRO! ¿ES QUE GANAR UN MISERABLE JUEGO SIGNIFICA TANTO PARA TI?
NO SÉ... NUNCA HE GANADO UNO...
SCHULZ

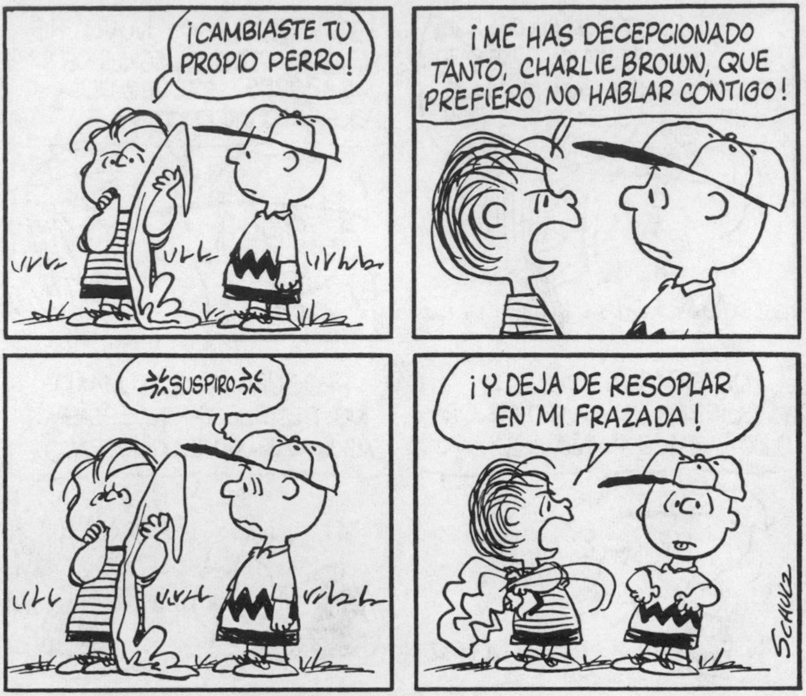
¡CAMBIASTE TU PROPIO PERRO!
¡ME HAS DECEPCIONADO TANTO, CHARLIE BROWN, QUE PREFIERO NO HABLAR CONTIGO!
SUSPIRO
¡Y DEJA DE RESOPLAR EN MI FRAZADA!
SCHULZ

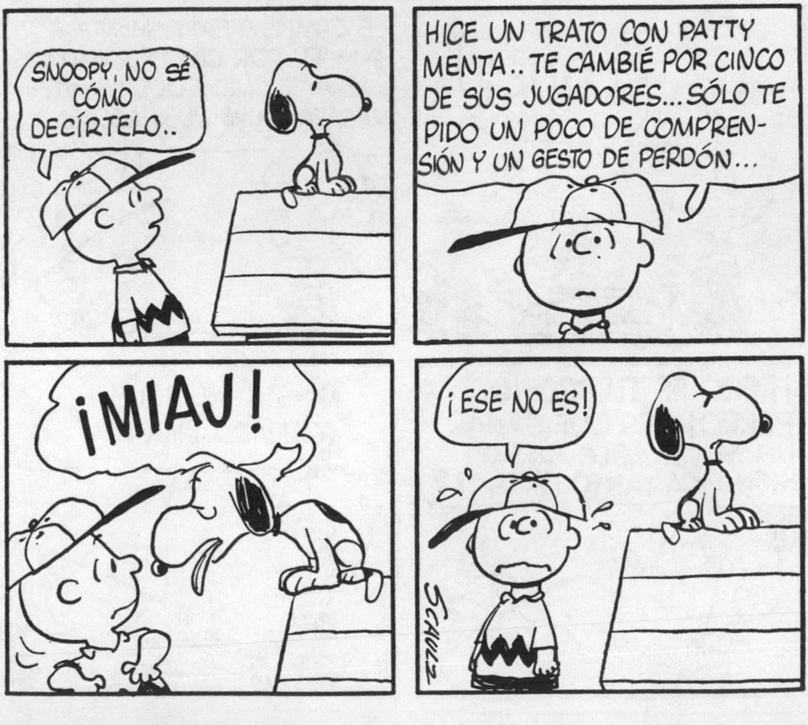
SNOOPY, NO SÉ CÓMO DECÍRTELO..
HICE UN TRATO CON PATTY MENTA.. TE CAMBIÉ POR CINCO DE SUS JUGADORES... SÓLO TE PIDO UN POCO DE COMPREN-SIÓN Y UN GESTO DE PERDÓN...
¡MIAJ!
¡ESE NO ES!
SCHULZ

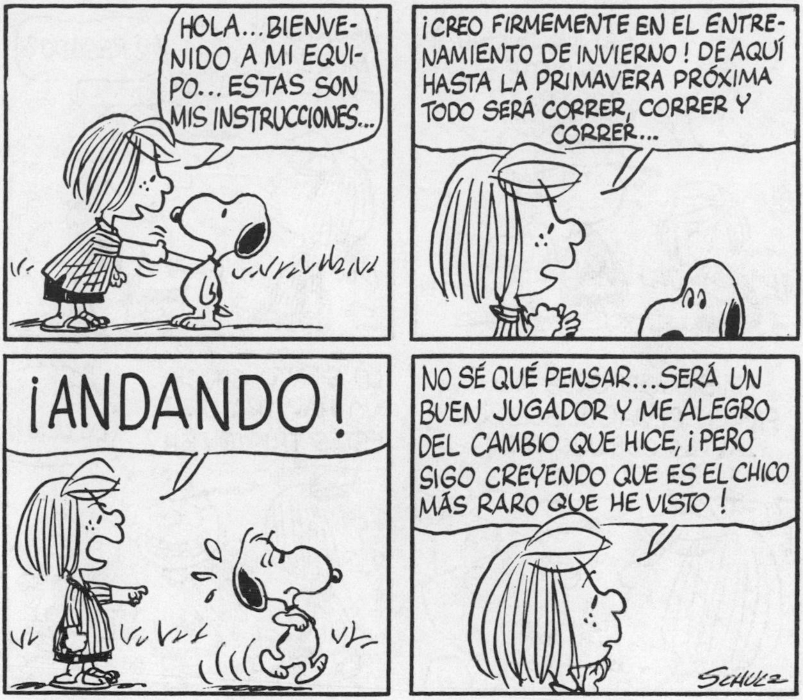
HOLA...BIENVENIDO A MI EQUIPO... ESTAS SON MIS INSTRUCCIONES...
¡CREO FIRMEMENTE EN EL ENTRENAMIENTO DE INVIERNO! DE AQUÍ HASTA LA PRIMAVERA PRÓXIMA TODO SERÁ CORRER, CORRER Y CORRER...
¡ANDANDO!
NO SÉ QUÉ PENSAR...SERÁ UN BUEN JUGADOR Y ME ALEGRO DEL CAMBIO QUE HICE, ¡PERO SIGO CREYENDO QUE ES EL CHICO MÁS RARO QUE HE VISTO!
SCHULZ

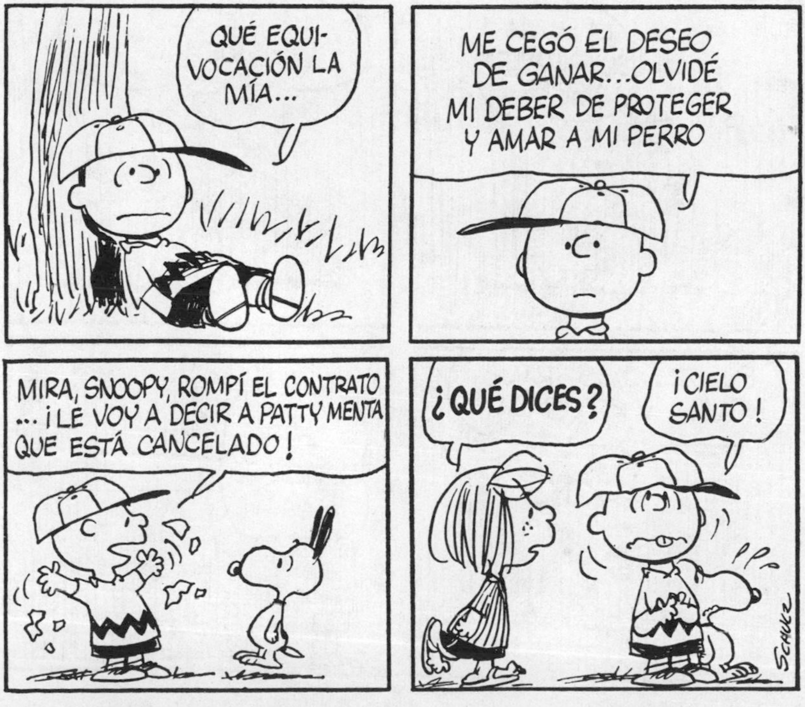
QUÉ EQUIVOCACIÓN LA MÍA...
ME CEGÓ EL DESEO DE GANAR...OLVIDÉ MI DEBER DE PROTEGER Y AMAR A MI PERRO
MIRA, SNOOPY, ROMPÍ EL CONTRATO ... ¡LE VOY A DECIR A PATTY MENTA QUE ESTÁ CANCELADO!
¿QUÉ DICES?
¡CIELO SANTO!
SCHULZ

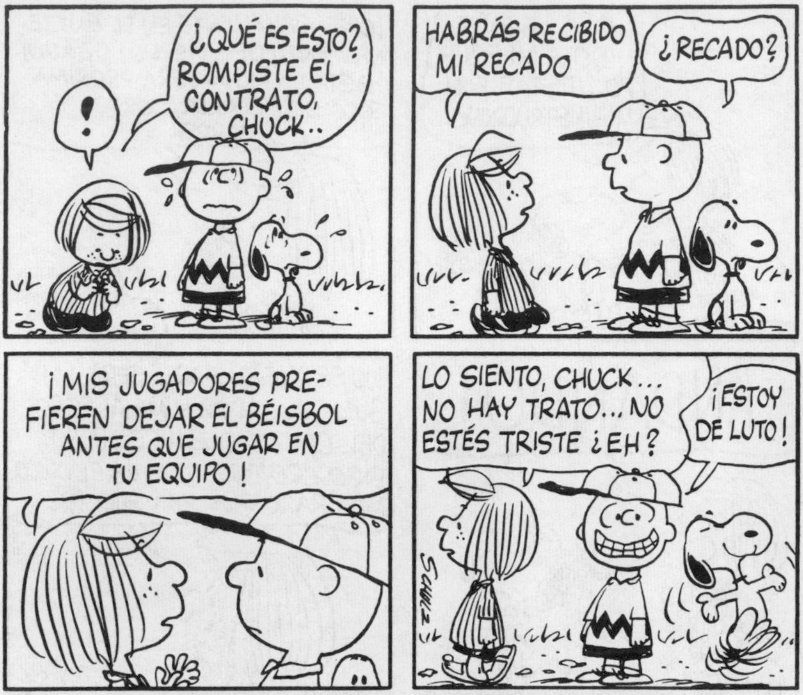
!
¿QUÉ ES ESTO? ROMPISTE EL CONTRATO, CHUCK..
HABRÁS RECIBIDO MI RECADO
¿RECADO?
¡MIS JUGADORES PRE-FIEREN DEJAR EL BÉISBOL ANTES QUE JUGAR EN TU EQUIPO!
LO SIENTO, CHUCK... NO HAY TRATO... NO ESTÉS TRISTE ¿EH?
¡ESTOY DE LUTO!
SCHULZ

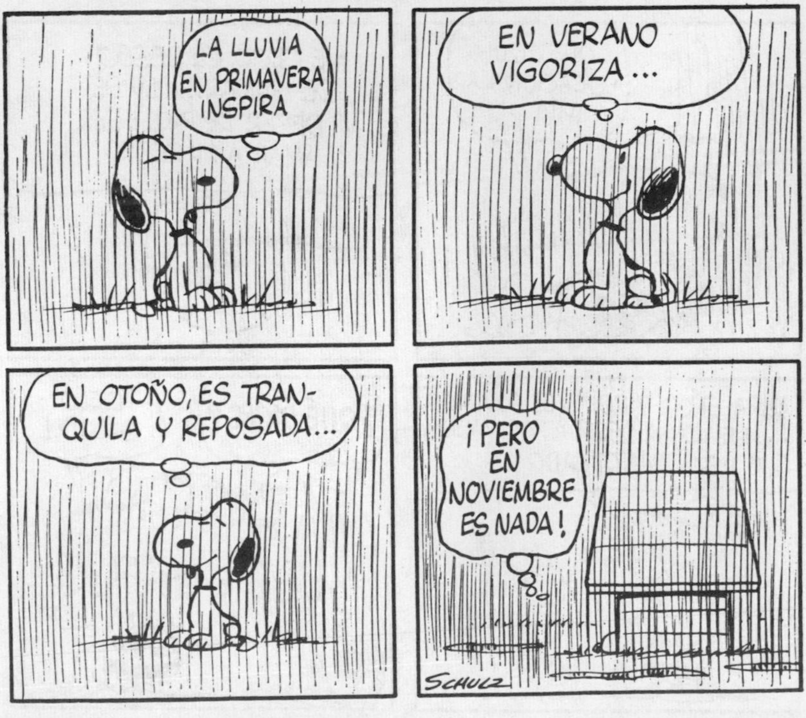
LA LLUVIA EN PRIMAVERA INSPIRA
EN VERANO VIGORIZA...
EN OTOÑO, ES TRAN-QUILA Y REPOSADA...
¡PERO EN NOVIEMBRE ES NADA!
SCHULZ

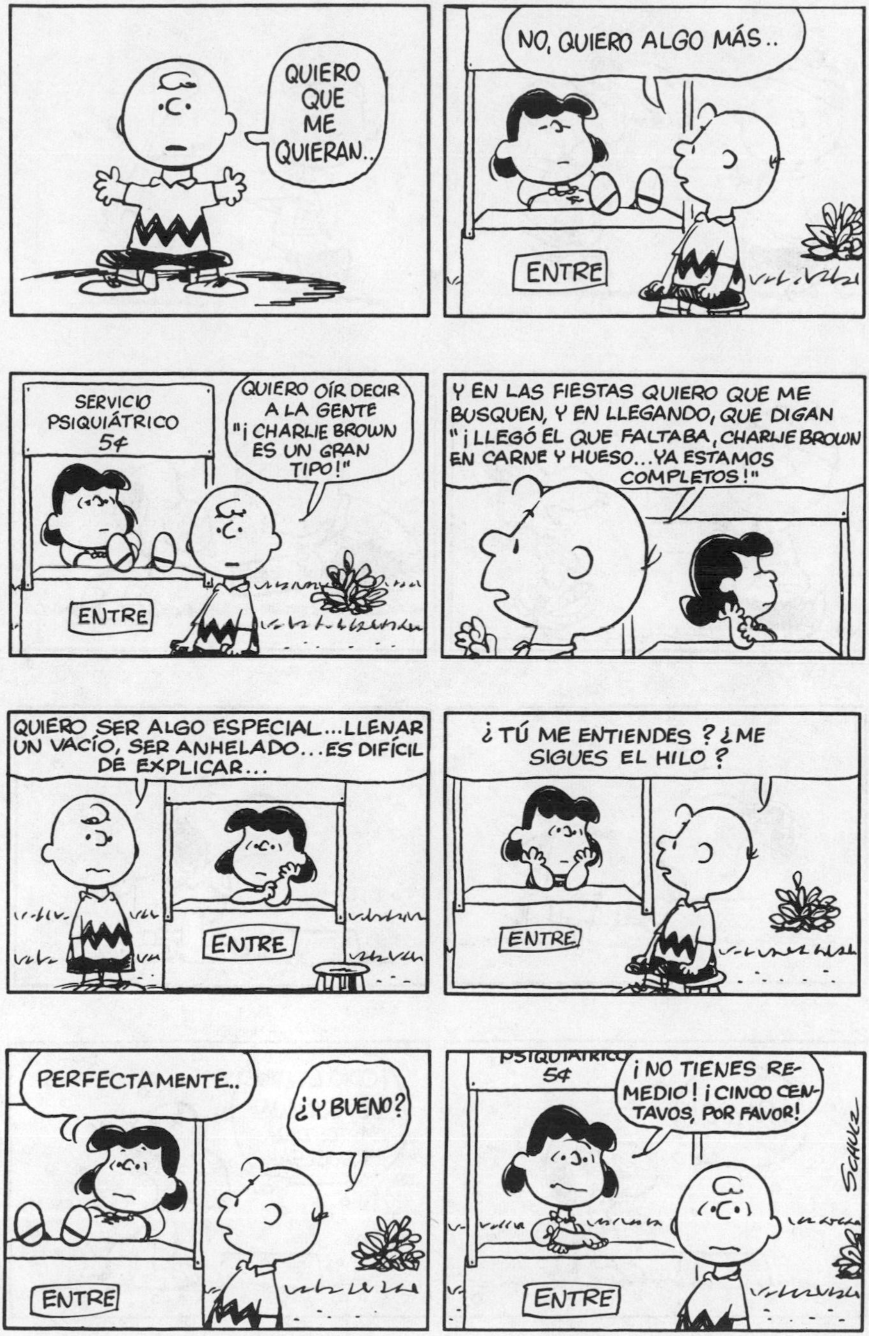
QUIERO QUE ME QUIERAN..
NO, QUIERO ALGO MÁS..
ENTRE
SERVICIO PSIQUIÁTRICO 5¢
QUIERO OÍR DECIR A LA GENTE "¡CHARLIE BROWN ES UN GRAN TIPO!"
ENTRE
Y EN LAS FIESTAS QUIERO QUE ME BUSQUEN, Y EN LLEGANDO, QUE DIGAN "¡LLEGÓ EL QUE FALTABA, CHARLIE BROWN EN CARNE Y HUESO...YA ESTAMOS COMPLETOS!"
QUIERO SER ALGO ESPECIAL...LLENAR UN VACÍO, SER ANHELADO...ES DIFÍCIL DE EXPLICAR...
ENTRE
¿TÚ ME ENTIENDES? ¿ME SIGUES EL HILO?
ENTRE
PERFECTAMENTE..
¿Y BUENO?
ENTRE
PSIQUIÁTRICO 5¢
¡NO TIENES REMEDIO! ¡CINCO CENTAVOS, POR FAVOR!
ENTRE
SCHULZ

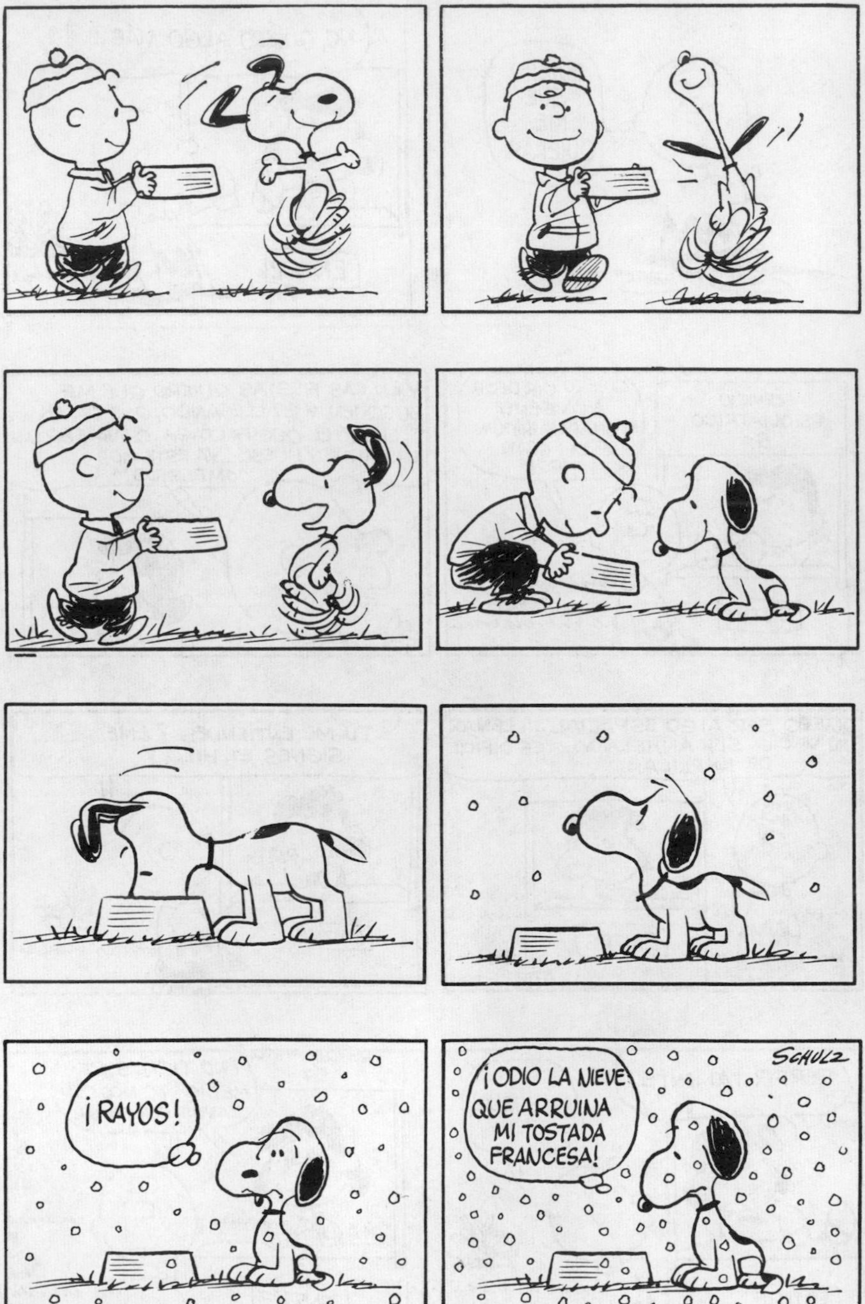
¡RAYOS!
¡ODIO LA NIEVE QUE ARRUINA MI TOSTADA FRANCESA!
SCHULZ